湖南大学金融与统计学院
HNU COLLEGE OF FINANCE AND STATISTICS

产教融合育人与创新能力培养

湖南大学金融与统计学院专业学位研究生教育的十年探索与实践

主　编◎王修华　吴志明

副主编◎伍　伟　马　勇

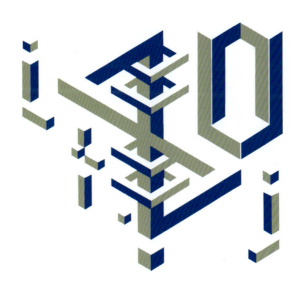

湖南大学出版社

·长沙·

图书在版编目（CIP）数据

产教融合育人与创新能力培养：湖南大学金融与统计学院专业学位研究生教育的十年探索与实践 / 王修华，吴志明主编. —长沙:湖南大学出版社，2024.7

ISBN 978-7-5667-3233-0

Ⅰ.①产… Ⅱ.①王… ②吴… Ⅲ.① 高等学校—金融学—研究生教育—湖南—文集 ②高等学校—统计学—研究生教育—湖南—文集 Ⅳ.①F830-53②C8-53

中国版本图书馆CIP数据核字（2023）第166470号

产教融合育人与创新能力培养
——湖南大学金融与统计学院专业学位研究生教育的十年探索与实践
CHANJIAO RONGHE YUREN YU CHUANGXIN NENGLI PEIYANG
——HUNAN DAXUE JINRONG YU TONGJI XUEYUAN ZHUANYE XUEWEI YANJIUSHENG JIAOYU DE SHINIAN TANSUO YU SHIJIAN

主　　编：王修华　吴志明

责任编辑：谌鹏飞

印　　装：长沙鸿和印务有限公司

开　　本：787 mm×1092 mm　1/16　　　印　　张：16.5　字　　数：388千字

版　　次：2024年7月第1版　　　　　　印　　次：2024年7月第1次印刷

书　　号：ISBN 978-7-5667-3233-0

定　　价：72.00元

出 版 人：李文邦

出版发行：湖南大学出版社

社　　址：湖南·长沙·岳麓山　　　　　　邮　　编：410082

电　　话：0731-88822559（营销部）　　88821691（编辑部）　　88821006（出版部）

传　　真：0731-88822264（总编室）

网　　址：http://press.hnu.edu.cn

电子邮箱：presschenpf@qq.com

金融与统计学院专业硕士培养十周年（2011—2021）系列活动启动会

应用统计硕士点荣获湖南省高等教育教学成果奖二等奖

学院案例入选中国金融专业学位案例中心案例库

金融硕士行业导师聘任仪式暨金融人才培养座谈会

⊛ 湖南大学保险专硕校外导师聘任仪式暨保险人才培养座谈会

⊛ 学院专业硕士开展暑期社会实践活动

⊛ 学院获评为第一届中国研究生金融科技创新大赛优秀组织单位

⊛ 学院荣获第十三届全国大学生市场调查与分析大赛（研究生组）总决赛一等奖

序　言

发展专业学位研究生教育，是主动服务创新型国家建设的重要路径；深化产教融合，是实现人才培养与用人需求紧密对接、提升人才创新能力和培养质量的关键举措。

党的十八大以来，以习近平同志为核心的党中央高度重视研究生教育。2020 年 7 月，习近平总书记对研究生教育工作作出重要指示，明确要求"推动研究生教育适应党和国家事业发展需要，坚持'四为'方针，瞄准科技前沿和关键领域，深入推进学科专业调整，提升导师队伍水平，完善人才培养体系，加快培养国家急需的高层次人才"。2020 年 9 月，由教育部、国家发展改革委、财政部联合发布的《关于加快新时代研究生教育改革发展的意见》明确提出，强化产教融合育人机制，加强专业学位研究生实践创新能力培养。

党的二十大提出了深入实施科教兴国战略、人才强国战略、创新驱动发展战略，和加快建设教育强国、科技强国、人才强国的新要求。作为创新型、研究型、高层次人才聚集的高地，研究生教育要立足时代需要，服务创新发展，持续增强对经济社会发展的快速反应能力，提高人才培养的前瞻性和适配度，为我国牢牢掌握科技创新和人才竞争的主动权作出贡献。

湖南大学具有悠久的办学历史和深厚的人文底蕴，在长期的办学实践中，学校形成了"传道济民、爱国务实、经世致用、兼容并蓄"的教育传统，积淀了以校训"实事求是、敢为人先"、校风"博学、睿思、勤勉、致知"为核心的湖大精神。湖南大学第十次党代会提出，要加快打造卓越研究生教育，全面推进研究生培养模式改革，以专业学位研究生培养改革为重点，深入推进学术学位与专业学位研究生教育分类发展。

湖南大学金融与统计学院的专业学位研究生教育肇始于 2011 年。十年风雨兼程，十年砥砺前行。十年后的今天，世界百年未有之大变局加速演进，新一轮科技革命和产业变革深入发展。在党和国家强调全面提高人才自主培养质量，着力造就拔尖创新人才的大背景下，金融与统计学院专业学位硕士生培养须凝聚共识再出发。

《产教融合育人与创新能力培养——湖南大学金融与统计学院专业学位研究生教育

的十年探索与实践》一书，是湖南大学金融与统计学院专业学位硕士生培养十周年（2011—2021年）文集。全书涵盖金融硕士、应用统计硕士和保险硕士三个专业学位点，设置了产教协同、教研育人、麓山漫笔、桃李芝兰四个栏目，既有校内外专家的真知灼见，也有校内导师的教研思考，还有专硕校友的学习回顾，以及对优秀校友的访谈记录。可以说，全书既是金融与统计学院对专业学位研究生人才培养工作的一次全面经验总结，更是学院对高水平专业学位研究生教育的一次前瞻性战略思考。

尽管金融与统计学院的专业学位研究生人才培养与教育教学改革还存在一些需要继续完善的地方，但本书展现的宝贵经验和有益探索，将为推进研究生教育教学改革、课程建设和新时代经世致用领军人才培养提供智力支持和实践支撑，同时也可为校内外其他经管类院系的专业学位研究生人才培养和教育教学改革提供借鉴和参考。

编　者

2023 年 11 月

目　次

【麓山漫笔】

【桃李芝兰】

【产教协同】

紧随时代发展，切实提高保险专硕人才质量

赵　鹏[*]

保险业一直在充满挑战的市场环境中前行，一方面，保险代理人队伍持续缩减，行业监管日趋严格；另一方面，保险科技应用深度赋能，个人养老金等新的增长点不断涌现，保险行业转型进入高质量发展时期。如何加强战略布局，抢抓未来行业的发展机遇，几乎是所有保险机构顶层设计和发展战略的重点。培养一支素质优良，具有创新、实践能力的保险专业硕士队伍，对保险行业发展至关重要。作为一名在保险行业从业近30年的老兵，对保险专硕培养有着自己的思考，分享以下三点心得建议。

首先，从人才培养方向来看，要注重保险业数字化人才的培养与创新。大数据、云计算、区块链、人工智能等新兴技术已与保险业深度融合，保险科技升级优化了保险服务、拓宽了保险业务场景。这些对保险人才的培养，在知识、技术、思维等层面提出了更新、更高的要求。高校要重视保险科技人才培养，一是增加数字化相关教学内容，有针对地开设计算机相关课程；二是重视保险科技理论研究，提升学生在保险科技方面的认知，鼓励学生创新，把握新技术对行业生态及发展带来的深刻变革，紧跟时代步伐。通过以上措施，逐步将保险与科技融合，形成完善的产学研人才培养机制，推动产学研快速发展。

其次，在课程教学方面，要注重学科交叉，重视案例教学，培养具有复合学科背景的实践应用型人才。未来保险业对关键领域的人才，包括数据挖掘、人工智能、健康养老等领域的综合化复合型人才的需求会急剧增加，而兼具保险、科技、医学等方面知识的复合型人才一直紧缺。另外，高校教师在教学方面应从实际业务切入，以案例为纽带，连接理论与实践，切实、高效地提高学生认识问题、解决问题的能力。若相关改进措施能有效开展，不仅能满足保险企业对高质量人才的需求，更有助于解决当下人才市场供需不平衡的问题。

最后，需要完善多导师制度，搭建一个整合业内资源、衔接国内外保险教育体系的高质量产学研融合平台。多导师制度模式不能一成不变，要随着行业发展变化而变化。

---

* 赵鹏，中国人民保险集团总裁。

平台的建设，一方面可增加学生与企业直接沟通的机会，另一方面能丰富产学研融合教学模式。以平台为依托，学生可以参与校外导师的项目，直接接触岗位需求，快速提升专业实践能力；学校可以举办国内外高校联合交流讲座、开展公费留学等，使学生的思维理念、知识体系与行业前沿接轨，有力促进研究生国际化交流水平；企业可以建立研究生联合培养小班，增强企业人才储备。

保险业是国民经济发展的重要行业和社会管理的重要工具，其损失补偿与风险管理的基础功能为人民幸福生活、社会有序发展编织了一张不可或缺的安全网。在国际形势风云变幻的今天，保险人才培养工作更应具备高度的行业担当与使命，为加快推动我国由保险大国向保险强国的转变提供强大的人才支撑，助力保险行业高质量发展。

保险专硕人才培养：向保险高质量人才进军

梁鑫杰[*]

随着我国经济社会的快速发展和综合国力的不断增强，保险业在社会生活中扮演着越来越重要的角色。保险不仅能发挥风险分散、损失补偿、资金运用和风险管理等职能，更能服务国家战略、推动经济提质增效；保障民生安康，助力实现国泰民安；发展普惠金融，助力全民共同富裕。

中国的保险市场正在快速发展，我国正从保险大国向保险强国迈进，保险业呈现出百花齐放的局面。保险业快速发展的同时，也暴露了保险专业人才不足、高素质保险人才结构不合理等问题。保险专硕人才的培养正是为解决这些问题而进行的供给侧改革。

首先，保险专业型硕士的培养，要建立起行业认同感和自豪感。由于当前公众对保险行业的误解较深，保险行业的认可度不高。因此，从入学教育开始，就要对保险专业进行系统、科学的梳理，消除保险专硕学生及其亲朋好友的困惑。在教学过程中，应该将专业培养与保险意识提高相结合，通过举办系列讲座，提高学生对保险行业的认同感和自豪感，并增强公众的风险意识与保险意识。

其次，保险专业型硕士的培养，要理论与实践相结合。保险学科是一门实践性较强的学科，对于保险专业型硕士的培养，必须理论结合实践来开展，而不是仅限于书本上的理论知识。保险专业型硕士的培养要面向未来的工作实践，培养能从事保险及相关行业工作的高素质专业型人才，学以致用，解决政府、企业、居民生产生活中的保险人才短缺问题。应用能力的增强，对提高保险专业人才竞争力格外重要。

最后，保险专业型硕士的培养，要与时俱进、守正创新。当前，云计算、区块链、人工智能等技术的应用，不断推动着各行各业的变革与创新。新技术的应用、新业态的崛起，也催生了保险科技的蓬勃发展。保险专业型硕士的培养要紧跟时代的步伐，拥抱信息技术，打造"互联网+高校+保险公司"一体化的学习平台，为国家培养保险知识扎实、实践经验丰富、技术国际领先的创新型高素质保险专业人才。

---

* 梁鑫杰，大家财产保险有限责任公司总裁。

深化产教融合，提升高层次创新应用型人才培养质量

潘　敏[*]

　　党的二十大开启了全面建成社会主义现代化强国，实现第二个百年奋斗目标，以中国式现代化全面推进中华民族伟大复兴的新征程。党的二十大报告指出，必须坚持科技是第一生产力、人才是第一资源、创新是第一动力，深入实施科教兴国战略、人才强国战略、创新驱动发展战略。专业学位教育是为全面建成社会主义现代化强国培养高层次创新型应用人才的主渠道，是我国高层次人才培养的重要组成部分。自1991年开始实行专业学位教育制度以来，我国逐步构建了具有中国特色的高层次应用型专门人才培养体系，建立了以实践能力培养为重点、以产教融合为途径的中国特色专业学位培养模式，为国家培养了一大批德才兼备的高层次应用型人才。在全面推进中国式现代化建设进程中，专业学位教育必须面向国家重大战略需求，面向经济高质量发展、产业结构转型升级和高水平科技自立自强对高层次应用型人才的需求，以立德树人为根本，以服务需求、追求卓越为导向，不断创新人才培养体制机制，着力提升人才培养质量，为中国式现代化的全面推进提供强大的人才支撑。

　　湖南大学金融与统计学院是全国首批获批金融、保险和应用统计专业硕士学位点的培养单位之一。十年来，三个专业学位点秉持"立德树人，培养高素质创新型人才"的办学理念，积极对接国家和地方经济社会发展重大战略需求，找准人才培养目标，持续优化人才培养方案和课程体系，创新人才培养模式，推进案例开发及其在课程教学中的应用，强化双师型师资队伍建设，完善实习实践和论文写作质量保障体系，形成了具有自身特色的高层次应用型人才培养体制机制，为国家和地方经济社会发展输送了大批高素质的优秀人才。特别值得一提的是，在专业学位人才培养过程中，三个专业学位点充分利用其在金融和统计行业内"金融黄埔"的优势，积极探索与行业企业共定培养方案，共开实践课程，共写案例和教材，共建实习基地，共享教学资源的产教融合、协同育人模式，实现了价值塑造、知识传授和能力培养的有机融合，积累了丰富的专业学位人才培养经验。

---

　　[*] 潘敏，武汉大学经济与管理学院教授、博士生导师。

　　我们相信，在全面建设社会主义现代化强国的新征程中，湖南大学金融与统计学院一定会在总结前十年专业学位人才培养经验的基础上，不断优化和完善产教融合、协同育人的体制机制，持续提升学生的创新、创业和创造能力，为我国专业学位教育改革和发展提供更多更好的新经验、新模式。

专硕培养，要重专业，更要重思维

谢汉阳[*]

一名合格的专业硕士，不仅要有良好的专业理论和专业实践，更要有良好的思维方式和思维习惯。多年来，我一直推崇和宣扬一种对年轻人和机关干部来说行之有效的思维方式，我称之为"决策者思维"。

所谓决策者思维，就是在工作和生活中，无论遇到哪种类型的问题，都要努力从决策者角度去分析、判断和行动。决策者思维的内涵主要包括以下三个方面。

一是辩证思维。强调一分为二、对立统一，强调矛盾有主次之分，强调重大决策和两难选择往往有利有弊、有得有失。要学会抓主要矛盾、抓矛盾的主要方面，学会设身处地、换位思考。

二是逻辑思维。在日常工作和生活中，我们做决定、做取舍，往往既要基于"对与错"的是非判断，也要基于"好与坏"的价值判断。越是疑难问题，越是重大抉择，越需要是非判断与价值判断并重。既不可只计得失而不论是非，也不能只论是非而不计得失。而科学的是非判断很大程度就来源于训练有素的逻辑思维。

三是两极思维。面对有利有弊、有得有失的"疑难杂症"，首先要充分研究、论证极好与极坏的情形，找准"两极"，然后努力追求极好、努力避免极坏，剩下的就是两害相权取其轻、两利相权取其重，努力寻求"最优解"。

在我看来，决策者思维看重的是客观、理性、平和，其核心要义在于，无论做出何种抉择和取舍，决策者必须对结果负责，承担决策失误的风险和责任。而参谋者、批判者、学者则不然，他们往往只需言之有理、言之有据，且能自圆其说，便可以执一端而不顾其余，更无需对决策结果负责，无须承担决策失误的风险和责任。

综上所述，我认为，在专业硕士的培养过程中，"专业"二字固然十分重要，但从一定意义上说，"思维"二字也许更具根本性。一个既接受了高等教育，又养成了决策者思维习惯的年轻人，会更理性、更客观、更成熟，在职业生涯和人生路上更能行稳致远。

---

[*] 谢汉阳，中国人民银行湖南省分行副行长。

适应社会需求，培养德才兼备的高层次人才

朱义明[*]

十年来，湖南大学金融与统计学院的专硕培养渐成规模，产教融合不断深化，为社会培养和输送了大量优秀的专业人才，硕果累累，可喜可贺！在此，我结合校外工作的感受谈一点人才培养的体会，拙笔粗陋，供大家批评指正。

金融企业需要什么样的优秀人才，总的而言，需要能力与专业兼优的人才，需要情商与智商兼优的人才，需要品德与态度兼优的人才。从工作实践的角度，归纳起来，大致有三方面的特质。

一是清晰的思维。在大学读书，学生不仅是在学习知识，更是在获得一种知识体系、一种知识架构、一种认知能力。专业硕士应该有意识地提升自我逻辑思维能力与体系架构能力，这能为未来实践中理解力、表达力、执行力的增强打下坚实的基础。

二是专业的素养。专业硕士有着明确的专业方向，也就有着明确的知识领域。学习专业知识是基础，没有扎实的专业知识，就很难形成有效的专业思维，但更为重要的是要塑造专业精神与专业素养。专业素养是对专业领域的一种专注感、责任感和使命感，是专业精神的存在与升华。对专业知识的学习只是专业能力培养的开始，在工作实践中，还有着更为丰富的知识体系去构建，没有专业精神的指引，没有专业素养的形成，便会失去构建专业能力体系的根本与动能。

三是谦实的品质。在金融工作实践中，如何科学评价一名员工，答案或许有很多种，在我看来，大致有三点：第一是品德，第二是态度，第三是能力。品德是为人之本，态度是为事之基，这都涉及个体树立正确的人生观与价值观的问题，没有良好的品德与态度，能力将变得无足轻重。专业硕士在加强专业能力学习的同时，要注重培养谦实的品质，即正直与谦虚的品德、务实与敬业的态度。

以上便是我对专硕人才培养的一点思考。站在下一个十年的新起点，衷心祝愿湖南大学金融与统计学院专硕教育培养项目越办越好，为国家经济社会发展与金融领域培养出更多优秀人才。

---

[*] 朱义明，中信银行总行交易银行部总经理、教授级高级经济师。

充分发挥校外导师机制，不断提升
专硕培养质量

李庚南[*]

二十五年前，我怀着无限的眷恋与憧憬，告别了母校。

二十五年来，麓山的风声依稀在耳，财院的风貌时常萦怀。作为原湖南财经学院的学子，这些年，我一直关注着母校的变化，感受着母校的荣光，也希望能为母校的发展尽微薄之力。承蒙母校信任，我有幸被聘为湖南大学研究生院的专硕校外导师。

自被聘为母校的专硕校外导师后，通过与校内导师、学生们的交流，我对专硕培养机制有了一些初步的感悟。从专硕与学硕的区别来看，校外导师机制对专硕培养的意义显然尤为重要。因为校外导师在推动专硕理论知识与实践运用有机融合方面，可以发挥非常好的桥梁作用。

这一机制能否真正有效地发挥作用，或取决于三个方面。

第一方面，专硕校外导师机制的科学合理性，以及该机制能否真正落到实处。虽然校外导致机制某种程度上是比较松散的，但仍需一些常态化的机制来维系。既需要适当的激励机制，也需要适当的约束机制，体现责任与义务的匹配。

第二方面，专硕校外导师专业素养与职业素养的匹配度。作为专硕校外导师，无疑要具有与专硕培养相适应的理论知识与实践经验，为培养对象搭建融合的平台和渠道。更重要的是，作为专硕校外导师，要珍惜学校给予的信任，增强育人、引路的责任感。能被聘为专硕校外导师，这也是对自己的一种激励与鞭策。无论是校内导师还是校外导师，在培养学生方面，传道、授业、解惑仅仅是最基础的一方面，更需要倾心去做的是，帮助和推动所培养的专硕学生努力提升其综合素质，发掘其潜力。

第三方面，专硕培养对象与导师沟通的积极性、主动性、互动性。在学校方面，除了要强化校外导师这一机制的必要性，还应通过各种渠道和形式，让专硕学生明白这一机制对其完成学业、就业乃至今后的职业生涯的重要意义。简而言之，就是要让专硕学生相信能从中受益，从而珍惜这一学习机会。

＊ 李庚南，浙江银保监局普惠处二级调研员。

强化应用导向，加速推进专业型研究生教育改革

张亚斌[*]

自 2020 年全国研究生教育大会以来，我国专业学位研究生教育进入了新的发展阶段。预计到"十四五"末，我国的专业硕士将占到 2/3 左右，专业博士将占到 1/4 左右。我们站在新的历史起点，面临新的发展任务，需要深刻领会上级文件精神，系统总结过去取得的经验，针对实践中存在的难点、堵点、痛点，加速推进专业学位研究生教育改革。

一、坚持应用导向，明确专业型研究生培养目标

专业型研究生教育就是要培养高层次、复合型、创新型应用人才。应用导向集中体现为就业导向。专业型研究生的培养要以强化其职场竞争力为目标，与职业资格认证有机衔接。但专业型研究生教育与普通本科教育及职业技术教育不同，更强调能打破学科专业的固定边界，创新性开展工作，能够处理重大工程技术问题及复杂社会经济管理问题，具有对接国家战略及重大社会需求的能力。具体而言，就是能获得更高等级的职业认证，或高标准的国际认证，就业岗位及预期收入都较高，能够实现高质量就业，并具有远大的职业发展前景。

二、推进课程建设，完善专业型研究生培养方案

现行的研究生培养方案是在全国研究生教育大会之前出台的，一定程度上还存在课程多而杂、水课较多、内容重复、应用导向不强、难以适应社会实践需求等问题，需要尽快修订完善。我们要围绕强化专业型研究生的职场竞争力，将课程设置与相应的技术或职业资格认证挂钩。课程要少而精，集中抓好若干门"硬核"课程，为专业型研究生未来的职业发展奠定坚实的基础。

---

[*] 张亚斌，湖南大学研究生院院长。

三、强化师资队伍，突破专业型研究生双师瓶颈

目前，兼具专业素养、教学水平及实践经验的教师普遍不足，关键的"硬核"课程开不起来，或者开课质量不高，分类培养与分类指导难以做到位。专业型研究生教育要上新台阶，就必须突破"双师"瓶颈。可以考虑从现任教师中遴选一批教师，通过培训、进修、挂职锻炼等方式，建设一支能够承担"硬核"课程教学的师资队伍。同时，可以建立灵活有效的机制，吸引社会精英人士充实"双师"队伍。在培养方式上也可以改革，如研一按班级开展课程学习，到研二再分导师。

四、优化评价体系，强调研究真问题与真研究问题

专业型研究生的培养以解决实际问题为导向，学位论文的形式也不必千篇一律。但既然是研究生，就必须开展研究；只有不断强化研究，才能培养出高层次、复合型、创新型应用人才。研究的关键是要研究真问题。所谓真问题就是在现实的工程技术及社会经济管理中需要解决的问题。因此，专业型研究生的论文选题必须是具有现实针对性的真问题。同时，要真研究问题，也就是要深入社会实践第一线，针对真问题，找出解决问题的办法，使我们的研究成果真正有助于问题的解决，真正做到产教整融育人。

提升专硕培养质量，培育更多优秀人才

黄萍华*

2021 年 9 月，国务院学位委员会、教育部印发《专业学位研究生教育发展方案（2020—2025）》，明确指出，到 2025 年，以国家重大战略、关键领域和社会重大需求为重点，增设一批硕士、博士专业学位类别，将硕士专业学位研究生招生规模扩大到硕士研究生招生总规模的 2/3 左右。随着我国研究生教育的不断发展，进一步提升专硕培养质量是必然趋势。

在过去十年，湖南大学金融与统计学院在专硕培养领域走在前列，培育出了一大批优秀人才。值此湖南大学金融与统计学院专硕培养十周年，就进一步提升专硕培养质量、培育更多优秀人才提三点思考。

第一，看到社会对专业硕士含金量的担忧。目前，家长和学生对专业硕士的含金量存在不同程度的担忧。一是少而优的说法。有家长认为，学硕的招生数量少，含金量更高。二是条件资源限制说法。有学生认为，专硕设立时间不长，相比学硕，师资水平和教学条件受限，培养过程和培养质量很难达标。

第二，主动优化完善专业学位研究生教育体系。一是适当增加实践型教学内容比例。避免只降低理论学习要求，未同步重视实践学习。二是强化师资力量。持续选拔、聘请专业领域名师参与学生课堂，强化师资力量，促进学生理论学习与实践经验的深度融合。三是加强与社会合作。结合专业学位特点和学生所长，鼓励学生投入到社会治理中，开展形式多样的社会实践、实习活动。四是把好考核水准关。杜绝出现"严进宽出""宽进宽出"的现象，确保培育并输送一批又一批人才到社会。

第三，进一步加强与用人单位的沟通合作。一是积极建立实习基地。建立相关专业实习单位库，为学生提供丰富的、可供选择的实习单位。二是倾听单位用人意见。充分了解单位选人、用人标准，以此进一步优化专业硕士培养方案。三是倡导正确看待专硕和学硕。与用人单位达成默契，正确看待专硕和学硕人才，为他们提供更多施展才华的舞台，形成以人为本、培育德智体美劳全面发展新时代人才的良好氛围。

进入新时代以来，党和国家事业取得了系列历史性成就和历史性变革，湖南大学金融与统计学院培育出了一大批优秀人才，见证、参与了新时代的历史性成就和历史性变革。我们以实际行动证明，世界是我们的，也是青年的。立足提升专硕培养质量，培育更多优秀人才，期待下一个十年！

---

* 黄萍华，湖南大学研究生院学位办副主任。

多方协同，进一步提升专业硕士人才培养质量

王修华*

党的二十大报告指出，加快建设人才强国，全面提高人才自主培养质量。作为人才强国发展战略的关键一环，过去十多年来，我国专业硕士教育乘时代潮涌，迎来了"质"与"量"双双起飞的高光时刻。我院金融、保险、统计专业硕士教育也取得了可喜的成绩，社会认可度和美誉度不断提升。

为进一步推动三大专业硕士教育培养质量再上新台阶，学院将以党的二十大精神为指引，坚持立德树人初心，重点在以下四个方面着力：一是凝聚共识，营造良好的培养生态。全院上下要按照培养目标的要求，把培养方案落实到每一个环节、每一个细节，着力培养与经济高质量发展内在需求相适应的高层次应用型金融与统计专业人才。二是应用导向，推动课程体系的全面改革。课程建设是专业学位研究生教育的核心。目前的课程设置和课程内容表现出"重理论、轻实践"的特点，还不能适应人才培养模式转型和行业实践的内在需要。学院应做好统筹规划，以应用为导向，以课程组为单元，对课程内容设计、教学方法改革、考核方式等进行系统的思考，更加兼具理论性与应用性、进阶性与挑战性。鼓励课程组编写高质量的教材。三是激励相容，充分发挥校外导师的作用。目前，学院已经储备了一大批在行业内具有丰富实践经验的校外导师队伍，下一步要出台相应的激励办法，提升校外导师在案例教学、毕业论文选题、专业实践指导等方面的实质参与度，减少"签字导师""挂名导师"的现象。四是加强引导，避免毕业论文的泛化倾向。学位论文写作是专业型硕士培养过程中至关重要的一环。目前，专业型硕士与学术型硕士的论文具有很大的同质化倾向，当然，这也是目前许多院校普遍面临的共性问题之一。这种泛化的"单一性"倾向与教指委的"多样化"形式要求背道而驰。

如何破解这一难题，需要学院、导师、学生共同努力。学院层面将做两方面的努力，为学生毕业论文选题提供帮助：一是设置引导基金，建立专业硕士暑期调研制度。学生假期要就某一主题进行调研，并撰写调研报告，进行评比，引导学生关注当下中国的行业现实问题。二是加强与行业实践部门的深层次合作，为师生提供一个良好的实践机会。

---

* 王修华，湖南大学金融与统计学院院长。

努力造就具有家国情怀的新时代青年

黄红立[*]

湖南大学研究生教育历史悠久、底蕴深厚。金融与统计学院在研究生培养过程中一直坚持高标准、严要求，培养了一批又一批在各行业勇挑重担的优秀人才，享有"金融黄埔"美誉。学院开展专业学位硕士研究生培养以来，立足实际，以学生为本，科学规划和设计课程体系，发扬优秀教学传统，注重理论和实践相结合，提倡学以致用、教学相长，全面提升学生创新创造能力，努力培养实力突出、堪当大任的新时代领军人才。

十年来，我们在探索中成长，在实践中提高，总结凝练出一个个优秀案例，全方位取得一系列优秀成果，培养造就了一大批优秀学子。这些成绩的取得，是金统人群策群力、团结奋进的结果，是金统人敢于突破、善于创新的结果。既是对学生负责的表现，也是对教育事业负责的表现，更是忠实践行立德树人目标的表现。我们喜看一个个金统专硕学子完成学业，踏入社会，走上工作岗位，很快融入新的集体，适应新的工作。他们面对新的挑战时表现出的波澜不惊，他们承担新的任务时表现出的胸有成竹，他们面对激烈竞争时表现出的自信自强，这些都是值得我们欣慰的。

湖南大学岳麓书院赫曦台有一副对联：合安利勉而为学，通天地人之谓才。这应该成为我们培养人才的一个目标。湖南大学作为千年学府，不但形成了"实事求是""经世致用"的办学传统，也造就了一大批中兴将相、革命先驱和各界精英，从岳麓山走出去的楷模不胜枚举。我们要坚持为党育人、为国育才，以前辈先贤为榜样，努力营造一个老师乐教、学生乐学的专硕培养氛围，与时俱进，注重创新，努力提高专硕学生的专业素养和综合素质，不但要把好专硕的入口、出口关，还要重点实施好培养关，将学生培养过程与行业需要紧密结合、与社会需求紧密相关，大力培养学生的家国情怀，为造就更多"有理想、有道德、有文化、有纪律"的新时代青年和把湖南大学早日建成富有历史文化传承的中国特色世界一流大学而努力奋斗。

---

* 黄红立，湖南大学金融与统计学院党委书记。

思政教育铸魂育人，为专硕培养点"金"润色

习近平总书记曾对研究生教育工作作出重要指示，要适应党和国家事业发展需要，培养造就大批德才兼备的高层次人才。这一重要论述中，明确了"培养什么人，为谁培养人"，而思想政治工作则是对"如何培养人"的有力回应。研究生作为高层次人才，思想政治教育更应成为人才培养的重要一环，湖南大学金融与统计学院立足学院特点，以"底色"红、"特色"浓、"成色"足为目标，着力打造"1+2+3+4"思政教育工作体系，以思政教育铸魂育人。

一是建强一个窗口阵地。互联网时代，新媒体平台作为信息传播主渠道、文化宣传主窗口、思想建设主阵地，学院依托"读研在金统"微信公众号平台，抓牢思想建设与价值引领、内容拓展与形式创新、文化宣导与人文关怀，发挥网络育人功能，打造政治正确、风格鲜明、质高效强的思政宣传窗口。

二是把握"线上+线下"两条主线。以线上窗口宣传思想文化入脑入心，以线下平台推进实践创新走实走深，贯彻知行合一的思政教育理念，实现理论指导实践、实践印证理论的教育效果。

三是紧扣思政教育目标。把握入学季、表彰季、毕业季等关键节点，开展"研麓启航""研途风采""研道致远"主题教育，落实全过程育人。

四是聚焦四大重点任务。聚焦价值引领，既重视重大主题教育导向指引，也坚持日常思想建设浸润熏陶；助力党团建设，加大对各党支部、团支部活动的支持力度，以党建带团建，助力学院形成良好的政治氛围；细化管理服务，做好学校的"传声筒"，学生的"扬声器"，切实为学院研究生学术科研、就业指引、权益维护等需求提供支持，兼顾与学校联动，与学生互动；强化队伍建设，凝聚研究生导师、研究生辅导员合力，培养一支政治强、视野宽、思维新、作风正的思政工作队伍。

百年风华正茂，十载砺剑显锋。湖南大学金融与统计学院专硕培养历经十年求索已见成效，学院也将继续以高质量的思政教育助推研究生教育的内涵式发展，服务学校"双一流"建设大局，培养新时代经世致用的金统领军人才。

---

[*] 颜李，湖南大学金融与统计学院党委副书记、纪委书记。

聚焦问题、产教融合，扎实做好专业硕士人才培养

吴志明*

专业硕士人才培养是硕士研究生人才培养的重要组成部分。目前，湖南大学金融与统计学院专业硕士研究生在全部硕士生中的占比达约75%，专硕培养已成为我院硕士人才培养的主力军。

自2011年招收第一届专业硕士研究生以来，学院专硕培养已逾十年。回顾十年走过的路，既有成功的经验与喜悦，也有一些不足与亟须解决的问题。聚焦问题，寻求解决之道，是为了在新的十年再出发。具体地，现阶段学院专硕人才培养中存在以下问题：其一，课程建设有短板。在专硕课程中，与本科同名或相似的部分课程，存在和本科课程内容重复的问题，未能体现出专硕课程的高阶性与挑战度。其二，校外导师作用发挥不充分。校外导师的作用主要体现在实习实践及论文答辩阶段，在课程学习、日常培养及论文开题、中检等环节，校外导师的作用发挥不够，产教融合的理念未能完全落定。其三，培养过程未能完全达标。目前，专硕培养主要依靠校内导师，但绝大部分校内导师缺乏在实际部门的实务工作经验，加之校外导师的作用发挥不充分，因此，专硕的培养过程与学硕培养缺乏区分度，部分导师将专硕生视同学硕生来培养，以上均导致专硕培养过程未能完全达到专硕培养标准。其四，学位论文撰写学硕化。根据问卷调查的结果，在专硕的学位论文撰写中，九成以上采用学术范式，采用案例范式的不足一成。其中原因，既是专硕论文写作范式多元化及专硕培养标准软约束所致，也有指导老师及研究生在学位论文撰写上共同"趋利避害"的原因。

以上问题，可尝试通过以下对策来加以解决：一是区分本科课程与专硕课程的边界。建议本科生管理与研究生管理团队协同，将本科、专硕同名或类似课程的内容进行区分，根据区分的结果，重新修订各自的教学大纲，落实在教学实践中，并通过教学检查等手段监督落实情况。二是出台校外导师作用指引。通过出门调研、院内研讨等方式集思广益，出台各培养环节校外导师作用的详细指引，要求全体校内导师遵照执行，研究生管理团队做好检查。三是加大案例教学、案例写作及案例大赛的力度。从教师、学生两个维度，了解、熟悉案例的特点及规范，鼓励师生采用案例范式撰写学位论文。

---

* 吴志明，湖南大学金融与统计学院副院长。

顺应时代发展，推动我校保险专硕人才培养迈上新台阶

张　宁*

当前，全球竞争加剧，世界格局正深刻改变。党的二十大报告指出"教育、科技、人才是全面建设社会主义现代化国家的基础性、战略性支撑"，新时代新征程国家的使命任务也是保险行业的使命任务。如何顺应时代发展，向保险行业输送何种高质量人才是各高校人才培养中必须思考的问题。基于此，本文立足现实需要并结合保险业特色，探讨如何推动我校保险专硕人才培养迈入新台阶。

应开拓思维，培养适应力强的高素质人才。保险行业在疫情影响与科技赋能之下正经历着深度变革，数字化转型成为行业趋势。与学硕相比，保险专硕人才培养更需要与保险学科本身的综合性、应用性相匹配。在此背景下，一方面，保险专硕人才培养应具备发展思维，同时培养学生的创新、应用思维，可以在教学中增加时事热点、经典案例的分析，注重学生对时代变化的敏锐性，以发展的观念紧随行业步伐。而另一方面，也不能局限于培养保险人才的框架中，时代更迭如此之快，我们应在行业快速变化发展的过程中注重人才培养本质，提高学生的表达能力、沟通能力、合作能力等，以及培养学生善良、积极向上等正确的价值观，以提高学生的综合素质，使其无论在什么时代、什么行业，都能正确地发现问题、解决问题，在不断更迭的世界浪潮中找到自己的位置。

应知新用新，培养知行合一的实践型人才。高校作为人才培养的摇篮、科研创新的基地，要深入了解学科、行业发展的最新动态，聚焦学科发展前沿，为提高学生的创新实践能力提供强有力的引导和实质性的支持平台。首先，在校内，应以复合型多学科背景人才为培养目标，这样才能服务于实践，满足保险行业需要。我们在适时更新课程设计的同时，要充分利用学校资源，加强不同专业之间的联动与合作，比如保险可以与机械、计算机等学院合作授课，着力推进"保险+"的人才培养模式建立。其次，在校与校之间，加强与开设保险课程的全国乃至全世界学校之间的合作交流，为教师提供更多人才培养经验交流平台，为学生创造更多跨校学术交流的机会。最后，在校外，加强企业主导的产学研深度融合，坚持并发展校外导师制度，加强校企合作基地建设，增加校企合作项目，使学生直接接触行业前线与险企相关工作，切实提高学生将理论应用到实践的能力。

---

* 张宁，湖南大学金融与统计学院副院长。

应优化制度，提供成长成才的顶层设计支撑。在培养制度方面，要强化目标导向，健全培养体系。可以将学生根据职业发展方向或者自身能力水平分类分层培养，建立与之配套的人才培养、课程设计方案。在师资建设方面，要重视教师的实践经历，完善人才引进、激励、评价政策，以营造理论教学与实践教学并重的教学氛围。可以引进实践能力较强的教师，同时鼓励在校教师们深入企业实践，也可以将实践项目纳入教师考核评价体系之中，更好地为培养保险专硕高质量人才贡献力量，以助力保险行业转型深化发展。

一分耕耘，一分收获。我们要用科学的理论指导我校保险专硕人才培养，以坚定的决心践行"理论联系实际"的培育宗旨，在我国实现教育强国和人才强国的道路上阔步向前，为培养高素质、高层次、实践型的保险人才而奋力。

【教研育人】

金融专硕人才培养经验之总结

——基于差异化培养与论文质量提升

何娟文*　　黄晓玲**　　李　宸****

提　要　我国现阶段金融业发展多元化、科技化、数字化以及国际化的新特点，催生出对高学历、复合型和应用创新型金融高端人才的需求。为更好地适应行业人才需求，金融专硕的人才培养应注重专业知识与外语能力的提升、知识结构全面化与多元化以及实践与应用能力的提升。在金融专硕与金融学硕的差异化培养中，应遵循课程选择差异化与课后实践差异化原则；在金融专硕论文质量的把控与提升中，在前期应重视学生的文献积累，在选题方面应紧扣实际，在内容方面应分类指导，并且将对细节的高要求贯彻始终。

关键词　金融专硕；差异化培养；论文质量提升；高质量人才

一、现代金融业发展对金融人才的新兴需求

（一）现代金融业发展的新特点

1. 现代金融发展领域多元化

目前，我国金融业态虽然依然以间接融资为主，但是直接融资规模占社会融资的比重在不断上升，已经形成了以银行、证券、保险、基金等为主体、新型金融机构为补充的金融机构体系。据中国人民银行和中国证券投资基金业协会数据显示，截至 2021 年 6 月底，我国银行业金融机构总资产为 336.00 万亿元，同比增速达 8.6%；证券业金融机构总资产为 11.27 万亿元，同比增速达 24.6%；保险业金融机构总资产为 23.99 万亿元，

---

　* 何娟文，经济学硕士，商业管理硕士，湖南大学金融与统计学院副教授，主要研究方向：国际金融、金融发展。

　** 黄晓玲，湖南大学金融与统计学院硕士研究生，主要研究方向：国际金融、金融发展。

　*** 李宸，湖南大学金融与统计学院硕士研究生，主要研究方向：国际金融、金融发展。

同比增速达 9.2%；公募基金管理机构基金净值为 23.03 万亿元，同比增速达 36.25%。其他还有各种新型金融机构，比如股权投资、风险投资、金融科技等。

总体来看，虽然银行业金融机构仍占据主导地位，但其资产规模增速远远低于证券业金融机构和公募基金管理机构，与保险业金融机构基本持平，这意味着我国金融体系功能发生变化，由融资为主过渡到融资与财富管理并重，且金融机构朝着多元化趋势发展，形成"百花齐放"的局面。

2. 现代金融科技发展数字化

随着互联网技术的迅猛发展，以大数据、云计算、区块链以及人工智能等为代表的金融科技给金融业带来了颠覆性的变化。如今，金融科技已涵盖如众筹、线上客户获取、电子钱包、移动支付终端、中小微企业服务、个人财务管理、私人金融理财、区块链以及加密货币等金融服务领域，并且形成了政府支持、互联网企业与银行等金融机构深度合作的良好局面。据毕马威最新报告显示，2021 年上半年，中国内地金融科技投资额达 13 亿美元，是自 2019 年下半年以来的最好成绩，足以可见金融科技发展势头之盛。

金融科技的不断发展，使得金融行业需要可扩展、高并发、及时响应以及安全稳定的数据库来保障业务的稳定性与连续性，由此促使金融的表现形态从传统意义上的贷款、保险等形态，朝着以数据、数字为代表的新形态演变，助推金融业数字化转型。而金融业数字化转型有利于将金融资源更加高效地配置在经济社会发展的重点领域和薄弱环节，进一步满足人民群众和实体经济对多样化金融服务的需求，因此数字化是未来金融业的重要发展趋势。

3. 现代金融活动进一步国际化

在人民币汇率形成机制改革不断深化和人民币国际化稳步推进的背景下，我国各机构与个人在全球范围内的金融活动愈加活跃。"沪港通""深港通""债券通""沪伦通"，以及"跨境理财通"等业务的推进，揭示了我国金融对外开放程度的不断加深。金融国际化一方面符合经济全球化与金融自由化的发展趋势，有利于提高我国在世界舞台上的竞争力；另一方面，也会使金融风险的复杂性、外部性、扩散性以及不可控性显著增强，对我国的金融稳定与金融管理提出挑战。在未来，我国金融发展应以自身发展为基础，以适应经济发展为目标，同时追踪全球经济形势，助力形成以国内大循环为主体、国内国际双循环相互促进的发展新格局。

（二）现代金融业发展对高素质人才的需求

金融业是我国经济发展进程中的标志性产业，并且随着时代的发展呈现出新的特点。要想推动中国现代金融业的发展，核心竞争要素就是人才引入。习近平总书记强调："要大力培养、选拔、使用政治过硬、作风优良、业务精通的金融人才，特别是要注意培养金融高端人才，努力建设一支宏大的德才兼备的高素质金融人才队伍。"人才是第一资源，高质量金融离不开高质量人才。因此，我国现阶段金融发展的重要矛盾在于基础金融人才供过于求，而高端金融人才却供不应求。

为适应我国现阶段金融发展多元化、科技化、数字化以及进一步国际化的新特点，高端金融人才应该具备高学历、复合型以及应用创新型等特质。

1. 高学历

在金融产品创新的大力推进下，金融活动愈来愈复杂化，对从业人员的金融知识、技能和素质的要求也相应提升，因此对硕士研究生及以上学历人才的需求逐步增加。要想具备更为扎实的经济金融理论功底，对知识的要求不仅在数量上提升，即需要掌握大量的金融理论知识，而且在质量上提升，即对理论知识的理解程度更为深入，因此知识储备完善、专业水平过硬的高学历人才是现阶段以及未来的需求所在。

2. 复合型

随着新的金融业态不断涌现，金融体系的分工门类也在不断增加，金融业态呈现出金融与科技日益结合的趋势。高端金融人才不能只以单一的金融专业思维来思考行事，而是既要懂银行、证券、保险和基金，又要懂数据、懂编程、懂分析。在互联网金融不断冲击传统金融业，以及金融机构进一步发展混业经营的新形势下，金融行业对复合型人才的需求不断上升。

3. 应用创新型

随着国内金融业规模的迅猛增长，创新业务蓬勃发展，金融产品在不断更新迭代以满足实体经济的资本需求，从而解决企业融资难的问题。在未来的竞争中，金融机构将致力于满足客户多样化的金融需求以寻找新的增长点。与此同时，金融人才需要在适应行业瞬息变化的前提下，善于将专业的金融知识运用于实践，并对现有的金融服务进行改进和创新。金融业的健康有序发展需要金融创新的持续推动，也促使创新思维和创新能力逐渐变为金融业筛选人才的重要标准。

（三）金融专硕人才培养要点

针对以上现代金融业对高素质人才的需求来看，金融专硕的人才培养应注重以下三点。

1. 专业知识与外语能力的提升

扎实的专业知识体现在能够运用金融理论来分析市场经济现象，运用经济学的思维和方法来解决金融行业发展中出现的问题，同时要熟悉货币金融理论的发展脉络。随着现代金融活动国际化趋势的不断增强，外资企业不断增多，金融专硕学生应更注重外语的学习，并增强对国际新闻的敏锐度，以适应世界经济形势不断发展的需要。

2. 知识结构全面化与多元化

随着时代的发展，金融科技已经兴起，未来的金融行业不再是过往的传统金融一支独大了，亟须既懂金融又懂数据分析或者编程的复合型人才。为适应现代金融科技化与数字化的趋势，应扩大金融专硕人才的知识边界，使之同时掌握金融与技术相关知识。

3. 实践与应用能力的提升

现代金融的发展离不开金融创新，而金融的创新离不开金融人才的实践与应用。金融专硕学生应将课堂上老师讲授的内容与现实中的金融问题有机地联系起来，注重分析与解决实际问题，加强知识的融会贯通，做到既精通于理论知识，又善于调研与分析应用。

二、金融专硕与金融学硕的差异化培养

（一）课程选择差异化

金融学硕的学制是三年，而金融专硕的学制通常是二年，即金融专硕学生要比金融学硕学生提早一年进入职场，完成学生到职场人身份的转变。学生踏入学校的第一件大事就是选课，而必修课是无法因人调整的，因此建议金融专硕的学生选修更多更实用的课程。

"更多"不是越多越好，而是在有限的时间与精力下，尽可能选择多门选修课程，以实现知识结构的全面化与多元化。选修课程应覆盖面广，不仅要涉及金融方面的知识，同时也要接触最前沿的科技，例如选择大数据挖掘相关课程，以适应当今的高科技时代。

学硕的培养偏向于学术方向，专硕的培养偏向于应用方向。金融专硕可以不会理论创造，但必须要懂理论、懂模型，还要会用理论、用模型。因此，金融专硕的学生需要修读"更实用"的课程，主要偏案例分析和实务演练方向。在课堂中引入行业实际案例，让学生对案例进行研究分析，激发其思考，让知识的汲取不只是停留于书本中。同时，让学生上台展示案例分析，还能够锻炼其沟通交流与成果展示的能力，这也是实际工作中所必须具备的才能。不仅如此，金融实务的演练能够让专硕学生深入了解业务的具体操作流程，实现理论与实践的有机结合。

（二）课后实践差异化

金融专硕与金融学硕的职业发展路径有别，金融学硕学生部分继续深造，部分就业，而金融专硕学生通常毕业后直接就业。金融学硕学生要积极参与课题研究，开展科学研究，深入挖掘经济金融规律，进一步加大知识深度，扩展学术视野。而金融专硕学生需要"先知先行"，在课后积极参与社会实践与实习工作，提前做好自身的职业发展规划，探索适合自己的职业发展道路。

因此，在保证学业进度不受影响的情况下，金融专硕学生应多多尝试金融行业中不同细分领域的实习岗位，感受多样化的工作环境，体会不同工作之间的差异，进一步摸索自己的兴趣与志向所在，逐步形成职业发展规划。不仅如此，在实习实践过程中，金融专硕学生的分析问题能力、解决问题能力以及看待问题的维度皆会得到相应的提高，有利于扩大正式求职时的个人竞争力。

为了更好地对接行业需求，金融专硕学生在课后要积极备考并获取金融相关职业资格证以及参与数据分析大赛等竞赛，使其掌握在课程中所未重点传授的行业所需技能与素养，更好地适应金融业未来的发展，向创新应用型人才靠近。同时，证书及奖项还能体现一个学生的时间规划能力与自主学习能力，是其核心竞争力的重要组成部分。

三、金融专硕论文质量的把控与提升

学位论文是金融专硕培养中的重要环节，是培养学生综合应用所学的理论知识、实践技能来分析和解决实际问题的重要途径。对于金融专硕论文质量的把控与提升，在不同环节需有不同侧重点。

（一）注重文献积累

在提笔撰写论文之前，学生应当找到自己感兴趣且具有可行性、创新性的研究方向。为了让学生尽早踏入学术领域，在研究生入学伊始，笔者定期组织开展师门内的研究讨论会。每周由两到三名学生分享自己近期所阅读的文献，大家共同讨论文章可借鉴以及可改进之处。在这里，刚入学的金融专硕与学硕学生可以尽情和其师兄师姐们共同讨论、思考学术问题。我认为，不仅金融学硕学生需要培养阅读与分析总结文献的习惯，金融专硕学生也同样需要，旨在为后续毕业论文的选题与撰写打好基础。在文献的分享与讨论的过程中，我发现大部分学生通常会抱着"全盘接受"的心态，鲜少对文章提出疑问。

因此，笔者教导学生阅读文献时，要多看几篇相同领域的文献，不将视野局限于某一篇文章中。同时，要持批评辩证的态度，不可完全认同他人的理论或实证论述，寻找出思维的漏洞，并思考如何进一步改进，达到"探究性阅读"的效果。

（二）选题紧扣实际

当阅读与分析了大量的文献之后，部分学生此时在心里对研究方向已有了初步的规划，对论文选题也有了一定的想法。但是仍会有部分学生处于迷惘状态，不知道该从哪个方向落脚。此时，一味地催促学生抓紧定题会加重其焦虑，且囫囵吞枣式的选题会引发今后撰写过程中的更多麻烦，因此应鼓励他们从现实出发、从实际问题出发，细细思索是否在实习工作中有可作为选题的素材，使得选题更贴近实际生活。

相比金融学硕学生仅能选择学术论文的形式，金融专硕学生具有更广泛的选择。除了学术论文，金融专硕的学位论文还可以选择以案例分析、产品设计、金融实践问题解决方案以及调研报告等形式呈现。为与金融专硕培养目标相一致，金融专硕论文应紧紧把握实践方向，侧重对实际问题进行分析研究。虽然我不局限金融专硕学生关于论文主题的选择，但是我鼓励支持学生选择后者的写作形式，因为其与实际问题联系更为密切。

（三）内容分类指导

在确定了论文选题后，我要求学生先形成系统的研究架构再开始行文。学生若没有对自己的全文结构进行把控，容易出现"走一步看一步"、前言不搭后语的现象。当论文大纲形成后，学生就可以沿着研究主线依次突破，使得论文框架鲜明、浑然一体。

以学术论文为论文形式的学生，在撰写过程中，有一个误区，有的会出现先完成实

证研究部分，再寻找对应的理论来支撑其实证结果的想法。失去理论前提的实证分析过程，即使数据结果再漂亮，也是本末倒置。学术论文需要严格遵循理论基础、现状分析以及实证研究的顺序进行撰写。首先，按照研究的对象和目的，去寻找可以支撑论文选题的理论。其次，奠定好理论基础后，选定相关的研究角度与指标进行现状分析。最后，在理论与现状分析的基础上，进行实证研究或者提出可实施的解决方案。

以案例分析或调研报告等为论文形式的学生则不需要做过多的理论与实证研究，而是需要聚焦于案例本身。与学术论文不同的是，案例分析类的论文需要先对具体案例现状进行介绍，然后分析案例所存在的问题以及产生的原因，在所有可得资料的基础上，采取图表分析、因果分析以及维度分析等方法为案例提供实际解决办法和建议。因此，案例相关材料与数据的真实性与全面性以及对案例的剖析深度是决定金融专硕学生论文质量的重要因素。

（四）细节贯彻始终

研究内容的呈现不应只依靠文字，需要清晰的数据与图表加以辅助。在学生完成论文初稿后，笔者要求学生提炼中心论点，注重前后呼应，增强文章的条理性。不仅如此，还应当精简文字，删改大段的文字表述，插入可视化强的示意图和结构分明的表格。掌握清晰的文字表达与图表展示能力不仅能美化论文成果，而且能让学生在日后的工作中脱颖而出。

在多次反复的修改之后，论文的内容也就尘埃落定了，需要将关注点转向论文的格式。千里之堤溃于蚁穴，细节决定成败。论文的排版、字体的大小以及数据的格式等皆需要按照严谨、清晰的规范行事，要提醒学生不要在小细节处跌了跟头，避免影响整篇论文的呈现效果。

（五）教导宽严相济

除了论文内容的指导，学生的撰写进度与时间安排的督促工作也必不可少。金融专硕学生在撰写学术论文的时点，通常还身在实习岗位或是考公或是求职，需要分出精力来处理各项事务，此时容易对论文的写作产生"拖延症"的现象，因此身为导师要做到及时督促、定时检查。

"亦师亦友"很好地概括了笔者与学生之间的相处模式。虽然在论文写作中，对待学生严格要求、不许有一丝懈怠，但是在日常相处中，充当着学生的知心朋友的角色，帮助他们排忧解难。当学生们遇到论文写作或者求职方面的问题时，向他们提供指导，替他们理清思绪。或是在生活中出现某些困难时，耐心安抚，帮助他们回归正常生活状态，从而更好地投入论文写作当中，达到一举两得的效果。

学位论文不仅是金融专硕学生离开校园前的最后一道关卡，更是他们正式踏入职场大门前的一次磨炼。论文的准备、撰写以及定稿，皆是为金融专硕学生所设下的道道考核，是检验其综合素质的重要依据。毕业论文的完成不意味着金融专硕的科研道路就此终止，而是代表着探索的另一个开始。我相信，只要学生们时刻不忘这份坚韧、踏实以及铆足了的干劲，就能够在未来突破自我，实现人生价值。

四、总结

我国现阶段金融业发展多元化、科技化、数字化以及进一步国际化的新特点，催生出对高学历、复合型和应用创新型金融高端人才的要求。为更好地适应行业人才需求，金融专硕的人才培养应注重专业知识与外语能力的提升、知识结构全面化与多元化以及实践与应用能力的提升。在笔者看来，在金融专硕与金融学硕的差异化培养中，应遵循课程选择差异化与课后实践差异化原则；在金融专硕论文质量的把控与提升中，在前期应重视学生的文献积累，在选题方面应紧扣实际，在内容方面应分类指导，并且将对细节的高要求贯彻始终。在金融与统计学院专硕培养十周年之际，我希望通过分享自身培养经验的方式，为学院未来的人才培养规划出一份力。

基于学生视角的专业硕士教育中
存在的问题探析

姜　昱[*]

提　要　自教育部 2009 年发布《关于做好全日制专业型硕士研究生培养工作的若干意见》以来，全日制专业学位硕士研究生招生比例高速增长，规模迅速扩张。本文通过对部分已毕业的专业硕士研究生进行问卷调查，对同学们反映比较集中的全日制专业硕士培养中存在的问题进行梳理，并针对这些问题提出加强课程体系构建的综合性与实践性，增加适合专业硕士的学术交流活动，强化专业实习的过程指导和管理，构建校内导师、校外导师和学生之间共同参与式的管理机制，开展以职业生涯规划为导向的就业指导，转变人才培养理念的应对策略。

关键词　专业硕士；教育；培养

自教育部 2009 年发布《关于做好全日制专业型硕士研究生培养工作的若干意见》以来，全日制专业学位硕士研究生招生比例高速增长，规模迅速扩张，目的是培养适应社会经济快速发展的高层次应用型人才。专业学位硕士作为一类新的研究生教育培养方式，不仅仅是学位类型的增加，更意味着人才培养理念、模式的深层次、根本性转变。如何培养"掌握某一专业（或职业）领域坚实的基础理论和宽广的专业知识、具有较强的解决实际问题的能力，能够承担专业技术或管理工作、具有良好的职业素养的高层次应用型专门人才"，是当前高校研究生教育中需要探讨研究的重要课题。

高质量的研究生教育既包括研究生教育质量管理，也包括研究生教育质量评估。也即在全日制专业硕士教育中，既要注重培养过程的高质量，也要注重培养结果的评价与评估，二者之间是相互促进的关系。

基于此，通过对部分已毕业进入工作岗位的专业硕士研究生进行问卷调查，同学们既肯定了读研期间理论知识学习的系统性、案例分析教学、研讨教学、论文撰写等带来的收获，同时结合毕业后的工作经历提出了专业硕士培养中存在的问题和不足。下面主要对同学们反映比较集中的全日制专硕培养中存在的问题进行梳理。

* 姜昱，经济学硕士，湖南大学金融与统计学院副教授，主要研究方向：国际金融与比较金融、金融发展。

一、全日制专业硕士培养中存在的问题

（一）专业课程体系设置实践环节需要强化

一是校内的专业课程设置更偏理论性，实践类和实操类课程设置比例偏少，校外实践课程则更少；二是从课程中学习到的理论不足以应对实务工作，课堂学习对实习帮助甚微，难以应对实习中遇到的各种问题。

（二）针对专硕的学术交流活动缺乏

学校的学术交流活动大都是专业性很强的学术讲座，很少涉及实务，几乎没有对口专业硕士的学术交流。这种"高大上"的营养输送方式，同学们反映经常听得一头雾水，收获非常有限，所以参加一两次就失去了积极性。

（三）专业实习的过程指导和管理需加强

全日制专业硕士生对实习环节一般是比较重视的，为了加强实习的强度和深度，以免实习时只是被安排做一些简单的日常工作，同学们希望实习前学校能给予实习前的指导。另外，督导的缺乏经常使得学生在实习中遇到的问题不能得到及时有效的解决。

（四）校内导师、校外导师和学生之间缺乏共同参与式的管理机制

一是校外导师在论文指导、实践过程和技能培养方面的指导力度不够，校外导师难以将本行业所需具备专业能力的理论基础顺畅地反馈给校内导师和学生；二是校内导师与校外导师的指导往往未对接，校内导师与校外导师在专业实践环节缺乏必要的沟通交流机制。

（五）以专业硕士职业生涯规划为导向的就业指导欠缺

基于求职的压力，同学们反映大家内心对未来比较迷茫甚至感到恐慌，所以非常希望学校可以在职业规划方面给予指导，成为学生从校园走向工作岗位的引路人。

（六）校内导师学硕和专硕培养理念区分度不大

校内导师在专业硕士培养理念上存在惯性思维，很多导师往往以培养学术硕士的标准和方法培养专业硕士。

二、进一步提升专业硕士培养质量的策略

实践能力培养是专业硕士教育的核心。

（一）加强课程体系构建的综合性与实践性

1. 专业硕士要更加注重综合培养学生的理解能力、实践能力和应用能力

学校可以通过多种方式与地方政府和各类金融机构合作，共同参与金融应用型人才的培养。讲授各门课程的过程中邀请相关领域的专家和从业者，通过自身经验为同学们进行讲授指导，让学生们更真实地感受到理论学习及理论与实践相结合的重要性，形成"理论—实践—再理论—再实践"的教学培养模式。

2. 优化教学体系，开发高质量的实用性课程

增加选修课的数量及门类。一是适当添加一些与专业适配的普及课和技能课，比如职位讲解（各个岗位类型的职业发展）、公文写作和办公软件的应用技巧（PPT、Excel 技能）、商务礼仪、辩论或者沙盘游戏等；二是增加课外实践课程，比如可以安排客户访谈、到企事业单位认知实践、社会调查等；三是开设相关的实证课程，最好结合上机实操，解决学生在此后论文中可能面临的实证问题，如 Eviews、stata、R、matlab、python 等。学生可以根据自己的学业需求选学相关内容，每门课程可以只设置 0.5~1 个学分，平均 8~16 个课时，但每个选题都聚焦于一个具体的领域，进行深入细致的讲解。

大力推进情景虚拟仿真教育技术在专硕教学中的运用。情景虚拟仿真教育技术是现阶段富于创新性的教育技术和方法，将人机交互、虚拟现实、学生角色参与、计算机网络通讯和手机 APP 这些先进技术结合起来，高度虚拟出真实的工作环境，可以让学生在虚拟的环境中感受金融实际工作，提高学生实践能力，提升课程教学质量，从而实现在真实实习中都难以达到的教学功能。

（二）增加适合专业硕士的学术交流活动

一是开设一些经济金融学科前沿发展动态方面的学术讲座。比如，一项研究的发展历程、最近的研究进展，以及未来可能的研究方向，帮助学生打开思路，而不仅仅是专业性很强的学术讲座。二是聘请相关领域的专家和实际工作领域优秀的从业者共同举办一些实务、操作技术等最新发展动态的交流会和讲座。三是加强与各类金融机构的合作与互动，开展各种形式的专业类学术竞赛活动。不仅可以让学生在竞赛中丰富相关知识，提高实践技能，也可以让用人单位了解学生能力，为学生未来就业提供帮助。四是借鉴本科生 SIT 创新计划项目，设立针对专业硕士的教育创新项目，通过成立科研、实践创新兴趣小组，提升学生个人素质和自主创新能力。

（三）强化专业实习的过程指导和管理

1. 学生要明确实习目标和自我定位，提前做出规划和安排

在这个环节，学校一是可以通过组织往届同学的经验交流会，分享实习或学习心得；二是可以利用校友资源请各行各业的学长学姐做一些线上线下分享，帮助同学们准确定位，明确实习目标，实习中做到有的放矢，提升实习效果。

2. 提高实习督导的质量和效率

一是进行过程督导。建议学校和实习机构为学生配备校内督导和校外督导，将督导与学生汇报交流次数以及督导任务制度化。二是进行结果督导。高度重视实习报告，但实习报告不是一种形式化的任务，而应该是梳理收获和问题，总结成果，积累经验，校内督导和校外督导均要对每份实习报告进行评阅给出成绩并计入毕业考核。另外，建议同学们多尝试不同单位的实习，除了商业银行，像券商、期货、地产、互联网等行业都可涉猎。实习对于找工非常重要，不仅仅是因为增加了简历内容，而是通过实习加深同学们对自身的认知，在具体实践中提高运用所学知识分析问题和解决问题的能力，明确对职业生涯的规划，是未来的核心竞争力。

（四）构建校内导师、校外导师和学生之间共同参与式的管理机制

校内导师与校外导师要协同参与专业硕士的培养过程。一方面，需提升校外导师在论文指导、实践过程和技能培养方面的指导力度，保证校外导师对专业硕士的指导时间，培养专业硕士理论与实践相融通的能力。另一方面，校内导师和学生也要积极主动与校外导师沟通交流，及时了解和掌握本行业所需具备专业能力的理论基础和行业发展动态。为激励校外导师与校内导师协同参与专业硕士培养的积极性，学校除了精神层面的鼓励，还应给予校外导师相应的经济报酬。

（五）开展以职业生涯规划为导向的就业指导

可以开设一些关于就业方向和方法以及自主创业的培训课程、职场分享课程，提前适应社会。定期请职场中的优秀校友分享职场内容和工作经验，有助于学生提前了解就业内容及方向，开拓思路，从而制定清晰的职业发展路径和职业生涯规划。

（六）转变人才培养理念

校内导师应转变人才培养理念和模式，跳出原有培养科学学位硕士研究生的定式和惯性，以"掌握某一专业（或职业）领域坚实的基础理论和宽广的专业知识、具有较强的解决实际问题的能力、能够承担专业技术或管理工作、具有良好的职业素养的高层次应用型专门人才"作为培养全日制专业硕士的行动指南。

参考文献：

[1] 戚欣，吕静，谢宇轩. 英国课程硕士教育对我国专业硕士教育的借鉴——以建筑类专业为例[J]. 职教论坛，2018（4）：172-176.

［2］解维敏. 新形势下我国会计专业硕士教育的问题与对策研究［J］. 会计师，2018（3）：60-61.

［3］王晔安，杨铃，张欢. 中国专业硕士教育的能力本位与实践学习：基于104个MSW项目调查的实证研究［J］. 社会工作，2019（2）：40-53.

［4］司丹. 论案例教学法在法学专业硕士教育中的适用［J］. 当代教育实践与教学研究，2018（10）：173-174.

［5］马海群，孙瑞英. 基于具身认知的图书情报专业硕士教育质量研究［J］. 现代情报，2017（1）：5-8.

金融学专业研究生招生规模的
动态调节机制研究[*]

李晋娴^{**}　李　琳^{***}

提　要　研究生招生规模的调节机制在很大程度上决定了研究生教育的发展过程和培养质量，对研究生教育具有至关重要的影响。本文基于现有文献，以国家宏观调控为切入点，分别从规模的确定和分配两个层面，研究金融学专业研究生招生的总体规模如何确定、招生计划总指标如何合理地分配到各高校，并结合高校实际需求，建立起一套合理有效的系统性的金融学专业研究生招生规模调节机制。

关键词　研究生招生规模；金融学；动态调节机制

一、引言

《教育部　国家发展改革委　财政部关于加快新时代研究生教育改革发展的意见》指出，研究生教育肩负着高层次人才培养和创新创造的重要使命，是国家发展、社会进步的重要基石，是应对全球人才竞争的基础布局。提出总体目标是：到 2025 年，基本建成规模结构更加优化、体制机制更加完善、培养质量显著提升、服务需求贡献卓著、国际影响力不断扩大的高水平研究生教育体系；到 2035 年，初步建成具有中国特色的研究生教育强国。

2020 年 2 月 28 日，教育部副部长翁铁慧在国务院联防联控机制新闻发布会上表示，综合考虑高校办学承载能力，以及同时考虑支撑国家战略所需学科、经济社会发展紧缺专业等因素，在保证研究生培养质量的前提下，着力扩大当年硕士研究生招生规模。尤其是在目前我国的金融业对外开放加速、产业转型深化、新业态不断涌现的情况下，金融行业人才需求量不断增加，始终位列前三。技能单一、普通的金融学专业人才已不能适应市场的需要，而我国目前金融学专业人才很大程度上依赖各招生单位金融学专业研

---

　* 本文为中国学位与研究生教育研究重点课题"金融学专业研究生招生规模的动态调节机制研究"（编号：2020ZD1012）的研究成果之一。

　** 李晋娴，金融学博士，湖南大学金融与统计学院助理教授，主要研究方向：金融理论与金融政策。

　*** 李琳，湖南大学金融与统计学院研究生，主要研究方向：金融理论与金融政策。

究生的培养和输出。

总体来看，研究生招生规模关系到国家的大政方针，而金融学专业研究生的招生规模则进一步影响到新经济形势下，社会所能够获得的金融学专业人才数量。教育部总体目标的实现和金融行业的发展都需要一套科学合理的招生规模调节机制，因此在这样的背景下进行金融学专业研究生招生规模调节机制的研究很有必要。

二、金融学专业研究生招生规模的现状

（一）研究生招生总体规模的基本情况

研究生教育总体规模逐年扩大，招生人数不断增加，而研究生招生规模的增长率主要呈现一种下降的趋势。中国自 1978 年恢复研究生招生以来，研究生招生数量从 1978 年仅有的 1.07 万人，至 2022 年，招生规模为 124.2 万人。我国成了名副其实的研究生教育大国。

从增长率方面来看，近 20 年来我国研究生招生规模的增长率主要呈现一种下降的趋势。我国研究生招生规模增长率曲线如图 1 所示，"三尖点"分别为：2003 年，扩招研究生 6.63 万人；2009 年，扩招研究生 6.45 万人，同年产生专硕学位；2017 年，教育部开始实行非全日制研究生和全日制研究生并轨招生，研究生招生规模再次扩张。

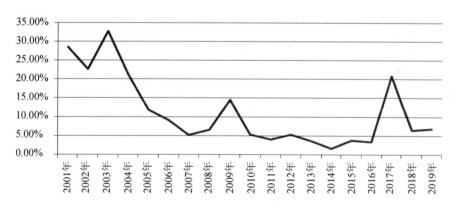

图 1　研究生招生规模增长率

数据来源：国家统计局

2020 年，我国 GDP 增长率仅为 2.3%，2021 年恢复至 8.1%，我国经济正处于从高速发展到中高速发展的转型阶段。同时中美贸易战仍僵持不下，受疫情影响，很多企业陷入财务危机，这让本就严峻的就业形势更加紧张。据教育部发布的数据，2022 年的毕业生人数达到 1076 万，同比增长 167 万人。近年来为缓解就业压力，教育部曾在 2020 年，研究生扩招 18.9 万人。此后，2021 年我国研究生报考人数为 377 万，录取人数从 2020 年的 99.05 万提升至 111.4 万，录取率 29.55%。2022 年研究生报考人数达到 457 万人，招生人数为 124.2 万。

我国与发达国家相比仍有较大差距。2021 年，我国每千人研究生注册人数只有 2.2

人，而自2010年以来，美国、英国、法国一直保持近9人的水平，相较而言仍有较大差距。虽然我国研究生规模不断扩大，在2021年已经超过110万人，但由于我国的人口基数大，较高学历人才比例还有较大的提升空间。我国未来将大力发展科技型产业，人才培养是经济持续发展的必然要求，因此研究生规模扩招依旧是必然趋势。

（二）金融学专业研究生招生规模的现状

金融学专业是改革开放以来的热门专业。随着我国经济的持续增长，社会对金融类人才的需求量一直居高不下。随着我国金融市场进一步开放，在国内金融业快速发展和国外金融机构大量进入的背景下，金融业出现了更多就业机会。同时，由于金融行业对高层次人才的特殊需求，近年来金融学专业研究生的报考持续升温，出现了"金融考研热"的社会现象。金融学专业是近些年就业颇为广泛的热门专业，虽然社会对金融类毕业生的需求不断增加，但随着金融学专业招生和毕业人数的激增，金融类大学生面临新的挑战和就业压力，因此，在规模扩张的同时，也应重视培养质量，对研究生招生规模进行合理调节。

如图2、图3所示，近年来，我国经济学类专业研究生招生规模与增长率都呈现上升趋势，且增长率较高，但波动较大，有的年份甚至出现负增长的情况，与同时期的研究生招生总规模增长率相差较大。这可能是由于金融行业自身的特点，其招生规模更容易受到金融经济环境波动或其他相关因素的影响。

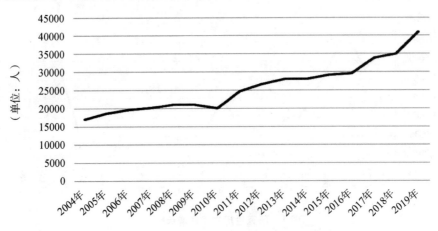

图2　经济学类专业研究生招生规模

数据来源：中国统计年鉴

在目前我国的金融业对外开放加速、产业转型深化、新业态不断涌现，金融行业人才需求量不断增加，始终位列前三。技能单一、普通的金融学专业人才已不能适应市场的需要，而我国目前金融学专业人才很大程度上依赖各招生单位金融学专业研究生的培养和输出。

通过对各高校研究生招考环境的调研发现，我国金融学专业研究生招生还存在以下问题：

第一，研究生生师比较高，培养质量难以保证。现在中国研究生培养采取导师负责

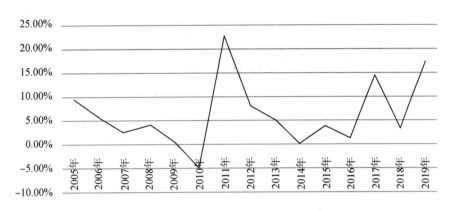

图 3　金融学专业研究生招生规模增长率

数据来源：中国统计年鉴

制，导师的作用已经不仅仅局限在指导学生的毕业论文，更重要的是要在专业上激发学生的学术热情、指导学生进行课题研究，帮助学生提高科研能力，这就要求研究生导师能够有足够的时间和精力。研究生师生比是研究生指导老师人数与在校研究生数的比例，只有合理的生师比才能保障研究生的培养质量。虽然自 2006 年起，研究生的扩招比例与指导老师的增加比例趋于一致，但研究生生师比始终维持在 6：1 以上的高位。目前，各招生单位金融学专业具有研究生指导资格的老师数量较为缺乏，无法适应快速增加的研究生规模，金融学专业生师比普遍高于平均水平。

第二，招考具有盲目性，与社会需求不匹配。由于我国金融行业发展迅速，对金融人才需求较大，且相对较高的薪资水平源源不断地吸引着学生报考，甚至转专业报考的人数也居高不下，导致部分学生盲目追求热门专业，而不考虑自身兴趣和能力等实际情况。而招生单位面临巨大生源数量时，也可能追逐短期利益，忽略实际需求，盲目地制定金融学专业招生计划，反而使其他一些社会紧缺型的、关键技术和科研难题的专业生源流失，人才培养缺乏，与社会需求相脱节。

第三，教育经费不足，招生规模超负荷。研究生招生总体规模增长率远超全国普通高校教育经费的增长率，长期维持在高位。教育经费的不足已成为高校扩大研究生规模的瓶颈。

因此，金融学专业研究生招生过程迫切需要一个合理可行的招生规模调节机制。这是本文研究的初衷，也是我们要解决的关键问题。

三、方案设计——招生规模的动态调节机制

研究生招生指标数量的增减需要教育部综合考量经济社会发展，再结合学校发展的实际情况核算而成。本文设立的研究生招生规模调节机制可细分为三个层次，首先，通过建立实证模型研究金融学专业研究生招生的总体规模如何确定；其次，讨论招生计划总指标如何合理地分配到各高校；最后，宏观调控要考虑高校的具体需求，发挥各培养单位的自主性。综合各方面因素，建立一套落实国家战略方针和政策要求、适应社会经

济发展需求、符合学科特点、符合培养单位实际、满足考生诉求的系统的合理的金融学专业研究生招生规模调节机制。

（一）实证方案——研究生招生总指标的确定

研究生招生规模的确定不能只是政府政策计划的下达，同时也要考虑到经济社会发展、市场需求、学科特点、高校实际培养能力等各方面的因素。需综合分析影响金融学专业研究生招生规模的各方面因素，选取合适的衡量指标，构建多元线性回归模型，对各个因素对于招生指标数量的影响进行探究。在得到各因素之间的数量关系后，对金融学专业研究生招生规模的宏观调节进行量化，以实现金融学专业研究生招生规模的预测。

1. 研究生招生规模的影响因素及其指标选取

通过走访调查和对文献的梳理，我们发现，研究生招生规模在宏观层面主要受到经济发展状况、政府投入、社会需求、高校培养能力以及毕业后在金融机构的就业预期这五个方面的影响。本文选取五个具有代表性的指标来反映这五个方面对于招生规模的影响。

（1）国内生产总值。GDP 是综合反映一个国家或地区经济实力的核心指标，常被公认为是衡量国家经济状况的最佳指标。中国研究生教育事业也是自 1978 年改革开放后正式步入跨越式发展时期，并且近十年研究生招生规模的增长与国民经济发展趋势呈现出很强的一致性，进入了高速发展的阶段。

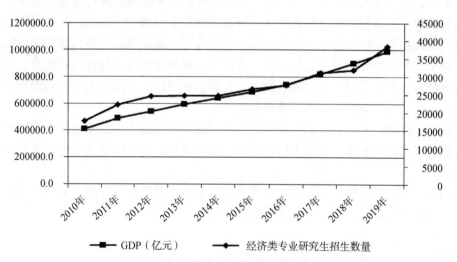

图 4　GDP 与经济类专业研究生招生数量

数据来源：国家统计局、教育部

（2）国家财政性教育经费。包括公共财政预算教育经费、各级政府征收用于教育的税费、企业办学中的企业拨款、校办产业和社会服务收入用于教育的经费以及其他属于国家财政性教育经费。用国家财政性教育经费可以剔除教育经费中一些来源于除政府渠道外的其他渠道来源的教育经费，更能代表政府对教育的投入额。

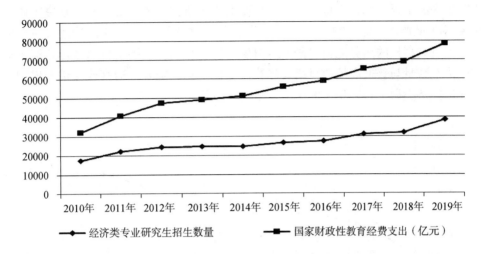

图5 国家财政性教育经费支出与经济类专业研究生招生数量

数据来源：国家统计局、教育部

（3）报名人数。经济的发展和教育经费的增加可以为扩大金融学专业研究生的招生规模提供更多的资金，为本科生提供更多攻读经济类专业研究生的机会，体现的是政府在供给侧的改善。与此同时，研究生需求也同样成为影响金融学专业研究生招生规模的重要因素。这里我们选取金融经济类专业研究生报名人数作为衡量社会需求的指标。从图6可以看出，经济类专业报考人数与招生人数的比值大概是10∶1，相较于其他学科，考研的压力和难度都更大。同时，报名人数的增加也对金融学专业研究生招生规模的扩大起到了重要的促进作用。

图6 经济类专业考研人数与经济类专业研究生招生数量

数据来源：国家统计局、教育部

（4）高校数量。高校的培养能力通过软硬件设施条件得到体现。作为一项制约研究生规模扩张的重要指标，它也能在一定程度上决定研究生培养的质量，是决定研究生招生规模不可或缺的关键影响因素。选取普通高校数量作为高校培养能力的一个量化参考，以此研究高校的培养能力对研究生招生规模的影响。从图7可以看出，经济类专业研究生招生数量与普通高校数量增长趋势一致。可见，随着普通高校数量的增加，更多高校开设经济类硕士点，相应的招生数量也在增长。

图7 普通高校数量与经济类专业研究生招生数量

数据来源：国家统计局、教育部

（5）金融机构从业人员数量。金融类硕士研究生就业方向以对口为主，就业范围主要集中在银行、证券、期货、保险、信托等金融机构。金融机构就业数量在一定程度上反映了金融学专业研究生未来的就业情况。图8展示了金融学专业研究生招生数量与金融机构从业人员数量有显著的正相关关系。从2015年起，金融机构的从业人员数量增长速率就趋于平缓，金融机构能吸收的就业人员数量已经趋于饱和。但是，近5年金融学专业的招生人数增长率较高，这其中很可能隐含着金融学专业存在盲目扩招、与就业市场的实际需求不匹配的问题。

2. 模型构建

综合分析影响金融学专业研究生招生规模的各方面因素，选取上述衡量指标，构建以金融学专业研究生招生规模为被解释变量，国内生产总值、国家财政性教育经费、金融学专业研究生报名人数、高校数量、金融机构从业人员数量为解释变量的实证模型。基于以上思路，设立多元线性回归模型，具体模型如下：

$$Enrollment = \beta_1 GDP + \beta_2 Fund + \beta_3 Applicant + \beta_4 College + \beta_5 Employee$$

其中，Enrollment、GDP、Fund、Applicant、College、Employee 分别代表金融学专业研究生招生规模、国内生产总值、国家财政性教育经费、金融学专业研究生报名人数、高校数量、金融机构从业人员数量。

通过统计软件对模型的参数进行估计和检验，以确定模型准确的表达形式。

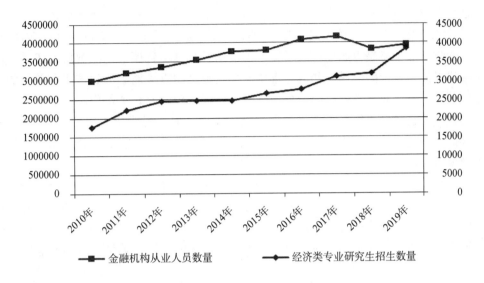

图 8　金融机构从业人员数量与经济类专业研究生招生数量
数据来源：人大经济论坛、教育部

实际招生规模进行调节时，还应考虑到一些特殊事件或突发情况的影响。此时无法直接量化其对金融学专业研究生招生规模的影响，可首先转换为这些特殊因素对经济、教育经费以及报名人数等因素的影响，再通过上述实证模型决定金融学专业研究生招生的总规模，特殊因素对招生规模的影响也在模型中得以体现。

（二）打分机制——研究生招生指标的分配

在之前建立的金融学专业研究生招生规模预测模型的基础上，需要将金融学专业总体招生计划在各招生单位之间进行分配。因此，需建立一套招生规模影响因素指标体系，对各招生单位在教育资源、学科建设等影响金融学专业研究生培养的各方面条件进行科学打分，各项指标得分加总就是该招生单位综合能力的一个真实反映。再根据各高校的得分情况进行金融学专业研究生招生名额的分配，将预测模型与打分机制相结合，建立起一套科学完整、具有可操作性的金融学专业研究生招生规模调节机制。

1. 打分机制具体操作步骤

（1）根据我国研究生招生计划分配制度和金融行业发展特点，选取各项影响因素构建指标体系。

（2）确定各类指标分类和打分标准，实际操作时可根据各高校实际情况灵活调整。

（3）按照所编制的招生规模影响因素指标体系，对各招生单位进行综合打分。

（4）结合上一步宏观预测模型所得的金融学专业研究生招生总体规模，确定分配到各招生单位的研究生招生名额。

2. 研究生招生规模影响因素的选取

（1）学校等级。学校等级具体包括学校评级、学科建设和学位授予点三个二级指标。学校评级实际上就是对该学校办学能力和培养能力的综合反映，评级较高的学校通常综合实力较强，在制定招生计划时也会向其分配更多的名额。主要考虑该招生单位是否属于"双一流"建设高校，是否属于985高校，是否属于211高校及其综合排名等；该校金融学专业学科是否属于一级学科、二级学科及其学科评估情况则反映了该校的金融学科建设能力；金融学硕士和博士学位授权点则更加直接地影响到该招生单位的研究生招收数量，是相对硬性的一个指标，会较大程度受到政府相关部门决策影响。在学校评级上升、学科建设取得重大成果、学位授权点增加时，说明招生单位培养能力增强，应相应扩大研究生招生规模，反之则缩小研究生招生规模，动态地对金融学专业研究生招生规模进行调整。

（2）教育资源。教育资源包括硬件设施、数字资源和科研经费三个二级指标。教育资源属于研究生招生计划制定和分配时所要考虑的一个重要客观限制条件。研究生招生规模的大小会直接受到教育资源是否充足的约束，金融学科也不例外。在招生单位教育资源缺乏或与招生规模不匹配时，要及时调整下一年度该招生单位金融学专业研究生招生规模。

（3）师资力量。师资力量是招生计划编制的内因，在招生规模调节机制中起着主导作用。师资力量的强弱很大程度上决定了招生名额的数量。这里将其划分为生师比、教师职称以及教师科研成果三个二级指标来评分。当某一招生单位金融学科师资力量相对较弱时，其评分会相应降低，下一年度分配的金融学专业研究生招生规模就会减少，这样的一个动态调节机制就可以在一定程度上避免教师超负荷招生，金融学专业研究生培养质量下降问题的出现。

（4）培养质量。培养质量包括该招生单位金融学专业研究生学位授予、科研成果以及就业率三个二级指标。金融学专业研究生的培养质量可以衡量该招生单位在金融学科方面的人才培养能力，培养能力较强的招生单位在该项指标上就可以获得更高的得分，在下一年度被分配到的研究生招生名额也会相应增加。

（5）往年招考情况。往年招考情况是招生计划编制中的外部因素，主要反映该校往年的招考情况，主要包括金融学专业报考人数、招生人数以及一志愿录取率三项二级指标。报考人数和招生人数的比例可以直接反映往年该招生单位金融学专业研究生的报考情况，竞争是否激烈。报录比过低通常意味着该招生单位的金融学专业研究生招生计划相较于报考人数来说比较充足，竞争不激烈，这可能会导致金融学科当年招收的研究生质量不理想，需要考虑适当缩减招生规模。对于某些金融学专业知名度较高的招生单位来说，金融学是热门学科，生源充足，报考人数通常远超过招生计划，一志愿录取率会较高。此时，招生单位就需要及时调整招生计划，从而使得报考人数和招生计划保持在一个均衡状态。

3. 金融学专业研究生招生计划指标体系的构建

如图9所示，在选取了金融学专业研究生招生规模的影响因素即一级指标之后，为了便于进行评价和打分，课题组对于每个一级指标又细分了相应的二级指标。针对不同招生单位办学特点和实际需求，每项指标的评分标准可进行调整。

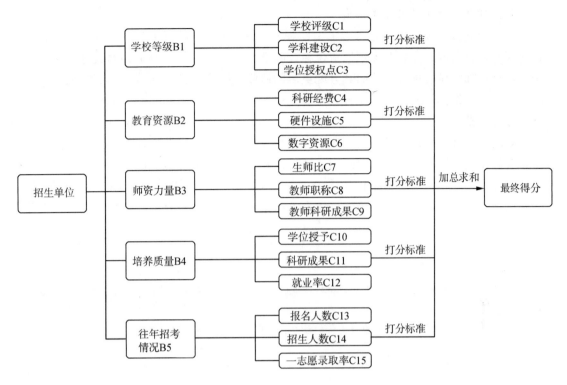

图9 金融专业研究生招生计划指标评分体系

4. 招生单位得分计算和实际招生名额的分配

首先对各招生单位根据实际情况按相应指标进行打分，计算出各招生单位总体得分 a_k。计算公式为：

$$a_k = \sum_{i=1}^{15} C_{ik}$$

式子中：a_k 表示第 k 个招生单位最后得分；C_{ik} 表示第 k 个招生单位各二级指标得分 C_i；$i = 1, 2, \cdots, 15$；$k = 1, 2, \cdots, n$；n 表示所有招生单位总数量。

然后，再结合上面设计的金融学专业总体招生规模预测模型得到的年度招生计划数量，计算各招生单位下一年度的金融学专业研究生招生规模。另外，考虑到近些年来政府权力重心下移，给予各招生单位更多的决策自主权，在计算最后分配名额时，加上一个招生单位可以根据当年生源情况和自身实际需求进行自主调节的一个区间。

最后，将模型设计为：

$$b_k = \frac{a_k}{\sum_{i=1}^{n} a_k} \times N + D$$

式子中：b_k 表示第 k 个招生单位金融学专业研究生招生名额；a_k 为第 k 个招生单位得分，N 为下一年度金融学专业总招生计划名额；D 为整数；$i = 1, 2, \cdots, n$；$k = 1, 2, \cdots, n$；n 为所有招生单位总数量。各招生单位在确定该自主调节区间 D 的具体数量时，必须保证公平合理，需说明具体原因，并将相关证明材料上报至教育行政管理部门，获得批准之后才可以具体实施。

a_k 得分越高，说明在综合考虑了学校等级、教育资源、师资力量、培养质量和往年招考情况各方面因素之后，该招生单位在金融学专业研究生的培养上相对其他招生单位来说具有更加明显的优势，应向其分配更多的研究生招生名额。随着各所高校实际情况的变动，各项指标得分和最后得分会发生变动，下一年度分配到的研究生招生规模也会随之进行调整。

如此，结合宏观预测模型就形成一个相对灵活的、可操作性较强的金融学专业研究生招生规模动态调节机制。在实践中，还可以随着社会经济环境、政策环境等大环境的变化，定期论证和调整招生指标体系的二级指标，以保证该体系和机制能够与时俱进，为我国金融学专业研究生招生工作提供理论依据，推进我国研究生教育事业的持续健康发展。

参考文献：

[1] 李锋亮，孟雅琴. 我国研究生规模扩展是惯性依赖还是需求驱动 [J]. 教育发展研究，2021，41（Z1）：9-16.

[2] 李永刚. 我国研究生教育规模扩张的动力、影响与发展方略 [J]. 中国高教研究，2021（2）：77-83.

[3] 方芳，刘泽云. 经费投入对地区高等教育规模的影响 [J]. 高等教育研究，2019，40（1）：43-50.

[4] 周涛，万丽娟，彭涛，罗杨，兰中文，汪利辉. 基于就业质量的硕士研究生招生计划动态调节机制研究 [J]. 研究生教育研究，2019（3）：29-35.

[5] 赵沁平. 研究生教育领域仍需摸着石头过的三条河 [J]. 研究生教育研究，2019（1）：1-2.

[6] 廖素娴，张立迁，王顶明，王弘幸. 高校研究生招生计划分配及其优化研究 [J]. 学位与研究生教育，2018（7）：28-33.

[7] 孙瑜，言佳羽. 美国国际研究生规模结构变化及其启示 [J]. 学位与研究生教育，2017（5）：69-77.

[8] 张建功，黄美静，孙飞燕. 中美专业学位研究生规模影响因素的比较研究 [J]. 中国高教研究，2012（10）：34-38.

[9] 游名帅，杨雨萱，蔡清波. 在学硕士研究生规模影响因素分析——基于多元回归模型 [J]. 泉州师范学院学报，2018，36（6）：65-69.

[10] 周瑜，吴广良. 高校二级学院研究生招生计划分配动态调整探究 [J]. 教育教学论坛，2019（47）：219-220.

[11] 王凤兰，张军伟，安静. 硕士研究生招生计划编制方法研究 [J]. 中国高教研究，2008（1）：22-24.

[12] 祁占勇，陈鹏. 重大疫情背景下我国研究生规模扩张的迫切需求与路径选择 [J]. 河北师范大学学报（教育科学版），2020，22（2）：19-24.

[13] 研究生扩招是"缓冲"，更是为国蓄才 [J]. 科学大观园，2020（6）：64.

[14] 杨楠. 新中国成立70周年系列——北京高校研究生规模（1978年—2018年）[J]. 北京教育（高教），2019（11）：4-5.

[15] 尤小立. 招生突破80万人或将再刺激考研热 [N]. 中国科学报，2018-03-06（005）.

［16］方超，罗英姿.研究生招生规模与区域经济增长相关性研究——以江苏省为例［J］.中国农业教育，2015（3）：10-17.

［17］车欣.研究生规模与质量协调发展探究［J］.文教资料，2015（8）：92-93.

［18］罗靖，龚金莲，蔡佳悦.研究生招生规模与政府投入的离散动力学分析［J］.教育教学论坛，2015（2）：42-44.

［19］刘少华.地方高校研究生招生规模与就业质量关系初探［J］.统计与管理，2014（12）：78-79.

［20］李淑君，王建梅，孟文俊，王尧.硕士研究生复试总成绩分析及招生规模研究［J］.山西高等学校社会科学学报，2014，26（5）：85-88.

［21］亓晓同，晏磊，叶文妙.研究生招生规模、教育质量和就业率的三维非线性动力学模型分析［J］.数学建模及其应用，2014，3（1）：22-27.

［22］陈顺立.研究生招生规模建模与预测［J］.计算机仿真，2012，29（2）：396-399.

［23］朱永东，张振刚，田帅.区域经济因素和人口因素对研究生教育规模扩张的影响——对广东省的实证研究［J］.高等工程教育研究，2010（4）：100-104.

［24］任丽平，化存才.研究生招生规模与教育经费的非线性规划模型［C］//第十一届中国青年信息与管理学者大会论文集.2009：31-35.

国际金融理论与实务课程
教学内容的设计与实践

肖曼君*

提　要　国际金融理论与实务作为金融硕士的一门专业课，其课程教学内容的设计是基于金融硕士人才培养的课程特征，结合金融学国际化人才的培养目标，以提高学生金融理论素养为基础，以强化业务能力提升的国际金融人才为本位。因此，该课程教学内容的设计主要注重于国际金融专业学习的兴趣性、专业实务的针对性和专业学习的时效性等特征，对提升同学们对金融专业和行业的认知能力、思辨能力、协作能力以及金融分析能力和国际金融实际问题的解决能力等都具有重要的实践意义。

关键词　国际金融理论与实务；课程教学内容；设计与实践

随着金融经济全球化和一体化的深度融合，新型的金融制度和金融工具不断涌现，金融服务模式不断创新，全球金融交易规模也不断扩张。这些国际金融所表现的新现象和新特征，一方面推动了生产要素的跨境流动，使资本在全球范围内寻求最优配置，促进了世界经济的发展；另一方面也使得国际金融市场呈现出较强的波动性和不确定性，从而增加了我国所面临的国际金融风险。随着中国金融市场走向国际和人民币国际化，我国迫切需要高质量的、专业性很强的金融人才。在此背景下，金融硕士专业人才培养建设项目应运而启动。其培养目标不仅要让学生了解金融理论知识与实务，掌握投融资管理技能、金融交易技术、金融产品设计与定价、金融风险管理等相关知识和技能，而且要注重培养学生的金融分析能力、金融实际问题的解决能力和金融风险的管理能力等。国际金融理论与实务作为金融硕士的一门必修课（后来改为选修课），课程教学内容的设计是基于国际金融理论与实务的课程特点，结合金融学国际化人才的培养目标，以提高学生金融理论素养为基础，以强化业务能力的国际金融人才为本位。因此，该课程教学内容的设计不仅兼顾了国际金融专业学习的兴趣性、专业实务的针对性和专业学习的时效性等特征，同时也体现了国际化和本土化相结合的金融专业人才培养的教学目标和理念。

---

*　肖曼君，经济学博士，湖南大学金融与统计学院教授，主要研究方向：双语教学教研、货币政策理论与实践。

一、课程教学内容的设计注重专业学习的趣味性

实用主义教育哲学大师杜威（J. Dewey）的现代教学理论推动了课程和教学的相互融合。他认为，当课程与教学的价值取向聚焦于"解放兴趣"时，课程不再是静态的"制定课程"，而是动态发展的"体验课程"，主张教师和学生是课程教学的主动设计者和互动参与者。基于这个理念，在每一次的国际金融理论与实务课程的课堂教学前，我们会提前将与国际金融理论与实务专业知识点相关的英文案例发放给同学们，让他们进行课前案例学习、分析和讨论，在课堂上以小组的形式做 Presentation（后文简称为 Pre），表达他们的观点，甚至做 role-play，将自己代入案例中的角色，阐述他们解决实际问题的方案等。在做 Pre 的过程中和完成后，在座的同学们和任课老师随时举手，就同学们陈述的内容和解决问题的方案进行提问、质疑，被提问的同学会尽可能地回答提问者提出的问题。最后，老师对案例内容和同学们的 Pre，以及同学们之间的提问等方面进行一一点评，归纳总结他们对案例讨论的贡献点，并提出表扬，同时也指出其中存在的不足，以便进一步修正和完善。这样的课程教学不仅能激发同学们的专业学习兴趣，同时也提升了他们的认知能力、思辨能力、团队协作能力和解决实际问题的能力。

比如，在课程教学内容涉及企业跨国经营和投资与外汇风险相关内容时，我们选择了"西安杨森制药有限公司与欧元风险的案例"作为学习案例。西安杨森制药有限公司（后文简称西安杨森）是美国跨国企业强生公司在中国建立的第一家合资企业，虽然分权是强生公司奉行的管理文化，即海外子公司具有一定的经营独立性，但是海外子公司在原材料采购和定价、绩效管理、外汇风险管理等方面要遵循母公司的管理制度。基于案例材料，西安杨森作为制药公司在 2003 年经营得非常成功，其净收益达 10 亿多元人民币。于是，在年会上，强生公司总部对西安杨森的财务总监 Paul 杨下达了 2004 年的计划，即收益要在 2003 年的基础上增加 20% 的指标。根据强生总公司的规定，西安杨森 95% 的产品必须按集团公司内部定价（价格往往比市场价还高）从强生欧洲子公司采购，且产品计价为欧元。鉴于 2001 年至 2003 年的人民币对欧元的即期汇率一直呈贬值趋势，未来还有贬值预期。因此，Paul 杨在 2004 年要面临的压力：一是收益增加压力；二是外汇风险管理压力。

根据案例内容，我们设计的问题是以 role-play 为主，把同学们代入案例情景环境中，即假设同学们是西安杨森的 Paul 杨，该怎么办？针对案例问题，同学们课前做了充分准备，课中表现非常精彩，参与度非常高。尤其是在做 Pre 时的提问与回答问题环节，同学们就从成本控制、进货渠道、销售渠道等方面来增加收益，以及从远期合约、期货合约、期权和互换等各种金融衍生工具的运用来管理外汇风险等问题，思辨非常激烈，也就是在大家的一问一答之中，不断碰撞出智慧的火花和解决问题的新方案。如此一般的课程教学内容实践，不仅验证了最新的建构主义教学观主张的"情境、协作、会话和意义建构"，引导学生从已有的知识经验中"生长"出新的知识经验，同时也践行了以培养"学会学习"为核心、以"参与创造"为宗旨、以"自主、合作、探求"为学习方式的培养高质量人才的当代教育教学理念，也使得教学与课程的融合日趋深入。

二、课程教学内容的设计注重专业实务的针对性

"课程育人"理论认为，教育的根本问题在于"培养什么人""怎样培养人"和"为谁培养人"等，而"培养什么人"和"为谁培养人"涉及教育的目的。广义的教育目的是指教育对受教育者的身心诸方面产生影响，狭义的教育目的则是针对国家和行业需要培养什么样的人才而实施什么样的教育活动。金融硕士的培养旨在为国家和金融行业提供高质量的、专业性强的金融人才，就国际金融理论与实务课程教学内容设计而言，一定是以提升金融硕士生的金融专业能力为目标，教学案例的选择、问题的设计、role-play 角色的承担都会体现每个教学环境的金融专业的相关知识点，同时会考察学生的专业思辨能力和解决金融实际问题的能力。

比如，在课程教学内容涉及企业全球化和金融全球化背景下国际企业并购的专业知识时，我们选择了"保时捷与大众间的收购和反收购案例"作为学习案例。首先，该案例是全球知名的收购案，专业性强；其次，保时捷汽车公司是个家族企业，且与大众汽车两家公司间的股东结构存在着千丝万缕的亲缘关系，非常有趣；再次，在金融危机爆发前，该公司的汽车销售利润高，资本回报率也高，股权投资也多，从保时捷收购大众到被大众反收购，具有戏剧性；最后，鉴于该案例涉及的金融专业知识和金融法律知识，比如股票交易、股权交易、对冲基金、做空投机、平仓、金融危机、融资债务等金融专业知识，以及证交法、大众法和反垄断法等金融法律知识，有利于同学们对金融专业知识和金融法律知识的熟知和运用。

根据案例材料，我们设计的思考问题有：（1）基于案例材料的分析，保时捷公司的战略发展目标是优先普通股东的价值创造还是只是唯家族利益最大化？为什么？（2）为什么公司总裁魏德金被誉为汽车行业少有的金融天才（请基于财务数据分析）？（3）魏德金是如何打暴空头的（请用金融衍生产品操作的基本原理解释）？（4）保时捷又是如何被大众反收购的？通过同学们课前案例学习和小组讨论，课堂上小组同学做 Pre 进行观点陈述和问题回答等环节，加深对案例的认知、理解和诠释，以此考察同学们对相关金融专业知识的掌握程度，以及同学们的数据运用和分析能力等。

三、课程教学内容的设计注重专业学习的时效性

随着当代教学研究视域下教学观的转变，即从重视教师的教转向重视学生的学，从重视知识传授转向重视能力培养，从重视静态知识的学习转向重视动态知识的学习等，国际金融理论与实务课程教学内容的设计更要凸显金融专业知识的动态性和时效性。尤其是近 20 年来，全球范围内发生了多次金融经济危机，特别是 2007 年始于美国、卷席全球的次贷危机，以及 2017 开启的特朗普执政经济和随后的 2020 年的新冠疫情暴发和全球蔓延，使得国际经济和金融领域发生了巨大变化。这些危机带来的国际金融与经济格局的变化都在告诫人民，在金融全球化发展的今天，必须重视金融领域所存在的高风险，要提高风险防范意识和完善风险管理策略措施等。因此，在设计该课程教学内容

时，我们尽量涵盖近年来世界范围内所发生的一些重大金融事件，以及国内外国际金融政策和制度方面的关键性改革，并进行与时俱进的更新，加入国际金融的热点新闻和事件，以便同学们通过国际金融理论与实务课程的学习和参与，对当前的国际金融新趋势和新动态有新的认知和解读。

比如，在课程教学内容涉及金融风险时，我们选择了国际知名的"雷曼兄弟倒闭案例"作为学习案例，同时推荐同学们观看电影《*Too Big to Fail*》以加深对案例的理解。2007 年开始的美国次贷危机让美国陷入"百年一遇"的金融危机之中，在短短的时间内，美国经历了从"两房危机"，到"雷曼兄弟申请破产"、贝尔斯登、美林银行被收购和救助、美国最大的保险公司 AIG 濒临破产被注资 850 亿美金拯救等。"雷曼兄弟倒闭案例"就是产生于危机背景下的真实事件，也是银行家和金融学者们争论最多的案例。"大而不倒"定理一直是美国金融体系的主流思想，美联储也一直承担着最后贷款人的角色，以维护美国的金融稳定。按照该理念，当某个享有"大"荣誉的银行濒临破产时，美国财政部和美联储会给该银行注资进行国有化，以减少对其他银行的影响和保护金融系统的核心。然而，在这次金融危机中，当某个"大而不倒"的金融机构向财政部敲门需要资金援助时，财政部所做的事就是让其破产。于是，作为大型投行的雷曼兄弟倒闭了。很多批评家因此提出疑问：美国财政部和美联储在危机期间救助了"两房""贝尔斯登""美林银行"，甚至"AIG"等，为什么唯独让雷曼兄弟倒闭了？

根据案例资料，我们设计了几个问题让同学们深入思考：（1）为什么在金融危机期间，美国政府会区别对待申请资金援助的金融机构？你认为这样做合适吗？为什么？（2）很多专家认为，当政府援救了金融机构时，会产生"道德风险"问题，你赞同吗？（3）你认为美国政府应该让雷曼兄弟倒闭吗？通过该案例的讨论和相关问题的思考，同学们不仅了解到美国政府面临金融危机时对待金融机构的援救态度，也了解到金融危机来临时美国政府在"道德风险"和"经济崩溃"之间的权衡和选择，还了解到美国的金融机构在多年的次级债、金融衍生业务和高杠杆经营的王国里，曾呈现出一片"繁荣"景象，当危机来临时，这些昔日的"大而不倒"的金融机构才意识到需要政府的资金援救，但为时已晚。巨头一个个倒下，幸存者心惊胆寒，更让同学们深入地了解到 2007 年金融危机给世界经济带来的巨大冲击力和影响力。通过该案例的学习讨论，让我们这些未来的金融从业者们了解到金融稳定和金融监管的重要性，如果金融行业长期疏于监管，最终会给金融市场和经济带来不可估量的影响。

此外，在涉及汇率变动和人民币国际化的课程内容时，我们会与时俱进地加入一些热点新闻和事件，并设计相关思考问题。比如，基于日本央行干预外汇市场的事件，我们会让同学们对特朗普政府污蔑中国操纵汇率一事进行探讨，以此了解要满足哪些条件才可视一个国为汇率操纵国。又比如，我们通过对麦当劳公司在香港离岸市场发行点心债券和中国人民银行在香港发行央票等新闻事件进行讨论，让同学们了解这些举措对香港离岸资本市场的建设和离岸人民币回流内地的贡献和作用等。

参考文献：

[1] 钟启泉. 现代课程论 [M]. 上海：上海教育出版社，2015：28-42.

［2］［美］杜威. 民主主义与教育［M］. 王承绪，译. 北京：人民教育出版社，1990：175-206.

［3］［美］杜威. 经验与自然［M］. 傅统先，译. 北京：商务印书馆，2015：45-47.

［4］杨修平. 论"课程育人"的本质［J］. 大学教育科学，2021（3）：60-70.

［5］Michael H Moffett etc. Fundamentals of International Finance［M］. the fifth edition, San Francisco, Pearson Education, Inc. 2015.

金融与统计专业硕士人才培养的实践与思考

马　威[*]　周雪怡^{**}

提　要　2010 年，湖南大学金融与统计学院取得了专业硕士学位授权点，并于 2011 年开始招生。自开办以来，学院至今已培养了十届专业硕士毕业生。毕业生培养质量总体上比较优秀，受到用人单位的欢迎与好评。在新的历史时期，随着专业学位研究生招生规模的日益扩大，如何突出专硕特色、优化培养过程、提升专业学位研究生质量，已成为目前研究生培养工作开展的重大课题。本文在对湖南大学金融与统计学院专硕培养十周年的经验进行总结的基础之上，对培养过程中发现的问题进行思考，并提出相关建议以及对未来的展望。

关键词　人才培养；专业硕士；金融与统计

一、专业硕士人才培养过程中的自身经验

（一）致力培养学生的多层次化

传统的金融与统计专业人才培养模式中，培养目标往往过于宽泛，本科生和研究生的培养目标没有明显的区分度，均定位于培养"德智体美全面发展，具有坚实广阔的理论基础和专业知识的高级人才"。随着现实社会对不同层次的人才有着不同的要求，湖南大学金融与统计学院（后文简称学院）在制定专硕人才培养目标时以层次化为主要依托，对金融、统计、保险本科和研究生的培养制定不同的培养目标。研究生教育教学以"专才教育"理念为主，致力于培养专业素质突出、创新能力强，具备一定科研能力的复合型人才。在理论知识方面，特别强调专业知识及其运用在人才培养中的地位，即学生能更深入地学习专业知识，能形成完整系统的知识体系，并能灵活运用专业知识来分析和解决问题，这也是与本科人才培养的不同之处。因此，在相应的课程体系安排上，更多的是以专业知识为主，特别是以微观金融课程为主，并将微观金融课程进一步细化，加强了其专业性。在专业课程的设置上，重视金融知识与数理知识的融合，如开设

---

　*　马威，经济学博士，湖南大学金融与统计学院副教授，主要研究方向：货币政策和国际金融。

　**　周雪怡，湖南大学金融与统计学院硕士研究生。

公司金融、金融风险管理、金融衍生工具等课程。在人才评价方面，更注重专业素养的评价，并重点通过不同于考试的形式如学术论文、科研项目、创新实践等来评价其科研能力和创新能力。

（二）注重培养学生的个人能力

学院从传统的偏重理论传授的圈子里跳出来，以理论知识为基础，以能力塑造为导向，注重学生自身能力的培养。

1. 树立个性化教育理念

个性化教育是目前世界高等教育的显著趋势之一。在金融人才培养的过程中，不仅要传授现成知识，还要注重个性教育。个性教育强调发挥学生的独特个性，发掘学生的创造潜能，有效提高学生的创新能力。传统的金融人才培养往往过于重视学生金融专业知识的掌握，由此也禁锢了学生创造力的发挥。因此，学院在专硕培养过程中突出强调个性教育理念，以学生为中心，为学生提供一个宽松的学习环境，通过打造金融创新活动平台、金融学术交流平台来提高学生的创新意识，活跃学生的创新思维，为学生提升自身创新能力奠定一定的基础。

2. 打造互动实验式课堂教学

当前，课堂教学仍然是金融人才培养的主阵地，课堂教学在人才培养过程中起着基础性作用。然而，要实现从"知识取向"培养向"能力取向"培养转变，则要突破传统课堂教学的方式，打破纯粹被动的理论知识吸收式的教学方法，打造互动实验式的课堂教学模式。因此，学院可以根据课程的不同性质，调整不同的教学方式。比如，在商业银行管理学、投资学等课程中引入案例教学法，通过具体典型的案例分析来提高学生独立的思维能力和解决问题的能力。另外，湖南大学在人才培养中非常注重学生与学生、学生与老师之间的互动，打破传统教与学的模式，多采用团队式、启发式、研讨式等教学手段。

3. 深化与行业的合作教学

学院深化与金融行业的合作是由培养学生的实践能力向培养其职业能力过渡的重要举措。虽然传统的金融人才培养中也对校企合作有了一定的重视，但是并没有形成系统化的合作模式，而且合作也没有真正从根本上得到落实。学院的人才培养除了致力于金融行业实现联合培养方案设计、教育教学内容确定的合作，还加强了与其在具体的联合培养教学过程和教学评价的合作。在联合培养方案和教学内容的设计方面，加强了学院与金融企业的沟通，既没有脱离高校金融人才培养的主线，又能实现与金融行业人才需求的对接。在联合培养教学过程和教学评价方面，发挥了联合培养双方的主动性，特别注重金融行业从业人员的参与，如变行业资深员工为实践课程讲师、变行业精英为学生校外导师等。

（三）坚持培养学生的国际视野

学院的专硕培养模式坚持以学生的国际视野为导向，努力适应经济金融全球化对卓越金融人才的国际交流能力和素质需求，强化国际交流能力和跨文化知识素质的培养，努力提升学生的国际竞争力。因此，在课程、师资、人才交流方面，也赋予更多国际化内容，即实现教学、教师、交流的三个国际化。

首先，在课程设置上，目前，我国高校的金融学专业中国际化课程并不多，为了让学生充分了解国际金融市场的运行规则以及金融机构在国际市场中的运作规律，学院加大了国际化方面的课程比例，如国际金融理论与实务等。其次，在师资建设方面，同样要融入国际化元素。学院鼓励支持青年教师到国外名校进行访问学习，了解金融学科发展情况或金融学术动态，并将其运用到具体的金融教学课堂中，实现国内教材与国际动态的结合。最后，学院不仅深化与国内行业的合作教学，还不断拓宽国际合作办学，同时不断推进国际化人才输出机制的形成，加强学生的国际化交流，打造人才培养的国际化平台。

二、专业硕士自身培养过程中存在的问题

（一）实践教学环节关注度有限，学生实习质量不太理想

实践教学和学生实习是金融硕士专业学位研究生重要的培养环节，是课堂教育和社会实践相结合的重要形式，是增强学生实践能力、培养学生提高分析问题和解决问题的能力以及综合运用所学基础知识和基本技能的重要途径。然而，在实际实践教学过程中，普遍存在实习机会少、实习时间偏短无法进入角色、实习质量不高等诸多问题。主要表现在以下四个方面：一是多数情况下，学生需要自行负责联系实习单位，学院和学校"空位"或"缺位"现象严重，支持力度明显欠缺。在校学生信息收集渠道有限，无法充分获取丰富的实习信息，导致自身期望需求无法满足。二是即使获得实习机会，也无法进入期望进入的金融行业。多数优质实习机会通常位于北京、上海、广州、深圳等大城市，这些区域以外的研究生只能利用寒暑假时间进行实习，无法充分利用课程学习之余的大量小段空闲时间，降低了时间利用效率，延误专业知识学习和实践紧密结合的最佳时机。三是受制于公司政策、业务要求和时间限制等多方面因素，相关实习部门及人员不愿意倾注大量时间、精力和经费指导实习生，导致实习生绝大部分仅仅从事简单操作性、重复性工作，无法接触核心业务，获得实践锻炼提升解决问题综合能力的机会非常有限。四是缺乏专业证书的应试选择指导和考前辅导。部分学生曾顺利通过考核获取各类金融专业证书，但对各类证书的实际用途和含金量信息掌握程度非常有限，选择和应考过程盲目性强，所获取证书多数未能发挥期望效用，浪费大量时间和精力。

（二）校外导师作用不明显，"双导师制"缺乏相应保障制度

校内导师是长期从事理论研究的专职教师，负责学生专业知识学习和学术指导，而拥有丰富实践经验的金融从业人员或专家担任校外导师，为学生提供实践能力指导，能够有效弥补校内导师在实践能力培养方面的不足。金融硕士专业学位研究生的校外导师普遍具有银行、证券、基金等金融公司从业背景，在研究生的培养目标、课程安排、课

程讲授等环节，校外导师的高度参与，对有效提升金融专业硕士研究生培养质量大有裨益。部分同学在读期间从未联系过校外导师，暴露出"双导师"制度施行过程中存在不符合预期定位的现象：第一，制度流于形式，校外导师多为挂名，致使学生未能进入校外导师所在机构实习，无法给予学生实质性的校外实践指导；第二，校外导师具有金融行业背景的在任高管和专家，有限的时间和精力集中于自身的岗位工作，分身乏术；第三，多数高校未能给予足够的政策和优待，尚未形成相应的激励和监督措施，导致校外导师参与学生指导过程的积极性不高，难以给予学生高水平、实质性的实践指导，更无法谈及获取良好的指导效果；第四，校内外导师未能共同指导，发挥合力培养效应，校内外导师各自为政，导师之间缺乏沟通交流，无法及时处理培养过程中出现的各种问题；第五，部分校内导师存在理念偏差，始终认为校外导师只是"协助"培养，尚未认识到实践环节培养对于应用型专业硕士的重要性，缺乏校内校外密切合作、合力培养的意识和觉悟。

（三）学生自身职业规划不明晰，期望延长培养学制

在专业硕士培养过程中，我们采取 2~3 年专业硕士人才的弹性培养学制。部分学生因职业定位不清、自身就业意愿不强烈而将两年的学习时间自愿延长一年。就业意愿不强烈，很大原因是学生期望岗位与企业对人才的需求不一致。在全球经济一体化的大背景下，企业的竞争日益激烈，人才的选择就显得尤为重要。因此，在人才市场中，用人单位对大学生的要求不仅仅是专业，考核的是综合素质，如学习能力、领导能力、创新能力、沟通能力等，而部分学生还没有意识到这一变化，或者仍以学生模式对待，导致寻找不到合适岗位。

三、实现专业硕士培养目标的路径

（一）进一步加强校企合作，多元化设计学生实习项目

实践实习环节应参考国外高校的集中项目实习模式，即学校建立与当地金融机构、行业协会、金融监管组织的直接联系，通过共建实习基地方式，获取实习单位信息，安排学生参与实习。学生选择自己感兴趣的金融领域进行实习，组成若干项目学习小组。在学校和相关实习单位的共同监督下，完成具体课题或项目。项目学习小组应当由实习单位人员和校内导师共同带领和指导，根据课题或项目的难易程度、人员配置规定完成时间和完成效果，最后向实习单位和学校提交一份专业研究报告。对于实习单位而言，既可以借助实习小组协助完成部分工作任务，又可以全面、深入考查学生专业综合素质，提前锁定未来合格的入职专业人才，这不仅能有效降低用人成本，而且能增加专业人才的稳定性。对于实习学生而言，他们在获得丰富的实习经验的基础上，可提前熟悉所在实习行业的现实状况和人才标准；已有就业倾向的学生获取就业机会，提前进入就业单位，其他同学则可以获得慎重考虑后再行选择的机会。学生实习期间，校内外导师应定期与学生联系和交流，对于学生实习期间所遇到的问题，及时给予相应的有效指

导，引导学生发现课题或项目中具有理论价值和实践指导意义的研究方向。

（二）完善"双导师"制度，建立健全制度保障

"双导师"制度虽已建立和实施，但并未真正发挥其应有的作用和功能，无法满足金融硕士专业学位研究生的实践培养要求。面对责权分界不清、校外导师本职工作繁重等客观因素，高校可考虑采取如下建议：一是构建校外导师准入机制，遴选专业知识和从业经验丰富、具备高度责任感的人员作为校外导师，专门负责学生实践能力培养。校外导师在完成本职工作和项目时，应对学生实习环节履行全程指导之责，提高校外导师实习过程指导的参与度和指导效率。二是建立校外导师的监督激励机制和退出机制，有效保障校外导师的应有权益，激励并约束指导职责实施到位，促使校外导师在"双导师"模式培养中发挥最大作用。三是加强校内外导师的沟通和联系，制定校内导师、校外导师和学生三方定期沟通考核方式，确保校内外导师更加深入掌握学生的学习、生活和未来就业方向等真实情况，因人施教，及时解决学生在专业学习和社会实践中遇到的各类问题。只有保持校外导师在金融专业硕士研究生培养计划设立、课程内容安排、入学教育、课程授课、实习实践、专业讲座和毕业教育等各个培养环节的适度参与性，校内外导师联合培养机制才能真正实施到位，合力培养更多符合社会需求的高层次应用型金融专业人才。

（三）加强专业资格和技能培养，提升就业岗位适应性

首先，学校应根据自身条件开设相关课程，为学生参加 CPA、CFA、行业从业证等资格证考试提供全方位支持，确保学生具备财会、法律、翻译等从业专业资格和技能，提升与各层次院校和海归学生的竞争力。其次，针对金融行业非常重视学生实习经历，绝大部分证券公司、基金公司通常采取实习考核方式招聘在校学生的情况，学校应紧凑安排课程学习时间，安排学生在实习黄金期离校实习，增加学生实习机会。同时，利用高校在当地的社会影响力，组织开展各行业专场招聘会，提高学生进入期望行业的就业率。最后，邀请行业人士讲解金融各行业最新动态、发展前景、热点以及就业情况等，增强学生对金融各行业的认知，开阔金融视野，获取更多金融领域的前沿知识，增强行业感知力和敏锐度，引导学生寻找适合的就业岗位，提升期望与实际就业匹配度。

专硕培养是我们在实践中不断探索与创新的过程，也是一个系统而复杂、与时俱进的过程，从培养计划安排、课程内容设置、师资队伍配备、教学方式、科研项目参与到课外实践实习、学位论文开题和写作、未来就业等各个培养环节都应坚持"以生为本"的原则，遵循市场需求导向，注重与区内外金融管理部门、监管部门和金融机构的广泛、密切合作，形成专硕培养独特的培养理念和培养模式，为区域和国家的行业发展培育更多具有良好职业道德修养和深厚专业知识素养，并覆盖不同领域的高层次应用型专业人才。

参考文献：

[1] 吴婧，李国柱. 金融专业硕士培养存在的问题及对策研究 [J]. 当代教育实践与教学研究，

2020（6）：55-56.

　　[2] 张建军，史文霞.“双一流”背景下专业硕士培养面临的问题及对策研究——以金融专业硕士培养为例 [J]. 高等教育研究学报，2019（2）：35-41，49.

　　[3] 黄惠. 国内专业学位硕士研究生培养问题的研究述评 [J]. 南京工程学院学报（社会科学版），2018（4）：79-84.

　　[4] 申韬，李潮. 金融硕士专业学位研究生培养调查与探析——以广西大学为例 [J]. 高教论坛，2018（12）：103-108.

　　[5] 龙海明，申泰旭，周鸿卫. 卓越金融人才培养模式改革的路径选择 [J]. 金融经济，2015（8）：102-105.

立足"七维"提升，确保金融专硕培养质量

周再清*

提 要 本文从导师角度探讨金融专硕培养质量，根据培养过程的经历与感受归纳为七个维度：读研规划是导向；课程学习夯基石；科研训练是标配；论文案例是抓手；调查实习是补充；人文修养是关键；身心健康是前提。

关键词 金融专硕；培养质量；论文；案例

随着 2011 年学院开始招收金融专硕研究生，作为一名有二十年硕导资格的普通导师，见证了这批学生的特色与成长。本人近十年中有幸指导了 58 位金融专硕学生（已经顺利毕业找到理想工作的有 46 位，在校生 12 位），其中，一个考上 985 高校博士，现在已经毕业；两个同学分别获得全国金融专业教指委优秀论文与优秀案例（2019 年，李亚男在第五届获奖的优秀论文是《武陵山区普惠金融减贫效应研究》；2020 年，李奕佳在第六届获奖的案例是《商业地产融资，REITS 正当其时——悦方 ID Mall 案例分析》）。回首十年专硕培养实践，总结了以下七个方面的培养经验，供大家参考。

一、读研规划是导向

每当学生保送读研或成功考入湖南大学金融与统计学院寻找本人作导师时，就提醒学生做好读研规划。新学期开学后，第一次师生见面交流会上，常常需要每个新研究生报告本科论文及读研规划。国家发展有五年规划，研究生必须做好读研规划，否则，很容易迷失方向，很容易陷入一种循环：考上研究生时的心满意足，听课时的评头品足，论文开题时的不知所措，求职时的焦虑不堪，答辩时的诚惶诚恐。每个学生的读研规划，与研究生系统里的培养计划并不一样，培养计划侧重修课课程体系与学分，这是必须完成的。每个学生的读研规划包括 2~3 年的具体目标、时间安排、行动措施等内容，尤其包括认识自己的长处与短板，如何扬长避短？交流会上报告读研规划，增进师生彼此之间的了解，督促规划切实执行。

---

* 周再清，经济学博士，湖南大学金融与统计学院副教授、硕士研究生导师，主要研究方向：金融管理与高等教育。

二、课程学习夯基石

金融专硕学生的课程学习时间一般为一年，课程学习总分数为 33 学分。其中，公共课 7 学分，包括思想政治理论课及英语等；专业基础课 16 学分；专业选修课 10 学分。跨专业报考的硕士生，修读 3 门本学科本科基础课，或参加慕课学习。研究生课程学习的时间不多，课程门类较多。课程学习的目的不仅是完成培养计划，获取课程成绩，更主要的是进一步完善知识结构，领略不同老师的授课精华，从而激化研究的兴趣。课程教学中常常有团队讨论、实操案例、计量训练。叮嘱研究生认真对待课程学习，不能随意请假，不能"人在课堂心在外"，不能考试舞弊，不能学而不悟，不能不尊重任课老师，不能不主动学习。

三、科研训练是标配

金融专硕研究生是具有研究能力的研究生，富有创新能力和科学精神，具有前瞻性国际视野，熟练掌握运用金融理论和方法解决实际问题，可满足各类金融机构、企事业单位、政府相关部门工作需求的高素质复合型应用人才。读研期间，导师必须自觉自愿地对研究生进行多样化的科研训练，如 seminar、课题申报、社会调查等，能够有效地提高学生的文献阅读能力、表达能力、写作能力、逻辑思维能力、敏捷反应能力、团队协作能力。学院不少导师都有每周一次或两周一次的 seminar，或补知识短板，或读经典文献，或讨论学术文章。以前本人是独自与研究生进行讨论。本学期因为与博士生导师彭建刚教授合作指导了 7 位硕士生，更有机会让这几位学生在两位负责的导师面前报告所读文献并进行讨论，彭教授深厚的学术功底、敏锐的思维、循循善诱的启发使研究生在讨论中十分受益。金融与统计学院办公室条件较过去大大改善，有很多多功能办公室可以用来开讨论会。只要导师有恒心，愿意花时间和精力陪伴与引导，这种科研训练的"二课堂"是卓有成效的。一些同学到单位上适应很快，就归功于读研期间的训练有素。

四、论文案例是抓手

学位论文是专业学位研究生培养的重要抓手，学位论文质量是研究生专业研究能力和水平的重要体现。论文研究的实际工作时间不少于一年，包括开题、中检、盲审、答辩等环节。根据中国金融教指委倡导的金融专硕论文类型，涵盖金融问题具体解决方案、案例研究、调查报告、传统学术论文等。可见，论文类型中包含案例，案例可以帮助教学、成就论文。因此，在培养过程中，应重视案例制作、搜集、教学与参赛。

2015 年 6 月，与研究生甘易共同完成的案例"阿里小微信贷蜕变之路"在中国金融教指委组织的首届案例大赛中获奖。从此，每年都积极预备参赛案例与论文。2019 年 11 月，指导专硕学生李亚男的论文《武陵山区普惠金融减贫效应研究》在第五届全国金融硕士优秀论文评选中获奖；2020 年 10 月，指导专硕学生李奕佳的案例《商业地产融资，

REITS 正当其时——悦方 ID Mall 案例分析》在第六届全国金融硕士教学案例大赛中获奖。2019 年 12 月，湖南省学位与研究生教育教改课题"专业学位研究生教育教学案例库建设研究"结项。与专硕学生陈佳阳等撰写的案例《以房养老的"冷"与"热"》，将社会关注的养老问题与市场风险、金融诈骗、保险费率计算等理论知识相结合，不仅丰富了教学案例库内容，而且在 2019 年获得湖南省教育厅优秀专业案例的肯定。与专硕学生侯亚军、伍思凡、刘璐晨等撰写的案例《从自如爆雷看中国长租公寓的融资模式——ABS 将何去何从？》，从自如爆雷入手，讨论企业的融资模式，既能扩充学生的知识面，又具有一定的社会意义，为教学案例的主题选择与撰写提供了模板。

五、调查实习是补充

专业实践是全日制专业学位研究生培养的重要环节，要求不少于三个月的金融相关单位的实习，实习前要有计划，实习后要有总结报告，考核通过才能申请学位论文答辩和毕业。导师需要关心研究生的实习时机、工作岗位、实习收获、人际关系、就业意向、安全保障等方面。

除必要的实习以外，还要倡导调查研究，尽可能为学生提供调研机会，甚至带领研究生做一些有价值的社会调查，了解金融系统运行状况，对热点问题有真切的了解，而不是井底之蛙或人云亦云。2018 年暑假，与团队到湖南永州人民银行及农业产业园示范基地、家庭农场进行普惠金融调研。2019 年，带领学院研究生与本科生组成的"+乡计划"实践队去湖南永州双排县的九甲村、上梧江村、尚仁里村等地进行农村金融调研，获得全国第五届"百强暑期实践团队"的称号。

注重实习与调研，聆听学术报告，珍惜交流机会，努力拓展境界。2018 年 11 月，同一届 4 名研究生都向湖南省智库论坛提交会议论文并入选文集。其中，郭帅云的论文是《数字金融背景下湖南农村信贷风险与防范对策》；钊阳的论文是《湖南保险行业风险防范对策》；伍思凡的论文是《湖南推进应收账款融资 缓解中小微企业融资难》；侯亚军的论文是《湖南小额贷款公司风险识别及防控》。2018 年 11 月 20 日，本人带领伍思凡等四名同学参加湖湘智库论坛，伍思凡同学还在大会上宣读论文《湖南推进应收账款融资 缓解中小微企业融资难》并与小会堂代表进行交流。勇敢地"走出去"，既增长师生见识，也锻炼学生的胆量。

六、人文修养是关键

研究生教育随着规模的扩张，出现了很多亟待解决的问题，其中之一就是人文修养的缺失。研究生教育在专业知识教育方面取得了长足的进展，研究生在获得高精深的专业知识和研究能力的同时，却在价值观、责任感、人生品位等人文修养的诸方面发生错位或迷失，这已成为一个较为普遍的现象。

人文养修主要包括以下三个层面：第一，在一个人的成长过程中，以文化知识（尤其以人文学科知识为主）的学习和积累为基础，熏陶习染而成的习惯、礼仪、规则等文化习俗之中；第二，一个人在知识获得和行为实践中因知识、能力等多种因素综合而成的内在品质，集中表现为一个人的人格、气质和修养；第三，一个人在探索知识、行为实践中修习而成的内在品质、相应的价值观、道德良知和人生态度的外显，这些相应的价值观、道德良知和人生态度等精神性内涵正是人文修养的核心——人文精神。

教育的目的在于使个体成为真正的人，而人文修养应当成为教育的核心组成部分。同样，研究生教育也不例外，人文修养也应该成为研究生教育的核心组成部分。就单独的个体而言，研究生教育是该个体受教育历程中的一个独特阶段，在这个阶段，尤其重视专门知识的传授和研究能力的培养。可见，在研究生教育的一般理念中，传授专业知识和培养学术研究能力是第一要务。但是，这一理念却与教育初衷发生了错位，容易引致研究生教育造就畸形之人。

要提高研究生的人文修养，首要的工作在于树立正确的教育理念，从根源上强化这种意识：一个合格的研究生也应该具备这些内在素质和精神修养。只有当这样的观念深入内心之中，研究生教育过程中的决策者、管理者一直到教师、学生，齐抓共管，才能塑造和提高研究生的人文修养。

在指导研究生的实际工作中，倡导多读经典著作，注重修身养性，厚积薄发；注重学术道德和学术规范，远离虚伪、虚假和虚荣。同时，关心学生的组织生活，注重发挥研究生党员的模范带头作用。研究生的培养不仅是知识的增加及学位的获取，更为重要的是诚信、正直、善良的人品塑造。不少学生读研以后积极进取，加入中国共产党，杨杰钦同学在 2017 年当选湖南省"百佳党员"。

七、身心健康是前提

无论保送还是考入，研究生都十分不易，付出了艰辛的代价。他们满怀喜悦地读研，带着父母的期望，怀揣自己的理想，很少想到读研过程将承受的挫折、煎熬、忧虑和求职的不确定性。因此，除院校开展的入学教育、学术规范教育以外，导师一定要熟悉专业学位研究生培养的生命周期。就通常的全日制金融专硕研究生而言，大部分两年毕业，因为能够完成培养计划，并找到可以接受的工作；少部分因工作不合乎心意，或论文没有达到要求，而需要延迟一年才能毕业。在第一年，集中精力修读课程，有的导师还有科研训练，有的导师可能是放羊式。第一年修读课程即将结束的时候，专硕研究生面临学位论文开题。而做好有效的开题需要预备几个月的时间，需要阅读大量的相关学术资料，心里反复论证大纲的合理性，思考有没有写作价值及一定的创新性。负责任的导师还会组织同门不同年级的研究生进行预开题。没有什么科研经历与训练的同学，可能面临开题焦虑。第一年第二学期结束以后，专硕研究生开始进入忙碌和压力加大阶段，因为既要写论文，又要准备求职复习与考试面试。第二学年第一学期，恐怕是大部分研究生压力最大的阶段，因为校园招聘已经启动，研究生全副武装上阵迎战，逐渐有部分同学传来通过几轮考试面试拿到 Offer 的消息，也冲击着求职受挫的同学。这一阶段特别需要家人与导师的共同关心、鼓励和安慰。第二学年第一学期快结束的时候，大部分同学求职有结果或满怀希望，但必须争分夺秒写论文面对中检。第二年第二学期，除少部分同学求职以外，主要是论文修改与答辩，加上毕业实习。可见，专硕研究生的生命周期阶段十分明显：第一年第一学期，喜悦与新鲜，沉浸在考研成功的喜悦及新环境、新同学的愉悦心情之中。第二学期，平稳过渡，经历寒假回家团聚以后继续课程学习。第三学期，压力加大，面临求职与论文写作的双重压力。第四学期，雨后彩虹，主要是进行答辩和毕业实习。非全日制研究生的学制三年，第一年与全日制相同，第二年和第三年主要是工作的同时完成论文写作，绝大部分没有住在校园，第一年周末修读课程，第二年、第三年在工作的同时进行论文写作或者写作论文的同时寻找工作，他们的压力传递没有全日制同学那么明显，但也需要导师时时过问。

根据上述专硕研究生读研生命周期的特点，导师及所有职能部门的教育工作者都要深深懂得研究生身心健康的重要性，要有每天一小时的锻炼要求，要组织有益身心健康的活动。本人会通过和学生谈心、关注微信动态、一起食堂吃饭聊天、一起登山或打球，来关心研究生的思想情绪动态，及时疏导、宽慰、鼓励、扶持。每年毕业之前，团队内部要求已经毕业的同学进行读研经验分享会，开诚布公地介绍读研秘诀、求职之道，在校未毕业的同学可以尽情提问，这种分享交流成为多年的传统，十分受益。

总之，研究生是国家宝贵的人才。研究生的培养需要知识、责任、智慧、爱心和耐心。导师与研究生的关系，是鱼水之情、彼此依赖、共存一体的关系，也是"一荣俱荣、一损俱损"的关系，还是"亦师亦友""不是亲人胜似亲人"的关系。本文基于自己的经历与实践，总结出以上七个维度：读研规划是导向；课程学习夯基石；科研训练是标配；调查实习是补充；人文修养是关键；身心健康是前提。愿研究生们沐浴着新时代的阳光和雨露成长为祖国建设的栋梁之材！

"大金融"视角下的金融专业硕士人才培养模式探讨

刘姿含[*]

提　要　当前,第四次工业革命正在重塑全球科技新格局,传统产业面临转型升级,作为服务产业的金融行业也面临转型和变革。随着工业4.0的推进,高级应用型人才也迎来时代机遇,成为助推制造业转型升级的人才支持。金融与科技的深度融合也对人才培养提出了新的要求,国家金融开放的力度不减、趋势不变,也对金融人才的国际化提出了新的挑战。本文基于湖南大学金融与统计学院金融专业硕士的实践和改革经验,对新时代背景下高级应用型金融人才的培养模式进行了思考,提出了基于"大金融"视角下的高级应用金融人才培养模式。

关键词　金融专业硕士人才培养;"大金融"课程建设;专业群建设;专业综合改革

自1978年恢复研究生招生以来,我国研究生的培养模式主要是以培养学术型人才为主,扎实的理论基础给中国经济的发展提供了强大动力,中国的制造业也显现出了特有的竞争力。然而,随着工业4.0的发展,国际贸易结构走向高级化、数字化,主要以任务贸易和服务贸易为主,跨国公司对全球贸易的主导地位日益增强,这样的贸易格局更加强调产品的国际竞争力,应用型的高级人才也出现了较大缺口。相比学术型人才,高级应用型人才可以为中国制造业转型升级提供动力源泉,可以让中国在大国博弈中更加具有竞争力。同时,从被教育者和大众的诉求上来看,大学的教育可以为其在就业市场上获得敲门砖。高等教育大众化也推动了高校生源多样化、经费来源多元化,不同利益主体对高等教育的诉求和期待是不同的,这使得高等教育的人才培养模式呈现多元化的特点。目前,我国高等教育从大众化阶段进入普及化阶段,高等教育的发展从"量"向"质"提升。中国对外开放的力度不减、方向不变,未来在世界经济的浪潮中,中国将扮演着越来越重要的角色,开放的环境有利于搭建强大的金融体系。在数字化发展的大趋势下,金融行业的数字化转型脚步快速迈进,大数据、人工智能等新技术成为继互联网技术后变革金融行业的重要力量,金融与科技的深度融合,改变着金融渠道、金融营销等前端,也驱动着产品设计、风险管理等中后台变革和创新,这些都对金融高级应用型人才提出了新的要求。在新一轮机构改革中,金融领域被赋予了更加重要的战略位

---

*　刘姿含,金融学硕士,云南民族大学澜湄学院讲师,主要研究方向:金融管理。

置，更加强调了金融的宏观意义及金融服务实体经济的作用，这些均对金融专业的人才培养提出了更高的挑战。

一、金融高级应用型人才的需求分析

在新商科背景下，出现了学科的交叉融合，单一的学科很难解决实际问题。新商科不同于传统商科教育，它以数字经济为背景，具有学科交叉、知识跨界复合等特点。一批具备国际化视野、能够运用数字商业规律的人才，可以为产业转型升级提供智力支持。新商科表现为四方面的融合：一是工科、理科与商科的交叉融合；二是教育界和产业界的深度融合；三是不同领域、不同行业的跨界融合；四是传统商科的学科、专业的交叉融合。从金融专业来看，也出现了和其他专业的交叉融合趋势。

国内、国外对于金融专业的理解有所不同，国外的金融专业大多存在于商学院，一般与会计专业融合，如会计和金融专业，比较像国内的"财务管理"专业；国内的金融专业，大多基于"货币银行学"的范畴展开。从金融学科的学术背景来看，金融学隶属于经济学的应用经济学类。金融硕士专业学位主要是为国家培养具备扎实金融学理论、掌握高级应用能力的高级管理和技术人才。从金融专业硕士项目的初衷和目的来看，它显然区别于学术型人才的培养方式，旨在为国家培养未来的金融管理和技术人才。当前，对金融高级人才的需求较大，特别是金融风险管理、大数据金融、量化投资、财富管理、保险精算等领域，都有较大的市场需求。根据中国金融人才中长期计划（2010-2020），未来金融行业对创新型高级专业人才的需求在不断增加，对具有研究生学历和高级专业技术资格和职业资格的从业比重分别达到9.6%和6.9%以上。

近年来，随着互联网科技的不断发展，金融机构面临转型的压力，对金融科技人才的需求较大。随着我国对外开放的不断深化，我国金融市场也在逐步开放。在这样的背景下，国内金融行业必须与国际接轨，这也产生了金融和外语的复合人才需求。从需求结构来看，随着金融脱媒、利率市场化等金融市场变化，传统金融行业也正在经历转型升级。面对业务转型发展的压力，金融衍生品交易、财富管理与规划、风险管理等新兴业务的高级金融人才相对短缺。在地方金融改革中，也急需熟悉城镇社区金融和县域农村金融的改革创新人才，一个地方经济越落后越需要风险管理、大数据金融、产品研发与服务等金融科技人才。

二、金融专业硕士人才培养模式的探索

湖南大学金融与统计学院金融专业硕士在过去十年的人才培养中，取得了不少进展，也进行了多方面的探索。从人才培养的目的来看，以培养适应金融管理部门和各类金融机构技术和岗位工作的实际需求为目标，区别于学术型人才的培养目标，体现了高级应用型金融人才的特点。从课程结构来看，以金融监管、国际金融、商业银行、投资等细分模块为核心，体现了湖南大学金融学专业在金融监管、国际金融、信用管理、银行管理等方向的学科优势。在课程建设中，教师多以案例教学为主要授课方式，以课程

小论文为期末考核的主要方式，不同于理论型硕士的培养方式。特别地，部分有实际工作经验的教师参与授课，把自己的项目作为案例进行实际教学。并且，金融专业硕士的学位论文也不同于理论型硕士，金融专业硕士的学位论文需有校内和校外导师共同指导，校内导师一般为学校的学术导师，而校外导师较多来自人民银行、证券投资机构等行业高管和业界精英。在十年的金融专业硕士的人才培养中，案例教学、项目教学取得了一些进展。随着新商科的推进，金融应用型人才培养的模式也需要随之改革。特别地，过往十年的金融专业硕士人才培养模式主要是从宏观上进行优化，在未来的人才培养改革中，需要做到精细化、差异化、模块化的内涵式发展。从金融人才培养的角度来看，金融高级人才也需要具备跨学科、跨文化、跨行业的复合能力，如果金融用"1"表示，其他专业用"X"表示，即"1+X""大金融"的复合视角。因此，未来金融人才的培养需要基于一种更加宏大的金融学科视角去考虑，故本文基于对当前形势的思考，提出一种金融高级人才的培养模式，基于"大金融"视角下的人才培养模式。

三、金融专业硕士人才培养模式的思考

（一）构建"大金融"视角下的金融专业人才培养模式

构建"大金融"视角下的金融专业硕士人才培养模式，首先应厘清"大金融"的概念。"大金融"概念最早由我国著名经济学家黄达先生提出，这里的"大金融"包括四个基本内涵：宏微观金融理论的系统整合；金融和实体经济的和谐统一；金融发展一般规律和"国家禀赋"的有机结合；内外部金融和谐共荣的全球化思维模式和跨界意识。应用于金融专业硕士的人才培养上，笔者认为应该体现以下四方面：一是培养方向和课程体系的系统整合；二是金融能力与金融行业的和谐统一；三是人才培养与就业区域的有机结合；四是应用型金融高级人才培养中的产教融合。因此，按照"大金融"的内涵，构建高级金融人才培养模式显得尤为重要。构建"大金融"视角的人才培养模式，需要根据"大金融"的内涵，构建金融学科的专业群、课程群、能力群、产教融合基地群、导师群等。具体来说，根据湖南大学金融学科的优势方向，结合学院其他专业，整合学校其他学科和专业，搭建专业群融合平台，可细分为金融科技、公司金融、国际结算、信用管理、量化投资、大数据金融、保险精算等专业群。具体来说，基于金融行业的岗位群核心能力，构建金融专业硕士模块化课程体系。同时，通过打造"大金融"专业群教学创新团队、应用型科研项目团队，为学生人才培养提供师资团队保障。"大金融"视角下的人才培养需要满足三方面的诉求：学校的标准、行业的标准、人才成长的规律。在人才培养过程中，既需要符合湖南大学的教学和科研标准，也需要考虑行业对于金融人才需求的动态调整，以此确定培养人才的标准。同时，人才的发展需要考虑许多客观因素，其中最重要的是，在人才培养过程中需要考虑人才发展的长期性、动态性，人才培养方案需要随着人才培养质量的评价而动态调整。笔者根据自己对湖南大学金融硕士人才培养模式的理解和思考，结合自身参与该项目的经历，把其概括为"大金融"视角下的人才培养模式，具体课程模块构建见图1。

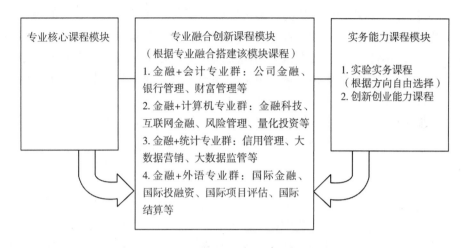

图1 基于"大金融"视角下的课程模块构建

（二）基于金融行业需求，共同制定人才培养方案

基于金融行业的市场需求，与金融企业共同制定人才培养方案。金融专业硕士的培养，应该区别于学术硕士。金融专业硕士在培养的过程中，更应注重实践性、应用性，应注重其与金融行业人才需求的匹配度。专业硕士区别于学术硕士，除了科研能力以外，更应该培养学生利用科研能力解决实际问题的应用能力和职业能力。根据湖南大学金融专业硕士的生源来看，有一部分来自跨专业的同学。而科研能力的底层逻辑和解决实际问题的职业能力是一种基础训练，也需要跨学科、跨专业的思考。和金融企业共同制定人才培养方案、共同推进课程建设、共同开发案例库，可以使培养的人才更能适应市场的需求。通过校企合作，教育界和产业界合作，构建高级应用型人才开放式、合作式教育模式，可以使学生更了解所学专业的行业需求。金融专业硕士的培养应着眼于实际的金融工作需求，培养具有金融理论知识且能把知识应用于行业的高技能人才。研究生的培养工作显然不同于本科，应更加注重以下两点：一是能运用所学知识解决金融行业的问题；二是能开发应用型产品，进行产品设计。

（三）设立金融专业硕士"教学工厂"的教学管理架构

在各系部根据专业方向，构建专业群，设置不同的专业科技中心，其核心任务为专项教学、在职培训、企业项目开发、应用科研项目开发。为教学搭建一个实际的企业环境，并通过公司项目和研发项目，使学生可以多元化地获得知识和技能。例如，根据湖南大学金融与统计学院的优势方向，可以开发金融监管、国际金融、信用管理、银行管理、大数据金融等方向专业群。"教学工厂"模式强调以现有教学系统为基础，可以通过实验课和科研项目训练培养学生的知识应用能力和创新能力。利用湖南大学信用中心和湖南大学金融管理研究中心的学术积累，构建一个新型产教学研合作中心。通过中国人民银行、湖南省政府、大型商业银行、信用咨询公司的联动，形成服务于湖南省各类企业的开放式集聚区。构建"科研实验、教学实训、行业实习"三位一体的实践教学体系。以校外实践教学基地建设为依托，通过实践课程教研和科研融合实验的搭建，为各方向实践课程设计理论和实际相结合的课程大纲。以学院为基础，建立学术导师和行业导师匹配库，由学院教授和行业专家共同制定人才培养方案。在人才培养方案中，可以为学生提供多种方向的实践课程，课程由学术导师和行业导师共同制定教学大纲、共同建设本方向的案例库。在科研方面，应注重专业硕士学生的应用型研究能力，鼓励学生参加应用型课题研究，把研究成果作为毕业论文的基础。同时，由学术导师和行业导师共同指导学生的毕业论文，鼓励学生把应用课题研究用来服务金融行业。

（四）建立"利益相关者"的产教融合机制

通过收集历届学生的就业去向和地区，分析地区经济发展情况和产业发展情况，湖南大学金融专硕的同学就业主要集中在湖南省和广东省两地，有较大一部分学生的就业去向集中于深圳市、北京市等经济高速发展的地区。在构建产教融合机制时，需考虑渗透融合、延伸融合、重组融合等方面。渗透融合，主要指高新技术及相关产业和教育界的融合，如可以通过网络开展开放整合的网络教学模式，实现线上线下混合式教学。所谓延伸融合，表现为产业与教育之间的互补和延伸，不仅仅是校区合作的简单升级，而是拓展高校履行社会服务职能的现实路径。例如，学校可以通过联动湖南省地州，让学生参与实地调研，通过建立信用园区，普及信用文化，让学生带着自己的项目和课题深入田野调查，助力当地的产业发展和乡村振兴。通过这样的模式，实现学院与当地产业的融合。重组融合，主要指通过专业群、学科群、课程群、导师群的交叉融合，实现人才链与产业链、创新链有机衔接，促进教育服务实体经济的目的。例如，通过"点-线-面-圈"的方式构建产教融合学习生态圈。以一门应用型课程为点，把学分银行作为核心主线，引导校内教授和校外工程师共同助力来扩大教师覆盖面，通过课程群、专业群、学科群构建学习共同体和产教融合生态圈。具体而言，微观层面，通过与行业共同制定教学大纲、进行课程设计，实现课程设计上的"工学结合"。中观层面，如何以专业群为契机、产教融合平台为渠道，完善校企合作的机制。在课程设计方面，以金融能力为导向，以提高学生就业竞争力为目的，以市场需求为平台，重点关注如何处理微观层面的"学习"和企业的"工作"问题。根据专业的特色、优势方向、师资力量等，从课程体系的设置、教学内容的组织等方面，思考如何使学校的"学习"和企业的"工作"衔接起来。宏观层面，通过搭建应用型人才产教融合平台，借助校友力量，实现产业界和教育界的"产教融合"。湖南大学经济类学科学脉绵长，早在1903年岳麓书院改制为湖南高等学堂起就开始了经济学教育。湖南大学金融与统计学院被誉为中国金融人才培养的"黄埔军校"，培养了大批金融行业顶尖人才，有着全国首例高教信用社、湘财实验银行、湘财证券等产学研的实践，有着产学协同育人、产教融合培养人才的长久积累。

（五）搭建平台，完善校内校外"双导师"制度，共同参与课程建设

搭建"双导师"平台，建立优秀校友库、行业专家库，制定行业导师管理办法，建立行业共享数据库，颁发行业授课教师证书，提升金融专业硕士研究生实践效果和培养质量。

把课程分为理论研讨课、案例分析课、行业实务课。理论课程由校内教授讲授，案例分析课、金融实务课由校内教授和行业专家共同讲授，进行产教融合拓展课程设计，共同参与课程建设。一方面，校外导师可以参与课程建设；另一方面，校外导师也可以为学生提供多样化的实践岗位，为企业培养高素质人才，有利于企业提前选拔和培养，一定程度上降低大范围招聘的成本。在课程建设中，引入金融行业高级职业能力相关内容，推动课程与CFA、FRM、CFTA、CPA、ACCA、CMA等证书的融合，建立高级职业能力证书梯度进阶训练。借鉴国外的实践方式，参与金融企业资助的项目，学生以小组形式参与，运用所学技术为金融企业解决存在的各种问题，如为金融企业设计产品、完善产品方案、参与市场调查等。同时，也可以利用现有金融实验室，与数据公司合作，建立虚拟仿真实验室、场景应用实验室，提高学生的实践能力。除了学术会议，还可以邀请行业专家、优秀校友举办金融研讨会和行业案例分享会，促进学生对行业最新动态的了解。

参考文献：

[1] 吴晓求. 中国金融业未来发展趋势分析 [J]. 商业观察，2018（12）：58-60.

[2] 杜仑. 金融行业未来发展趋势及人才需求思考 [J]. 全国流通经济，2021（19）：120-126.

[3] 杨胜刚，吴志明，王天轶. 金融学专业综合改革的实践与思考 [M]. 高水平本科教育与一流人才培养，2019（3）：2-13.

[4] 张强，刘晓剑. 国家精品课程实施中的协同教学模式 [J]. 高教探索，2008（5）：86-89.

[5] 谢常绿，王修华. 我国金融专业学位硕士培养模式探讨——以美国得克萨斯州大学奥斯汀分校为例 [J]. 保险职业学院学报，2016，30（4）：89-93.

[6] 胡朝晖，弓青青. 着力提升金融硕士研究生的创新能力 [N]. 中国社会科学报，2020-11-18.

[7] 苟建华. 校企合作教育模式运行机制建设的探索 [J]. 浙江教育学院学报，2010（2）：45-50.

[8] 宋新克，赵文平. 技术技能人才的四维能力结构分析——基于唐·伊德人—技关系理论的视角 [J]. 中国职业技术教育，2021（24）：20-25.

[9] 曹源芳. 全球化背景下金融学人才培养模式的转型 [J]. 金融教学与研究，2009（3）：64-66.

[10] 胡朝晖，郭丽梅，汪前元. 卓越金融人才的能力标准、培养模式与差异化实践 [J]. 湖北经济学院学报（人文社会科学版），2016，13（6）：147-150.

[11] 杨雪. 互联网金融环境下金融专业人才需求和培养探讨 [J]. 甘肃金融，2018（2）：64-67.

[12] 徐哲潇，郭红玉，张运龙. 普惠金融建设背景下金融专硕人才精英化培养定位 [J]. 教育教学论坛，2018（33）：3-5.

[13] 陈学军，刘鑫. 产教融合下金融专业硕士培养模式研究 [J]. 经济研究导刊，2021（14）：68-70.

[14] 付启敏，罗纯军. 大数据背景下新商科专业人才培养路径探究 [J]. 科学咨询（科技·管理），2020（8）：118-119.

湖南大学保险专硕教育实践

邓庆彪[*]　郭　栋^{**}

提　要　湖南大学保险专硕教育承接原湖南财经学院的经济学科教育底蕴，在新时代，秉承着为中国特色社会主义保险事业供应专门人才的宗旨，在过去的十年间，开展了积极而富有成效的专业硕士学位教育实践。本文将从院系师资介绍、行业背景分析、课程方案、教学模式、实践教育五个方面对湖南大学保险精算系专硕培养体系进行全面的展开，并对湖南大学保险专硕走过的十年历程加以总结。

关键词　保险专业硕士；湖南大学；专硕培养；保险精算

湖南大学金融与统计学院位于风景秀丽的岳麓山脚下。湖南大学的起源是建于公元976年的岳麓书院。一千多年来，这里的学风端正且源远流长，文化教育的延续性始终得以保持。湖南大学是211、985建设高校，同时入选了"双一流"建设高校的名单，是一所闻名国内外的全国性重点大学。金融和统计学科是国家"985工程"的主要支撑领域，该学科群也是湖南大学"双一流"建设的重点。

保险精算学科在过去的三十年里蓬勃发展，1992年开设保险学本科专业，1995年招收风险管理与保险学术型硕士研究生，2003年招收风险管理与保险博士研究生，2010年获批保险硕士专业学位点，2020年保险学专业获批为国家级一流本科专业建设点。这里涌现了中国农业发展银行副行长赵鹏、北部湾财产保险股份有限公司董事长黄英钊、恒大人寿保险有限公司总经理曾松柏等优秀校友。16级保险学专业优秀本科生黄宇奇等人荣获平安数学科技全国总冠军，将10万元奖金捐献给保险精算学科发展基金。

过去的十年，是保险专硕从无到有的十年，也是湖南大学保险学科教育重要而辉煌的十年。这十年的辉煌离不开保险精算系强大的师资力量。保险精算系现共有15名教师，其中有5名教师具有教授职称，5名教师具有副教授职称，2/3的教师具有博士学历，2/3以上的教师有海外教育或者交流经历。其中，陈迪红教授是中国精算师协会正会员，同时也是中国保险学会理事；张宁教授任社会保障研究所所长，院教学委员会副主任，先后主持过国家社科基金一般项目2项、国家社科基金重大项目子课题1项、中国保险学会项目2项、教育部人文社科基金项目1项、湖南省社科基金项目2项；张琳

　＊　邓庆彪，理学博士，湖南大学金融与统计学院副教授，主要研究方向：保险精算。

　＊＊　郭栋，湖南大学金融与统计学院保险硕士，主要研究方向：保险精算。

教授任中国保险学会理事、中国精算师协会正会员、美国全球风险管理协会会员、亚太风险与保险学会会员，同时也是湖南省政协委员、民盟中央经济委员会委员；李连友教授先后主持《基本养老保险制度中政府作用研究》《社会保险基金运行机制研究》等国家、部（省）级科研课题。

世界正面临百年未有之大变局，国内、国外形势高速变化。从变局中开新局，中国保险业也正处在史无前例的发展机遇期，我国如今已经成为世界第二大保险市场，产业发展潜力巨大，未来趋势大好。然而，目前，中国保险业整体大而不深的现状亦需要得到足够重视。当前，我国保险市场还远远没达到饱和状态，中国内地寿险深度显著低于全球平均水平，仅相当于欧美日等发达保险市场上个世纪末的水平。各国寿险发展进入快速成长期的一个标志点是人均 GDP10000 美元。然而，我国人均 GDP 早已在 2019 年首次突破 10000 美元，如何突破目前的瓶颈，实现并道快速路也是亟待解决的难题。总体来说，保险业要顺从时代的发展而发展，保险学科教育更需要着力于培养适应时代的新保险人才，只有跟上时代进步的快车，踏准时代进步的节奏，才能乘上整个国家、整个民族伟大复兴的东风，让我国成为真正的保险大国、保险强国。

具体到行业内部，经济全球化和保险国际化是大势所趋，需要抓紧时间，加速培养一批高水平的专业保险人才，要求他们具有更广阔的全球视野、更开放的交流能力和更高效的创新能力。事实上，阻碍保险业高速发展的重要原因在于保险专业人才不足。保险业是全社会共同认可的朝阳行业，发展势头非常迅猛，近些年，无论是总体规模还是发展质量，保险业都有了长足的进步。但是，与之密切相关的业内人才储备的增长却远远不足，保险专业人才比较稀缺是不可否认的事实。

"社会保险专业化运作，商业保险社会化服务"是中国保险业必须面对的新现实。保险业是行业的，更是全社会的，涉及公共安全的，要完成国家赋予的新使命，跟上飞速发展的新时代，中国保险业必须树立大经济、大金融、大服务、大安全、大保障、大健康的新观念，从国家发展和政府需要出发，突破自我，重新布局，重新评估自身的能力，发挥优势，挖掘潜力，尽快实现组织创新、产品创新，特别是观念创新。这是一场考验每一位保险从业者的"保险新文化运动"。

我院对保险专业硕士的培养教育紧扣时代的脉搏，采取科学有效的方式，用心打造一套培养具有新思想、新观念，并具有新知识、新能力的专业保险人才的教育体系。综合来说，我院对于保险专业学位研究生的培养侧重于培养学生理论和实际工作能力的高度融合和相互激发。

从课程设计和安排来说，课程体系综合全面又突出重点。整个保险专业硕士课程体系由五大类课程构成：公共课、学科基础课、学科方向课、专业基础课、专业选修课。其中，公共课包含两门政治通识课程、人文素养类课程和外语。思想政治课是为了培养学生正确思想观念、良好道德品质的课程，展现了对思政教育有效性的充分重视。思想政治课是学校德育的重要渠道与重要阵地，是中国特色社会主义建设中人才教育的根本要求，是每个保险专硕学生的必修课，是学生确立正确政治方向、培养学生形成正确三观的重要抓手。人文素养类课程作为公共课是为了将保险专硕学生培养成德智体美全面发展的"四有"新人。人文素质是一种基础性的素质，对于其他素质的形成和发展，具有很大的影响力。[1]英语课程的意义，其一是时代发展和保险产业与国际接轨的需要，中国保险业的国际化程度也在不断加速，研究生英语课程可以保证我院保险专硕学生具有行业所必需的基本英语能力；其二是研究生阶段比较偏重于研究，目前，外国的各种保险精算技术以及经营理念都是比较先进的，值得国内保险业有选择地学习吸收，保险专硕学生要具有无障碍阅读外文文献的水平，研究生英语课程的开展非常符合现实需求。中级宏观和中级微观构成了学科基础课，作为经济管理类专业的硕士研究生，宏观经济学和微观经济学两门学科基石是保险专业硕士开展后续研究学习的重要保证，同时，课程可以作为保险精算专业课程学习的基础和底子。学科方向课包含社会保障研究和大数据挖掘，其中，社会保障研究涵盖了人口与老龄化、生育问题、企业年金、社会保障制度、社会福利制度、医疗保险制度、养老保险制度、社会救助制度等多个领域，在社保层面充分给予学生全面的通识教育，让学生能够清楚找到自己感兴趣的具体领域，进而进行更深入的研究和讨论。大数据挖掘则是一门非常实用的工具学科，能够将各项数据背后的经济意义高效而精准地展现出来，对于开展后续深入的研究或工作都具有非常重要的意义。专业基础课包含保险经济学、风险管理研究、保险理论前沿研究、保险数理基础、保险财务分析、保险法律制度与监管政策、学术与职业素养等，这个板块将保险的各个主要领域都予以展开。其中，保险经济学课程可以通过研究解决和协调保险与社会经济其他领域或形式之间的关系，为学生在保险领域的具体实践提供理论指导。风险管理研究这门课程能够让学生获得健全且实用的企业风险管理思路，学会如何去量化战略和经营风险，在学习中拨开风险偏好的神秘面纱，获得帮助公司做出更好决策的能力。保险理论前沿研究则是能让保险专硕学生们获得最新最热的保险知识和讯息，让学生们能够实现真正的学以致用，也更有利于激发学生的创新意识和创新能力。保险数理基础是保险精算入门的必备课程，同时也能提升学生基础的数理思维。保险财务分析这门应用性极强的课程主要是对保险对企业等经济组织过去和现在有关筹资活动、投资活动、经营活动的偿债能力、盈利能力和营运能力状况等进行分析与评价。[2]这使学生能够为对保险公司的投资者、债权人、经理和其他公司感兴趣的组织和个人了解公司的过去，评估企业的当前状态，并提供准确的信息和依据来预测公司的未来并做出准确的决策。保险法律制度与监管政策是从监管者的角度来梳理保险业务体系，通过本课程的学习进一步完善学生保险学知识体系，使他们能够理解和掌握保险法的基本理论以及我国的相关法律制度与监管政策，为他们未来从事保险经营、管理实务和保险精算工作提供支持。通过启发学生的思维，培养他们具有较高的保险法学素养，让他们具有较强的具体保险法律问题的分析解决能力，能够从经济学和管理学的视角来分析我国保险合同法和保险业法相关规定的合理性和尚存在的不足之处。开设学术与职业素养课程，一是为深刻贯彻落实全国研究生教育大会和全国教育大会的主旨精神，发挥课堂育人主渠道作用，加强对学生理想信念的教育，同时增强学生的学术写作能力；二是课程贯彻立德树人精神，进一步提升学生的专业素养，营造良好的学术氛围；三是出于对学生身心健康的关心，帮助学生培养积极健康的生活态度。专业选修课包含保险精算专题、寿险精算实务和非寿险精算实务以及保险科技。这系列课程突出了我院保险精算系的特色，在全面综合的课程体系下所要突出的精算重点。通过这系列的课程，掌握保险精算学的基本原理和知识，利用现代数学方法融汇各学科知识，对保险业经营管理中各个环节进行数量分析，为保险业提高管理水平。[3]另外，科技的发展极大改进了保险生态环境，改良了保险行业痛点，改变了保险的传统使命。保险科技课程为专硕学生系统地讲解对中国保险行业发展有重要影响的科技，包括区块链技术、人工智能、物联网、云计算、大数据、车联网、无人驾驶等。[4]五类课程五位一体，相互补充，相互支持，可以保证学生拥有较高的个人素质、较为完整的经济学思想、较为全面的保险学知识、较为突出的精算学基础。综合来看，我系保险专硕课程体系设计科学有效，培养方案综合全面，具有鲜明强烈的保险精算特色。

具体教学模式采用校内外双导师制。以校内导师指导为主，校外导师参与实践过程，参与项目研究、课程与论文等多个环节的指导工作。[5]建立起一套具有中国特色、学校特色的专硕培养模式。在课堂上，以教师授课为主，以学生定期课堂展示汇报为辅，加强师生课堂交流，锻炼学生的自主学习思考能力和表达交往能力。同时，除校内知名教授的亲身传授之外，还有校外卓有成就和经验丰富的业内大咖亲临课堂与学生分享自己在实际工作中总结的重点知识和经验。学校就是一座象牙塔，在塔里面，真实世界的一切纷繁复杂都被隔离在塔外，外界的快速变化都被那堵墙稀释、变慢。而校外导师及时且直接的信息传导可以让专硕学生们在校园里就能接触到真实的行业发展、真切的工作思考，免于让学生在踏出校园的那一刻，却猛然发现和其他本科毕业后就业的同学所产生的差距。这里的差距不仅是物质上的差距，更值得注意的是思想上、认识上的差距。

在实践教学层面，在2022年的金融与统计学院研究生培养方案评议会上，前任院长潘敏教授曾提出：湖南大学金融与统计学院在制定培养计划时要以提高研究生培养质量、提高课程质量、遵照研究生院基本要求为出发点；要体现出学位点培养特色，充分凝练培养方向；培养过程中学分需适度，充分考虑研究生实习就业的问题。除院系领导对于实践学习的重视以外，系里的实习资源也非常丰富，我院已与平安湖南省分公司、财信吉祥人寿保险股份有限公司、太保人寿湖南省分公司、湖南省农村信用社联合社等签订战略合作协议，在围绕人才培养、人才交流、科学研究与咨询服务、基地建设、学生实习实训等领域开展深入有效的真诚交流和务实合作，并建立了具有长期性和稳定性的校企战略合作伙伴关系。在2022年的毕业生座谈会上，2017级保险学研究生班莹莹分享了她进入中国太平洋财产保险股份有限公司的求职经历。学院的校企联合计划给她及同学们提供了实习机会，使得她能接触行业名企，并最终顺利走上工作岗位。这样的故事在每年的专硕毕业生中比比皆是，一届又一届的保险专硕毕业生们通过湖南大学金统院保险精算系的平台走到了自己满意的岗位，每一个圆满的结果都是通过系里多层次、全方位的学科培养和教育方案的成功践行来实现的。同时，学院积极鼓励专硕学生与优秀校友建立联系。学院多次开展以寻访校友为主题的暑期社会实践专项活动，通过评奖评优、增加学分、补贴路费等措施，以实际行为助力在校学生和优秀校友直接面对面接触学习的机会，让在校学生充分利用校友资源拓展社会视野，获取职业生涯规划指导，挖掘实习、就业机会，实现自我发展，丰富人生阅历。

继往开来忆往昔，砥砺前行谱新篇！2010年，湖南大学金融与统计学院获批保险硕士专业学位点，过去的十年，是从无到有、开天辟地的十年，是风雨同舟、同甘共苦的十年，更是成果丰硕、意义非凡的十年！作为金融黄埔，作为国内保险精算学科的高地，湖南大学金融与统计学院保险精算系应该更负使命感，要甘于将自身的发展与国内保险业的发展紧紧关联，要勇于将自身的发展成果及时转化分享给行业，要努力培养出更多、更强、更专业的保险业专门人才，为中国保险业的高速发展提供更多的动能。

参考文献：

　[1] 邢宝君. 论大学生的人文精神素质教育 [J]. 国家教育行政学院学报, 1999 (4): 4.

　[2] 张芸芸. 会计分析在企业财务管理中的应用问题研究 [J]. 经济研究导刊, 2012 (23): 2.

　[3] 郭芳. 随机利率下的寿险精算模型研究 [D]. 北京交通大学, 2008.

　[4] 陈林. 颠覆保险业的保险科技 [J]. 上海保险, 2018 (1): 2.

　[5] 黄海焕, 房红. 基于双导师制培养模式的金融硕士教育研究 [J]. 经济研究导刊, 2014 (26): 109-110.

湖南大学保险专硕培养模式探讨与实践

刘 革* 熊 露**

提 要 我国的保险专业学位硕士研究生需求随着经济社会的发展而快速增长，但在保险专业学位硕士研究生培养实践中仍然存在培养方向不明确、课程设置缺乏应用性、教学内容违背实用性、双导师制建设不完善、相关投入机制不完善等问题。湖南大学针对部分重要问题，对保险专业学位硕士研究生培养过程的各个环节进行改革与创新，高效探索符合经济高速发展和风险环境变化的保险专业学位研究生培养模式，逐步提高保险硕士的保险实务能力。

关键词 湖南大学；保险硕士；培养模式

专业学位研究生是以职业需求为导向，以实践能力培养为重点，以产学结合为途径，建立与经济社会发展相适应、具有中国特色的专业学位研究生培养模式。[1]截至2019年，针对行业产业需求设置了47个专业学位类别，共有硕士专业学位授权点5996个，累计授予硕士专业学位321.8万人。[2]

保险硕士专业学位研究生教育是教育部为适应经济的发展和风险环境的变化而提出的，承载着我国在当前的发展情况下培养高端前沿的应用型保险硕士的重要任务。经国务院学位办批准，湖南大学自2010年起开始设立保险专业学位硕士，经过10多年的发展，湖南大学保险专业硕士招生规模不断扩大，已经成为培养高层次保险专业人才的重要力量。

湖南大学保险硕士专业学位是以现代保险业发展为宗旨的人才需求和专业需求为导向，培养保险专业与行业就业相对接的高层次应用复合型专门人才。[3]随着已毕业的保险专业硕士逐步深入所从事的工作，用人单位反映保险专业学位硕士的专业与行业实践结合性强、灵活度高，具有解决保险精算、产品设计、行业监管、灾后理赔等一线工作中实际问题的能力。但是，中国经济正在进入新的常态，社会的消费模式逐渐多样化、个性化，新产品、新技术和新的商业模式不断出现并蓬勃发展，保险企业重组兼并趋势方滋未艾，经济增速的下调使原始的隐性风险逐渐显性化，若想化解，可能还需要一些时日。在这种情况下，中国保险行业正面临新的机遇和挑战，高层次的人才成为保险行

---

* 刘革，经济学硕士，湖南大学金融与统计学院副教授，主要研究方向：保险与社会保障。

** 熊露，湖南大学金融与统计学院硕士研究生，主要研究方向：保险与社会保障。

业的迫切需要，也对他们提出了率领行业应对新形势、开拓新领域的更高要求和期望，保险专业学位硕士的培养已成为现代保险业改革发展的迫切需要。湖南大学密切关注保险行业发展需要，积极从原本的保险专业学位硕士培养模式中发现问题、找出问题，并针对问题做出具体的改革与完善。

一、保险专业学位硕士培养模式存在的问题

（一）培养方向不明确

保险专业学位硕士研究生更偏向于实务能力的培养，因此保险硕士教育应当以保险职业为背景，以从事保险职业为导向，强调实务技能的传授。如此看来，保险硕士的培养目标已十分明确，但是许多高校在制定培养方向时仍存有许多疑惑。例如，一些高校考虑到保险硕士与经济学硕士（保险学方向）具有类似的保险学基础，因此在保险硕士培养方向的设置上借鉴了经济学硕士（保险学方向）的专业划分，导致保险硕士教育基本等同于经济学硕士（保险学方向）。在此基础上，考虑到保险硕士的培养学制基本只有两年，培养方向需要尽快确定，并开启相应的培养模式。部分保险硕士若主观专注于保险精算方向，但高校将培养重心放在保险学研究方向，便容易出现学生意愿与高校设置在培养方向上相悖，这在一定程度上并不利于学生的就业规划，同时也对高校的培养成效提出了质疑。

（二）课程设置缺乏应用性

现代保险产业的发展，要求从业者不仅要有一定的专业知识，同时还必须拥有出色的研判、沟通和决策能力，以及比较丰富的保险行业实践经验，能够应对大数据时代瞬息万变的市场形势，处理各类突发事件。保险硕士培养的重点是保险知识的实际应用能力，其课程设置应重点突出综合性和实务性，引导学生用风险度量的思维分析问题和解决问题。目前，许多招收保险硕士的高校在保险硕士的课程设置上都有安排保险学本科期间的核心课程，但在培养方案中设置的实务性课程比较少。也就是说，保险硕士所学的部分课程只是在重复本科期间的课程内容，这对于一些本科非保险学专业的学生固然有较好的照顾考虑，但是，对于大部分保险硕士而言，这无非只是在有限的研究生生涯中另花主要的学习时间将本科所学知识又复习了一遍。此外，部分高校虽然能认识到实务课程设置的必要性，并在培养方案中安排了一定数量的实务课程，但是授课教师仍然是理论研究型人才出身，实务经验相对缺乏，且教学方式和能力往往比较陈旧，容易与当下保险市场需求发展脱节，[4]因此所教授的内容其实很难使保险硕士的实务能力得到较为明显的提升，更不用说大数据下的市场研判和风险管理了。

（三）教学内容违背实用性

我国目前大部分高校的保险硕士教学均偏重理论学习，实践性较强的保险法案例分析、模拟理赔、案例教学法等教学方式所占比重仍然较小。课堂讲授式教学法虽然可以

系统地介绍保险公司的部分工作内容，有助于学生构建完整的知识框架，但是在灵活性方面还是出现了短板表现。课堂讲授式教学法其实不利于师生之间进行良好互动，其独立思考的能力逐渐退化。虽然保险专业学位硕士教育培养目标一直侧重于培养学生的实践能力，但由于教学方法缺乏有效性和针对性，从实际情况来看，学生的实践能力并未得到良好的锻炼。

（四）双导师制建设不完善

由于保险硕士的培养具有实践性和应用性的特点，要求高校一方面需要注重提升校内导师的专业实践能力，另一方面也应通过聘任具备丰富实务经验的专业校外人才来担任校外导师，指导保险硕士实践。但对于大部分高校而言，保险硕士的校内导师和校外导师"双导师"制建设都存在诸多问题。

首先，校内导师的遴选与考核机制还存在不少缺陷。从遴选方法来看，校内导师的受教育经历一直是一个重要的标准，大多数保险专业学位研究生导师都是按照保险学硕士的学术型培养模式培养硕士和博士，学生毕业后又进入高校，缺乏保险产业背景和相关实践工作经验。虽然有系统的保险学理论研究训练，但是却缺少保险实务方面的经历和锻炼。在学校进行导师遴选和考核时，主要是以课题、论文等学术和科研成果为评价依据，缺乏实践考核，导致其重心主要在发表论文上，进而导致保险硕士不仅在课堂知识学习上与保险实务脱节，还会在毕业论文写作上片面追求理论性较强的学术论文，而忽视实践中实际问题的解决。[5] 而在校外导师的遴选上，过度要求其教育经历和职称标准，会导致一些具有丰富实践经验的保险实务人员无法满足条件，而不能被聘为校外导师，只能去找满足条件的少数高学历或高职称的技术人员作为"挂名"的校外导师，从而导致绝大多数高校校外导师都是流于形式，缺乏学生与校外导师进行经常性沟通交流的平台，校外导师起不到真正的作用。

（五）相关投入机制有待加强

在保险硕士研究生培养过程中，虽然不需要实验材料、设备和相关检测费用的投入，但是学生进行课题研究需要调研，相关实践活动也会产生学生无法承担的费用，一般需要校内外导师来协商解决。其中，举办与保险实务相关的调研大赛和论坛研讨会，以及一些参考价值较高的教材或著作且费用均较高的部分，一般由校企双方一起投入经费以顺利实施。但是，由于学校或相关保险企业给予的经费投入不稳定，导致研究生的相关调研活动难以如期顺利进行，对保险硕士研究生的培养过程产生了一定的不利影响。

二、湖南大学保险专业学位硕士培养模式的改革与完善

湖南大学是 2010 年我国自国务院学位办批准起第一批招收保险专业学位硕士研究生的培养单位，至今已为我国保险行业不同领域输送了一大批优秀的保险实务人才。为了进一步提升保险硕士人才培养质量，湖南大学金融与统计学院通过一系列的改革与实

践，在保险专业学位硕士研究生培养方面不断进行创新与完善，取得了可观的成效。

（一）明确课程体系的改革

湖南大学依托自身的财经类学科优势以及一贯秉承的涉外人才培养理念，保险硕士设立了三个研究方向：风险管理与保险、精算理论与实务、保险科技。为摒弃以往必修课程设置过多的缺陷，赋予学生更多的选择权，同时又能实现人才培养的专业性目标，湖南大学金融与统计学院在设置一般必修课程和选修课程的基础上，灵活地加入了任选课程。任选课程基本都与学生选研究方向密切相关，保险硕士只需要从部分选修课程中选择自己感兴趣的一半课程进行修读，获得培养方案规定的学分即可。同时，改革后的课程体系，将人文素养类课程设置为必修课程加以重视，坚持以习近平新时代中国特色社会主义思想为指导，要求保险硕士具备良好的思想政治素质和职业道德素养，具有时代理想和社会责任感，旨在培养一批通晓宏观政治经济形势和相关政策法规、德才兼备、立足祖国、服务国家建设的新时代高层次保险人才。

（二）明确教学方法的创新

湖南大学自 2010 年招收保险专业学位硕士研究生起，高度重视保险硕士教学方法的创新，旨在培养具有正确的政治方向和全球视野，具备扎实的经济与数理基础，系统掌握保险学、精算学、社会保障学和信息科技专业知识，适应各类企业和公共部门风险管理、保险企业管理、保险监管、保险科技、精算咨询等领域需求的高层次、交叉复合型人才。在此培养目标的指引下，采用理论学习与具体实践相结合的教学形式，倡导案例式、体验式、互动式、自主化教学。尤其是案例式和互动式已成为湖南大学金融与统计学院保险精算系教师普遍采用的教学方法。即便是《保险法》这类听起来较为抽象和枯燥的课程，教师们也能通过从中穿插各类与具体法条密切相关的案例来使课堂教学变得生动有趣，以帮助学生更深刻灵活地理解法条。此外，湖南大学金融与统计学院还在保险专业学位硕士研究生课程设置中加入了寿险精算实务和非寿险精算实务等多门实务类课程，为切实提高保险硕士的保险实务能力做好理论准备和实践指导。

（三）明确研讨平台的搭建

湖南大学为了提高保险专业学位硕士研究生对专业知识的灵活运用能力，给保险硕士提供了很多交流讨论的机会，金融与统计学院专门搭建了保险沙龙平台以便于学生进行案例研究和主题研讨。保险硕士在导师的指导下充分利用好这一平台，自发组织开展研讨会，对自己感兴趣的案例进行进一步的了解与分析，同学之间开启头脑风暴，针对主题各抒己见，受益良多。例如，风险管理与保险方向的学生于 2021 年 11 月 23 日以"宝万之争"为切入点，针对我国险资运用监督等方面展开了激烈讨论，同时结合国外险资运用监督的比较分析，最后对我国如何完善险资运用监管提出了自己的建议。在这一过程中，与会同学对于我国险资的运用概况、监管情况有了一个初步的系统认识。此外。除了学生自发组织，湖南大学金融与统计学院保险精算系老师也会定期借助保险沙龙这一平台，就自己的科研方向与同学们一齐开展研讨会。无论是张琳教授主持的主题为《保险业系统性风险研究》的研讨会，还是张虹副教授组织的主题为《城市普惠型商业补充医疗保险可持续发展探讨》的研讨会，都引发了学生的热烈探讨，帮助学生高效地梳理学科观点，以案例和论文出发增强分析和解决问题的能力，提高学生的独立思考能力，对保险实务问题有更加深入的理解与思考。

（四）明确"双导师"制的完善

湖南大学自 2010 年招收保险专业学位硕士研究生起，便积极充分发挥全日制保险硕士双导师的作用，以校内导师指导为主，校外导师承担和参与实践性课程教学及实践训练、项目研究、论文写作等多个环节的指导工作。重点体现在对校内外两位导师的遴选、考核与激励机制。对于校内导师来说，在考核其科研成果的同时，还要加强制度建设，要求校内导师每年必须要保证一定的时间到不同的保险企业进行调研实践。同时，考虑到校内导师和校外导师工作的协调性，由校内导师推荐具有担当的实务领域专家成为湖南大学金融与统计学院选聘校外导师的主要方式。在考核方面，破除了仅以论文、课堂来遴选、考核与评价导师的办法，灵活根据保险行业的特点，将为保险行业服务等教学、实践、指导与服务成果纳入双导师的考核、评聘体系，使评价机制更为科学、有效。尤其是对校内导师提出了更高的要求，校内导师实行导师负责制，导师是研究生培养的第一责任人，对研究生培养的全过程进行全方位针对性指导，[6] 注重提升研究生思想政治素养，培养研究生学术创新能力和实践创新能力，增强研究生社会责任感，指导研究生恪守学术道德规范，优化研究生培养条件，注重对研究生进行人文关怀[7]。而对于校外导师，则要求参与到研究生选课、开题、中期检查、学位论文预评与答辩等重要环节中来，由金融与统计学院出面积极督促校外导师以学生的职业需求为导向，给学生创造更多的实习和就业机会。强调校内外两位导师在保险专业学位研究生的培养过程中分工合作、各有侧重，在关键时间针对重点问题进行交流沟通，确保研究生的培养质量。

（五）明确经费保障机制的稳定

湖南大学金融与统计学院保险精算系除了稳定原有的研究生培养经费的渠道，还积极利用好自身的专业优势和平台，向校方申请更多经费支持保险专业学位研究生的实践教学。同时，鼓励保险精算系通过项目合作、设立冠名奖学金、研究生工作站、校企联合组织等措施，吸引更多的经费和保险企业实践项目，在一定程度上缓解了保险专业学位研究生培养经费投入不足的难题。

当前，在经济社会高速发展的背景下，承认培养保险专业学位硕士研究生的可行性与必要性已然是大势所趋，但首当其冲的便是解决保险专业学位硕士研究生的实践能力较弱的问题。湖南大学金融与统计学院保险专业学位硕士研究生培养以职业需求为导向，坚持突出特色化教育，注重培养效果，有效提升保险专业学位硕士研究生在从事保险企业、政府监管部门、保险科技与咨询机构的核心技术和管理岗位时的核心竞争力。

参考文献：

［1］张健. 高职本科应用型人才规格定位初探 ［J］. 职教论坛，2018（4）：33-37.

［2］国务院学位委员会 教育部关于印发《专业学位研究生教育发展方案（2020-2025）》的通知 ［J］. 中华人民共和国教育部公报，2020（11）：29-34.

［3］郭顺堂，徐婧婷，苗敬. 我国食品加工与安全领域专业硕士学位研究生案例教学存在的问题及解决对策 ［J］. 高等农业教育，2018（6）：105-108.

［4］夏云娇，张智垚. 论高校法学教师实务能力的提升策略与途径 ［J］. 江汉大学学报（社会科学版），2017，34（1）：120-123，128.

［5］马卫宾，赵仁勇，卫敏. 基于校政企合作的食品工程专业硕士实践教学基地建设模式探索——以河南工业大学为例 ［J］. 轻工科技，2021，37（12）：177-179.

［6］杨雷，张德庆. 新时代研究生导师立德树人长效机制的建立 ［J］. 黑龙江教育（高教研究与评估），2018（12）：75-76.

［7］董益帆，李福华. 论"双一流"建设背景下大学校园中的"老师"称谓与师生关系 ［J］. 山东高等教育，2020，8（2）：58-64.

专业学位研究生教育社会认同的影响因素分析

刘　娜*

提　要　专业学位研究生教育经过多年的发展，已与学术型硕士学位教育并驾齐驱。本文从宏观层面的外部环境、中观层面的学校环境和微观层面的个体因素，分析其对专业学位研究生教育社会认同产生的影响，以及如何优化影响因素，提高专业学位研究生教育的社会认同，促进专业学位研究生教育高质量发展。

关键词　专业学位研究生教育；社会认同；影响因素

德国率先启动专业学位研究生培养教育，之后扩散到美国、英国等。我国从 20 世纪 90 年代正式实行专业学位硕士研究生教育，到 2009 年，国家再次加强专业型硕士研究生的培养力度和规模，专业型硕士研究生在发展的同时，在学术界也备受关注。2009 年，教育部出台有关文件，对我国硕士学位结构进行调整，强调今后要加强专业硕士的培养力度和规模，到 2015 年，时全日制专业型硕士与学术型硕士已实现 1∶1 的比例，这是我国硕士研究生教育逐渐从以培养理论型人才为主向以培养应用型人才为主转变的标志。随着我国高等教育的发展和政策的转变，专业型硕士学位迅速崛起，与学术型硕士学位并驾齐驱，逐渐成为研究生教育的主流学位。财经类院系作为培育专业型硕士研究生的主要基地，其对专业型硕士研究生的培养质量直接关系到能否为我国经济社会发展提供高素质的专业人才。那么，专业学位研究生教育社会认同度如何？专业学位研究生教育社会认同的影响因素有哪些呢？

曼纽尔·卡斯特说过："我们无法一般性地抽象地来谈论不同类型的认同是如何建构起来的、由谁建构起来的，以及它们的结果如何，因为它们是与社会语境有关的。"专业学位研究生教育社会认同是一个动态的生成过程，在与所处的社会生态环境进行不断地形塑与耦合下进行变化与修正。专业学位研究生教育作为高等教育的子系统，也必须从特定的时空背景和环境中，汲取发展的能量和动力，在内外规律的共同作用下不断发展。因此，本文试图从宏观层面的外部环境、中观层面的学校环境和微观层面的个体因素，分析其对专业学位研究生教育社会认同产生的影响。

---

* 刘娜，经济学博士，湖南大学金融与统计学院副教授，主要研究方向：风险管理与保险、保险市场与资本市场的融合。

一、社会外部环境对专业学位研究生教育社会认同的影响

在多样的社会关系中，经济关系、政治关系、文化关系作为三种最主要的关系形式，需要通过与社会其他子系统之间不断优化和耦合，发挥整体效应，满足人类发展中不断更迭的物质需求和精神需求。专业学位研究生教育也正是在与社会外部环境系统进行信息与能量交换的过程中被接受和被认知，不断调适与外部环境系统的关系。

（一）政治因素

克拉克·克尔在《大学的功用》中曾经这样生动地描述："大学生活的变化的动力来自外界。这种力量来自法国的拿破仑，德国的教育部长，英国的皇家委员会和大学拨款委员会，俄国的共产党，日本在王政复辟时的天皇……"政治是所有决策所依据的重要自变量，决定高等教育最终命运的也是政治行为，是影响高等教育系统的核心要素，主要通过运用合法的权力制定高等教育发展规划，并在政治系统允许的范围内对其规划的执行产生影响。本文主要以专业学位研究生教育政策的制定和执行、专业学位研究生教育的管理体制两方面为切入点，分析政治因素产生的影响。

1. 影响专业学位研究生教育社会认同的政策性因素

"教育政策是公共政策的一部分，它是由政府及其机构和官员制定的、调整教育领域社会问题和社会关系的公共政策。"教育政策的制定是典型的政治行为，大致分为两种模式：一种是盎格鲁-撒克逊国的"专业中心"模式，一种是欧洲大陆的"国家中心"模式。前者较多地依赖于行业组织和市场调节，以"诱导性"为主要特征；后者较多地依靠政府的积极干预，以"强制性"为主要特征。我国政策基本上遵循"国家中心"的强制性政策模式。鉴于我国专业学位研究生教育是"外生后发型"，因此，政府的政策导向加速了专业学位研究生教育的主动发展，体现出较强的"自我能动性"，有力促进了公共教育权力的回归，体现出积极的政治价值。但是，如同所有公共政策一样，专业学位研究生教育在政策制定和执行过程中，同样难以洞悉"黑箱"里的实景，导致无法向社会公众完全呈现出教育政策制定之初的政策目标，影响教育政策发挥出应有的效果。

（1）专业学位研究生教育政策制定的"激进模式"产生的影响。一般来说，公共政策多是渐进调整，但是也有的政策在连续的渐进调整之后，会发生急速的变革，这被称为间断—平衡现象。我国专业学位研究生教育发展历程呈现"渐进—激进"模式，"激进模式"所产生的强大动力使专业学位研究生教育在规模结构、培养模式、服务保障等方面获取成就，但是同时也有这样一种声音传来："专业学位硕士研究生教育从渐进式发展转向激进式发展之际，专业学位的社会认同度并不高，甚至遭受怀疑与贬损"。2009 年专业学位研究生教育面向全日制应届本科生招生政策的出台，对缓解大学生就业困难，以及从根本上调整研究生教育结构具有非常重要的现实意义。然而相关数据却显示，从 2009 年之后的 3 年内，全日制硕士专业学位研究生教育的第一志愿报考率和报考

人数都未达到预期结果。很多专硕的调剂是最大难点，完成招生计划很困难，至于生源质量就更无暇顾及了。高校面对着大幅度的招生政策调整，需要转变的不仅是培养理念，更为困难的是面对激进式制度变迁的局限，培养进程"时不我待"，而建设过程却非"一蹴而就"，"被动应对"的"窘境"成为当时较为形象的描述。因此，随着专业学位研究生教育发展的深化，与社会需求之间的磨合越来越默契，决策模式也应逐渐趋于平稳。

（2）专业学位研究生教育政策决策的"精英模式"产生的影响。精英模式、共同体模式和公众模式是政策决策的三种主要方式，核心观点是依据少数精英的观念制定，决策模式是自上而下的流向。我国的教育政策决策模式正在经历从精英模式到共同体模式的转变，但是由于历史和实践两方面的原因，精英模式仍然是我国政策制定的主导方式，对其发挥的作用也应当辩证对待。一方面精英作为利益相关者的代表，制定的政策承载着社会期待；而随之而来的固有缺陷为："精英模式"决策主体的判断认知、价值偏好、利益分配如何与社会期待达成一致，体现社会民众的需求？是否存在着以精英的认知代替社会的期待？

教育政策是政治性的、技术性的，更是价值性的。理解教育政策既是文本，也是话语，既要充分体现国家意志，与政治要求相一致，还要体现社会各阶层的利益，并能够在不同的利益之间平衡。专业学位研究生教育政策是对专业学位研究生教育利益的重新分配，利益相关者参与专业学位研究生教育政策的制定是教育公平的体现，更是利益之间的协调与平衡以至最大化。因此，如何考量、协调与平衡专业学位研究生教育利益相关者的利益是专业学位研究生教育政策重要的价值判断。

后现代哲学家福柯认为，话语是一种权力关系，它意味着谁有发言权，谁无发言权。在由利益相关者组成的"话语场"金字塔模型中，政府（决策者）话语位于最顶端，政策对象和社会公众的话语位于最底端，直接与官方即政策决策者之间的对话互动强度微弱。这种由精英（政策方向）—官员与行政人员（政策执行）—社会公众的"自上而下"垂直维度的决策模式引发的实践逻辑为：无论出于顶端的精英权威做出如何的政策决策，在向下传输的过程中，位于底端的社会利益相关者（高校、企业、学生等）都必须将这些决策转化为日常的教育实践，由于缺乏政策制定的参与权与话语权，制度设计与政策实践产生的落差，影响政策的社会认同感。

（3）专业学位研究生教育政策执行的"偏差模式"产生的影响。教育政策执行作为政策的关键环节包含多层意蕴：既是政策内容的实践过程、政策主客体利益的博弈过程、政策价值再次确认的过程，更是政策决策效果的检验过程。因此，可以说"不仅是一个政府建构的过程，也是一个社会建构的过程"。面对着如此复杂的过程，掺杂着各种主客观影响的政策执行，出现与政策目标的"偏差模式"是较为常见的问题，专业学位研究生教育政策执行在这个方面的问题也非常突出，造成专业学位研究生教育政策的执行偏差有多重原因，如政策制定本身的合理性、政策执行的资源、政策执行的群体等。

第一，政策执行的理念偏差。理念是行动的先导，理解是执行的开始。要实现专业学位研究生教育的政策目标，必须以重视和坚持的理念打破惯性思维的墙，"人"是政策执行群体，是主导因素，以正确的理念设计明确的路线，这是政策执行有效性的第一步。但是，"敷衍""走过场""打擦边球"的惰性，会导致政策执行过程中的失真化。

第二，政策执行的过程偏差。政策执行要受到环境因素的制约，高校是教育政策执行的主要场所，较为容易出现政策执行的偏差现象。专业学位研究生教育培养方案是专业学位研究生教育本质属性的体现途径之一，决定着人才培养的规格，但是高校在具体方案制定中，并没有严格按照政策制定的标准和专业学位的内在要求去执行，如专业学位培养方案"雷同"于学术学位成为最大的诟病；在双导师师资队伍的配备中，"一纸聘书"成为名义上的校外导师；校企实践基地只有"挂牌"而没有建设和合作等；以上现象都在专业学位研究生教育政策执行过程中不同程度的存在，造成了政策目标的失真，政策效果的失效。

第三，政策执行的监督偏差。在上述执行过程中出现的偏差既有主观意识影响，也有客观环境局限；有整体的，也有局部的。因此，监督与保障应该成为纠正执行偏差的有效方式，而监督与保障不力仍是专业学位研究生教育政策执行中存在的一个问题。

很多学校上报的校外导师，因为各种原因不能给予学生以有效的指导，提高校外实践的机会，如何去考核校外导师，以制度去监督和规范双导师模式的实施，任重而道远。除此之外，专业学位研究生教育政策在执行过程中更需要构建立体多元的监督体系，特别如专业学位全国教育指导委员会等中介组织的监督，协助政策执行中的"纠偏"。

对专业学位研究生教育的政策认同是对专业学位研究生教育社会认同的重要体现，因此要注重对专业学位研究生教育政策制定、执行、评价等各个环节的科学性、公平性和有效性。

2. 影响专业学位研究生教育社会认同的体制性因素

我国的研究生教育管理体制是在计划经济背景下形成的，最初是中央和培养单位的两级管理体制。随着民主社会和市场经济的不断推进，研究生管理体制呈现中央集权向分级管理的转变，形成了国务院学位委员会、省级学位委员会、各学位授予单位的学位工作三级管理体制，从宏观、中观和微观三个层面实现研究生教育管理体制的科学分层调控与管理。然而，在这个推进和转变过程中，"集权管理"的烙印仍无法在短时间内消除，对专业学位研究生教育的发展造成了体制上的障碍。主要表现在以下三个方面：

一是中央级机构管理权较为集中。1980 年《中华人民共和国学位条例》正式颁布，国务院成立学位委员会，统一领导国务院部委、地方政府和研究生培养单位共同开展培养和学位授予工作，学位管理和研究生教育管理两套体制共同运行，对研究生教育的招生、培养、学位授予、学科建设等进行统一的行政管理，具有强烈的"集权"色彩，"在研究生教育发展初期起到了良好的促进作用。但随着我国研究生教育的日益成熟，集权式的教育体制成了制约我国研究生教育发展的重要因素。"中央级管理机构的管理权限虽然有所下放，但是传统的政府行政控制遗风未能根除，行政性的计划和审批的集权管理仍占有很大比例，中央政府在三级管理体制中仍然扮演着设计者和主导者的双重角色，政府职能"越位"和"缺位"现象明显。

二是省级管理机构统筹权较为虚弱。20世纪末，国务院学位委员会对省级政府学位委员会的建设提出要求："结合本地区经济、科学技术和社会发展的需要，统筹规划本地区学位与研究生教育工作。"《国家中长期教育改革和发展规划纲要（2010—2020年）》中提出以转变政府职能和简政放权为重点，深化教育管理体制改革，将省级政府的管理职能赋予了丰富和深刻的内涵。作为三级管理体制的中间一级，省级政府担负着承上启下的主体作用，扮演着省域统筹管理的主要角色，既要实现与落实中央政府的行政指令与统筹规划，又能充分和谐协调高校的办学积极性及利益诉求。

三是高校办学自主权较为空泛。在三级管理体制中，高校处于管理体制的最末端，是自我管理主体与执行主体的统一体。处于中央政府和省级政府两级政府的权力支配之下，高校不仅要受到中央政府政策的把控，更要受到省级政府以及所在地市政府相关政策的制约，在办学条件、人事制度、人才培养等方面深陷被动境地。

（二）经济因素

在与经济发展相互作用下，专业学位研究生教育要获得社会认同包含两个方面：一是专业学位研究生教育作为培养高层次应用型专业人才供给端与产业结构的适切性；二是高校作为专业学位研究教育个体需求供给方与劳动力市场需求的适切性。深入分析专业学位研究生教育与经济产业发展、劳动力市场需求等之间的关系，对剖析专业学位研究生教育的功能价值是否能够得到社会认同具有现实意义。

1. 规模结构与经济产业发展的适切度

我国经济发展步入"新常态"和高质量发展，产业结构不断升级和优化，对中高端人才的需求更加多样化和复合化，这就要求专业学位研究生教育要根据国家战略和区域经济需求，不断调整规模结构和人才培养模式，为经济发展提供强有力的智力支撑。

从经济发展与研究生教育的规模增速两者之间的关系来看，两者应处于相对一致或者研究生教育发展略领先于经济发展的态势，这样可以为人才培养周期和人才储备预留一定的空间。

2. 劳动力市场需求的衔接度

提高专业学位研究生教育人才培养与劳动力市场需求的适切度是专业学位研究生教育改革的重要依据和参考。在"需求导向"的政策话语中，需要深思的是何为需求？劳动力对专业学位研究生教育提出的需求具体指向又是什么？能否实现与劳动力市场需求的有效衔接，是体现专业学位研究生教育价值认同的关键，而当前专业学位研究生教育人才培养与劳动力市场之间仍存在"供需鸿沟"，仍需要理性面对和不断磨合，具体表现为：

（1）专业学位研究生教育人才培养供给规模与劳动力市场需求之间的差距。从学术型人才和应用型人才的供需状况分析，劳动力市场对于应用型人才的需求量表现强烈，专业学位研究生教育在招生规模和毕业生规模上的增长，缓和了劳动力市场对于高水平应用型专业人才的需求量，但是整体上仍有继续扩张规模的需求。

（2）专业学位研究生教育人才培养供给结构与劳动力市场需求之间的差距。在科类结构上，专业学位研究生教育与劳动力市场同样存在矛盾。通常情况下，高校在市场经济驱动下，会根据劳动力市场的"喜好"调整专业设置，以获多方利益最大化，但是市场需求处于不断变化之中，人才培养又因其固有的周期性规律而无法实现同步，两者之间总会出现"错位"现象。此外，过度追求劳动力市场供需之间的"无缝对接"，导致一些劳动力市场目前需求不强烈，而经济发展中仍然需要的部分专业却陷入供给的恶性循环，濒临"灭绝"。

（3）专业学位研究生教育人才培养供给质量与劳动力市场需求之间的差距。通过"需求"促"供给"是长期以来高等教育市场与劳动力市场之间的惯性行为，专业学位研究生教育"以需求侧"促"供给侧"发展更是充分体现了这种现象。但是，在经济发展、知识转型等综合背景下，劳动力市场对人才供给的质量需求已经超越了数量需求，这是对专业学位研究生教育人才培养释放的强烈信号，而"回归根本、追求质量是大学发展的内在逻辑，也是供给侧改革必须遵循的基本逻辑"。上述现象反映了我国专业学位研究生教育与劳动力市场之间还存着较大的空间，需要建立衔接机制，与专业学位研究生教育市场之间产生链接，将劳动力市场的需求、反馈及时传达到专业学位研究生教育市场，实现供需之间的实质性匹配。

3. 全日制硕士专业学位研究生就业的满意度

全日制硕士专业学位研究生的就业满意度是专业学位毕业生对现有工作的社会地位、收入标准、心理体验和发展前景满意和认可的程度。就业满意度是衡量社会认同的标准，是人才培养质量的检验，并对家庭资本起着重要的影响作用。

就业匹配程度显示，学历匹配尚可，专业匹配不高，反映出专业学位研究生的培养质量并不能体现专业学位的本质属性。在就业市场上，专业学位研究生的核心竞争力无法显示，与学术学位研究生之间的竞争力偏弱。

全日制硕士专业学位研究生的就业满意度与职业认同具有同质性，与全日制硕士专业学位研究生的自我认同和群体认同的关系密切。在对已毕业的全日制专业学位研究生的访谈中，有学生认为："我并不认为专业学位这个学位类型与我的就业有多大的关系，我的目的就是找到一份体面和有较好收入的工作，对我的父母有好的交代，而他们看来，我能进入体制内当公务员才是最好的选择，所以我参加了国考，成了一名基层的公务员，专业的实践性并不重要，专业学位研究生教育带给我的就是一个硕士学位，仅此而已。"我院专硕生考公务员是普遍现象。

（三）文化因素

文化是通过漫长的历史演进和生产生活发展沉淀而成，任何一种文化都是与本民族的价值、精神、习俗相互渗透的。回首和审视认同危机的发生，大多与文化认同危机紧密相关，然而由于文化自身的历史性、弥散性和统摄性，文化认同危机的表现最为突出，也最为顽固，深深地制约着其他认同危机的解决。

"传统虽然产生在过去，但必然是仍影响甚至决定着今天生活的东西，它仿佛无所在，又无所不在，既无形地存在一切传统文化之中，又存在一切现实文化之中，而且还在你我的灵魂之中。"专业学位研究生教育发展所负载的传统文化认同危机尤为显著，深刻地影响着社会公众对专业学位研究生教育的认知方式、情感依附和价值认可，主要体现在如下方面：

1. "重学轻术"取向潜在影响着对专业学位研究生教育的正确认知

传统文化所传承和沉淀的生活方式、思维模式和价值取向辐射出的影响极为深刻和广阔。"道"与"器"是中国传统文化的经典命题，所谓"道"，即"形而上者"，是万物与人性之本原；所谓"器"，即"形而下者"，是物质发明和实际生活之末。孔子在《述而》中说："志于道，据于德，依于仁，游于艺。"老子在《道德经·五十七》中指出："人多伎巧，奇物滋起。"庄子则认为："有机械者必有机事，有机事者必有机心，机心存在于胸中，则纯白不备，纯白不备则神生不定；神生不定者，道之所不载也。"再次把文化的视野投向美国，实用主义文化不仅是美国文化的显著特征，更是美国文化的灵魂所在，实用主义文化传播的特点是从个体向社会、从微观向宏观的扩散，是"自下而上"的，因此改革的突破口较为顺畅，对社会需求的反映也较为灵敏和迅速。实用主义文化中"有用"和"需要"的理念，在大学与社会服务之间架构起桥梁，确定和彰显了美国高校为社会服务的功能。我国传统文化是以族群和家庭为单位的群体本位，特别推崇群体的价值和整体的稳固性，文化传播的特点是由群体向个体、从宏观到微观的"自上而下"方式，因此具有稳定的守成型和强大的"惰性"，改革起来困难重重。

"大学之道，在明明德，在亲民，在止于至善。""教者，政之本也；道者，教之本也。"我国传统文化中对伦理道德的尊崇，对天人合一的敬畏，对理性逻辑的抗拒，对"道"与"术"关系的理解，都在持续性地影响着教育的发展。同理，我国的职业教育、民办教育在发展的道路上也并不顺畅。因此，不难理解为什么专业学位研究生教育在我国发展初期并不被社会公众接受，不仅仅是因为政治和经济等因素的显性影响，其实更大程度上是国民对几千年来传统文化的固有认知所发挥的统摄性作用，使其无法得到社会文化心理的普遍认同。

专业硕士招生遇冷，2010年11月26日《中国青年报》曾发文报道：一份大型在线调查显示，对专业硕士和学术硕士认可度的调查，调查结果表明：在很多人的心目中，受中国传统的旧有观念影响，专业硕士比学术硕士"矮了一截"，以职业为导向的专业硕士低于以学术为导向的学术硕士的认可度。

2. "官本位"思想深刻束缚着对专业学位研究生教育的情感接纳

千百年来，"学而优则仕""万般皆下品，惟有读书高""仁者在上，智者在侧，工者在下"等求学观、成才观，在漫长的历史演变之后仍然牢牢地驻扎在国人心中。许美德教授将这种影响扩大至东南亚范围，指出西方注重的是学生的实践知识与能力，而儒家文化则会"贴标签"，标签则为教育的出身和从事的行业是否符合内圣外王的标准。与中国传统文化有异曲同工之妙的英国绅士文化，其教育目的是把贵族子弟培养成为身体强壮、举止优雅、有德行、有智慧、有才干的事业家，通识教育和博雅教育成为其主要的内容。从中国和英国两国传统文化的投射可以发现相似之处：无论是中国儒家文化中的"仁、义、礼、智、信"，还是英国绅士文化中良好的修养、通识的学问等，两种文化都形成了一种"无形的围城"。在这个围城内，人们多推崇的是自我的价值和人格的完善，其中"学而优则仕"便是深厚根植于我国国民心中的"情结"，其核心在于满足了任何阶层的人"出人头地""光宗耀祖"的全部想象，提供了向上层流动成为"政治精英"的机会。

对于专业学位研究生教育而言，"学而优则仕"的体现并不明显，因为专业学位研究生教育的本质属性决定了其人才培养的类型和职业的流向。尽管现代科技技术在不断地更新迭代，但是作为处于意识形态的观念文化层面，容易出现"文化滞后"的现象，这种影响对专业学位研究生教育的作用比较明显，有的考生从学术学位调剂为专业学位实在是无奈之举，内心并不认同。

3."精英主义"客观制约着对专业学位研究生教育的价值肯定

精英，《辞海》中的解释：西方社会学用语，指社会中居于领导地位，制定有关社会系统的管理及发展的价值准则，最有权威和最受尊敬的人。古今中外，大学都被视为是生产精英的教育机构。我国古代的科举制度，作为一种精英的生产机制，得到了当时社会的广泛认同。在近代社会，"高等院校以及所有知识分子的职业都为才华出众的人从社会下层上升到更加重要的位置提供了重要途径"。"精英"的体现有实体性因素和非实体性因素之分。实体性因素是社会地位、社会身份、社会贡献和社会影响力的展示；非实体性因素则为精英理念、精英品质、精英力量的影响。帕累托将精英定位为在自己活动领域内得高分的人们形成的一个阶级。研究生教育作为典型的精英人才教育机制，符合精英教育中对"质"和"量"的规定，体现了人才培养"素质"与"高度"的完美统一。在研究生教育场域，价值取向为"学术至上"，基本行为模式是学术逻辑，基本结构功能是"区隔"和"筛选"，该场域内的行动者通过精英身份的确认，获取与之相对应的职业，转化为不同的文化资本、政治资本和经济资本。因此，我国的研究生教育在某种程度上理解，即为制造政治精英和学术精英的摇篮。

随着高等教育大众化及普及化时代的到来，培养更为专门的技术精英成为高等教育大众化阶段精英理念的新诠释，但是传统精英主义的价值取向在社会公众视野却没有与之同步，同样作为培养"精英"的大学，也并没有对如何进行专业学位教育精英人才的培养做好准备，特别是没有与之相适应的文化环境予以支持。

具体表现为：一是在精英主义"质"的规定性上。英国绅士文化的强大磁场对两次新大学革命产生了巨大的阻碍，"学术金本位"中对古典人文教育的坚守，作为永远的主旋律响彻英国高等教育的上空，并形成"假如不是最好的，就什么也不要"的观念。"人才培养模式"成为体现精英教育的主要特征，与之相对应生成的质量观也是"一元主义"的精英质量观。专业学位研究生教育在人才培养模式上，还存在着许多有待完善的地方，还没有完全实现马丁·特罗所指的"重点从塑造个性转向培养更为专门的技术精英"的转变，专业学位研究生教育中的"精英"特质还未能真正展现。二是在精英主义"量"的规定性上。当前，我国研究生教育的规模不断扩大，专业学位研究生的比例逐年攀升，给社会公众造成的直观认识为量的扩招必然会带来质的下降，从而无法培养出具有"精英"性质的人才，难以体现出精英主义的价值内涵，在物质层面和精神层面无法得到回报。

美国学者戴维的"行为影响理论"研究表明，个体行为的两个最大影响因素是文化和环境，同时也验证了个体观念和行为之间的关系。在心理学视野中，外部客观现实的实现建立在内部心理接受的基础上，社会认同理论也一再强调文化认同是实现社会认同的重要条件，因此必须理解和正视我国专业学位研究生教育社会认同不高的历史文化根源。

二、学校培养环境对专业学位研究生教育社会认同的影响

高校是决定人才培养质量的重要场域，本文根据高校开展专业学位研究生教育人才培养的具体组成要素展开分析。

（一）培养模式

人才培养模式主要解决"培养什么样的人"和"如何培养人"的问题。目前的情况，与学术学位的同质化培养模式成为影响专业学位研究生教育社会认同的重要因素。许多高校专硕、学硕研究生采取同样的培养模式，每个学生的研究方向主要与老师做的课题或者项目密切相关，专硕、学硕没有很大的区分……不过其培养环节除了最初的学制不同，其实没有太大的不同，唯一的区别是专业学位需要校外实践和校外指导老师。如果导师没有与企业合作的横向项目，专业学位研究生的培养和学术学位的其实没有太大的区别……对学术学位培养模式的"路径依赖"成为专业学位研究生教育培养模式的最大诟病，也是引发专业学位研究生教育社会认同不高的核心问题。这种路径依赖模式如果不进行根本性改变，专业学位研究生教育的培养特色就无法彰显，培养质量难以提高。根据培养模式的要素组成，结合专业学位研究生教育的要求与特色，从培养目标、课程设置、实践教学方面展开论述。

1. 微观培养目标笼统化

培养目标一旦确定，它就要对学生的入学形式、培养方式、课程设置、质量评价等要素具有统摄作用。专业学位研究生教育的培养目标由国家制定的宏观目标、各专业学位教育指导委员会制定的中观目标和各培养单位制定的微观目标三个层次组成。微观目标主要是在培养单位办学特色、服务面向、师资队伍、大学文化等各种因素的共同作用下生成的，实现效果往往要受制于培养单位的培养环境、学科发展、生源质量等众多因素影响。

2. 课程设置取向学术化

专业学位研究生教育的本质属性决定了课程体系的建设应以职业需求为导向，以实际运用能力为主线，以综合素养提高为核心。然而，多年以来，我国专业学位研究生教育仍存在套用或沿袭学术型研究生教育以学科和知识传授为主要特点的课程体系，课程设置无法体现专业学位研究生教育的特点，实践不足，创新缺乏。共性问题为：课程目标定位存在偏差；课程结构不够合理，公共课与专业课比例失衡，跨学科选修课程设置

偏少；课程内容偏于理论性，实践性、前沿性和应用性不强等。

3. 专业实践教学形式化

"实践性"是专业学位人才培养模式的"中心点"，以该点为圆心，辐射范围应涵盖培养的整个过程，而集中的专业实践环节则成为重中之重，是专业学位研究生教育培养质量的关键保证、培养特色的直接体现和社会认同的最佳标识。当前，专业实践如何有效落实并取得实效成为高校面临的共同难题。

一是实践基地难建设。实践基地建设是专业学位研究生教育开展实践教学的重要依托，然而"建设难"和"维持难"的现实问题难以解决。学校、企业、政府、学生是实践基地的主体要素，硬件、技术、合作是实践基地的内容要素，资源、监督、保障是实践基地的运行要素，在完整的主体、内容和运行要素组合下，实践基地建设才具有实质性意义，实践能力培养才具有实质性效果。共同利益达成和价值导向是建设的前提，高校期望通过企业提供实践平台，获得人才培养实效，提高培养质量，提升高校美誉度和服务能力；企业期望通过高校提供知识支持和可雇佣性人才，获取可持续发展的竞争力；政府期望通过合乎规格人才的产生，为社会创造更大的经济效益。目前的状态显示三者之间利益和价值的融合并不理想，关键是缺乏内容要素和运行要素的支撑。由于专业领域和行业领域之间的差距，实践基地建设的不均衡化现象十分突出，高校与企业之间在利益获取、价值趋同、资源投入、合作方式等环节并不能达成一致，有的实践基地建设只是"挂牌基地"的名义，而无实际培养的功能。

二是实践时间难保证。国务院学位办转发的由有关专业学位教育指导委员会制定的《全日制硕士专业学位（分类）研究生指导性培养方案》中，对不同专业领域的实践教学有不同的要求，3个月至1年不等。实际的实践环节，有的学生做实了，有的学生"走过场"，找个单位盖个章，证明一下，他们实际都利用这个时间找工作和做论文了。

（二）导师队伍

1. 校内导师思想观念仍重学术

现阶段我国大多数培养单位的专业学位研究生导师都是由指导学术型研究生的导师兼任，部分导师主动了解专业学位性质，研究如何培养的主观能动性较弱。同时，高校缺乏相关的导师培训，存在着用培养学术型研究生的惯性思维，以学科规训和学术研究为主要培养模式开展指导，使专业学位落入学术学位的窠臼，出现"一些导师或者不屑于从事专业学位教育，认为其低人一等，或者无能于专业学位教育，依然采用'学院式'的方式进行教学和研究"的现象。

2. 专业学位研究生导师的准入标准不一

在一些学校，学术型研究生导师可以担任专业学位研究生导师，反之，专业学位研究生导师不能担任学术型研究生导师；有的学校甚至规定只要具有副教授以上职称并能够自带一定额度的项目经费，就能够担任专业学位研究生导师，这样无形中将专业学位导师地位"低人一等"的感觉固化。同时，学校疏于对校内导师的培训，与学术型研究生导师长期以来从事学术研究的指导不同，专业学位研究生导师不仅是从事专业理论的讲授，更应该了解专业学位的性质；有的青年导师自身就是从校园走向校园的"纯学院"派，没有在企业实践或工作的经验，指导专业学位研究生的实践经验非常欠缺。

3. 双导师制度落实不到位

校内和校外导师队伍共同指导是专业学位研究生教育有别于学术学位研究生的导师指导方式，双导师制实施本身较为复杂和多元，特别是关涉到高校之外的各行业。尽管培养单位意识到双导师制对于培养专业学位研究生的重要性，并开展了相关领域的校外导师的聘用与指导工作，但是并没有相应强制化执行的细则与规定，校外导师没有任何报酬，凭情怀指导。校内外导师相互配合的机制发挥不充分，致使双导师制度流于形式，主要体现为：校内导师指导实践环节参与不够，校外导师指导频率较低，校内外导师未能达到有效配合与沟通。

（三）质量保障

专业学位研究生教育质量保障体系是由各质量利益关系人遵照理念、法规、制度和内外关系组合而成的有机系统，其目的在于确保专业学位研究生的培养质量符合社会需求。政府、培养单位、社会组织等质量利益相关者作为内外质量保障的主体，彼此之间的相互作用、整合和优化决定了该系统协调的功能和稳定的结构。目前，在高校内部质量保障中存在如下问题：

1. 各质量保障主体的权责不明

只有对各主体的权责作出合理明确的划分，才能提高质量保障的科学性和公正性，确保内外保障体系的和谐运行。我国的研究生教育质量保障是政府主导模式，专业学位研究生教育质量保障也是如此。随着质量观从一元走向多元，"多元共治"逐渐成为专业学位研究生教育质量保障的新格局，因此需要对以下问题作出明确的责任划分：一是每个质量利益关系人即质量保障主体的责任是什么？二是如何去履行权责以达到共同愿景的实现？

2. 学生质量保障话语权不畅

从利益相关者理论角度来看，学生是内部质量保证体系重要的利益相关者。世界经济合作与发展组织指出：受教育者作为高等教育的"消费者"和"受益方"，理应在质量保障体系中具有一定的话语权。在欧洲，"学生参与"的政策随着波罗尼亚进程的开启而付诸实施。在 2001 年的《布拉格公报》中明确了学生在高等教育参与中的地位和权力，为学生参与高等教育质量保障提供了政策性的导向。随后，对学生参与质量保障的一系列政策也不断深入和规范，如《柏林公报》《卑尔根公报》《伦敦公报》等。《欧洲高等教育区质量保障标准与准则》中规定：学生必须参加高等教育的内部质量保障、外部质量保障，外部质量保障的专家中要有学生代表。

与欧洲国家相比，我国专业学位研究生教育内部质量保障体系建设中，学生是被动的和受制约的形式存在。目前，学生参与学校内部质量保障中最为常见的方式为学生评教，除此之外很少参加其他质量保障的评价活动，而学生评教中，评教指标是否科学合理，评教工作是否具有实质性作用，评教功能是否具备正确的导向，评教结果是否有效利用等问题，为学生参与内部质量保障工作的意义打上了问号。其实，学生可以参与到学校开展教学活动的所有质量保障环节中，而我国的学生"与欧洲国家的学生参与状况相比，还存在参与渠道不畅，参与权力有限，参与范围不足等问题"。在实践中，有必要拓宽学生参与质量保障的渠道，将专业学位研究生话语权扩展到制定培养目标、完善培养方案、反馈导师指导等。

3. 内部质量保障主动性不强

内部质量保障体系是在目标标准、资源配置、运行、评价和反馈等系统相互支持和制约的前提下实施完成的，高校是承担内部质量保障体系科学、规范运行的第一关切者，担当第一主体。目前，专业学位研究生教育内部质量保障体系的主动性不强成为影响体系目标实现的主要制约因素，主要表现为：其一，对政府宏观管理的"过度依赖"。约翰·布瑞兰认为："关于高等教育系统质量评定和关于各院校质量评定的争论都是围绕权力展开的争论。"伴随质量保障主体的多元化趋势，权力被更多的利益相关者瓜分，然而，从政府、高校与社会所形成的格局来看，我国质量保障权力的重心仍然落在政府的身上，高校对质量监控的自律和主动意识缺失，内部质量保障活动沦为一种"摆设"，教师和学生只是作为质量保障的被监管对象。其二，对外部质量保障的"被动驱动"。外部质量保障具有周期性、阶段性、外在性，是对内部质量保障体系的支持和补充，但是长期以来，内部质量保障似乎陷入了对外部质量保障活动的被动驱动中。在教育实践活动中，经常出现这样的现象：内部质量保障活动开展的活跃期也正是外部质量保障开展的周期，内部质量保障缺乏"常态化""日常化"的自我质量监控与管理，专业学位研究生教育尤其如此，在内部专业学位研究生教育保障体系尚未从学术学位研究生教育保障体系中完全独立和自我完善的情况下，内部自治显得尤为重要。

三、学生个体因素对专业学位研究生教育社会认同的影响

根据泰弗尔的社会认同理论，提高自尊、提高自我认知感、满足归属感与个性的需要、寻找存在的意义组成了社会认同的动机，当这些动机被充分地激发，积极的社会认同历程也会随之启动。全日制硕士专业学位研究生作为专业学位研究生教育社会认同的主体与客体的统一，承担双重任务，作为客体是对社会认同状态的评价者，作为主体则是社会认同状态的承担者。全日制硕士专业学位研究生作为社会认同状态的承担者，主要有以下影响：

（一）报考动力

报考动力的问题主要体现在考生的报考意愿上，主要包括有的专业报考人数不足，第一志愿报考率较低和需要调剂才能完成招生目标。有考生愿意调剂成为专业学位硕士，却无法从内心产生对专业学位的真正认同，在以后的学习过程中会出现投入不足的现象。

（二）攻读动机

近年来，国际心理学家倾向于将动机分为内在动机和外在动机，内在动机是发自内在精神的驱动，具有持续性和稳定性的特征；外在动机则是一种工具价值取向，多为社会、家庭或者学校等外部诱因，如良好的就业前景，父母的期许或者老师的表扬等。动机受认知及各种内部、外部因素的影响，从对学生和导师访谈的过程中发现，选择攻读全日制专业学位研究生以外在功利性动机为主要驱动力。主要表现为：一是在招生环节"容易考"。在专业学位研究生教育发展伊始，"调剂生"成为生源的主力军，还有一部分学生因为抱着能考上就行的心理，放弃与成绩排名靠前的考生去争夺学术学位的指标，"有学上"就行的心理使他们并不能正确地认识专业学位研究生教育。二是在培养年限"学制短"。两年或两年半为大部分高校对专业学位研究生教育的学制限定，"早一年毕业"的心态也成为非常显著的功利性动机。在访谈中，有名学生表示："两年就能毕业，拿到的学位证书和学术型学位证书在法律上具有同等效力，我真觉得我赚大了，早一年毕业，早一年就业，早一年获得经济回报。"三是教育背景修正。获得硕士学位，获得985学校学习经历，更好找工作而已。我院不少学生有这种想法。

攻读动机的分析显示，专业学位研究生教育社会认同度仍有待提高，其中，对专业学位研究生教育价值的认识不充分是造成外在动机远大于内在动机的主要成因，"价值是影响动机的重要因素，正确的价值评估以及价值标准的内化，会提高认知，从而产生内化动机"。因此，通过多种方式彰显专业学位研究生教育的实际价值是改变就读动机的有效途径。

（三）学习投入

学习投入指的是一种与学习活动相关的积极、完满的情绪与认知状态，表现为学生把时间和精力倾注于学习活动之中，或者全身心地参与学习活动。学习投入与学业成就之间关系密切，是预测学业成就的重要因素。当前，对国际上和国内对学习投入的研究基本是以量表为工具进行大数据测量，大多数包含行为、情感及认知三个成分。美、英等国家通过学习投入度测量工具，以期通过从学生学习的个体角度进行质量的提升与改进，比如著名的全美大学学习投入度调查（NSSE），其共同的逻辑基础共识为"大学对学生影响的大小在很大程度上是通过学生个体的努力程度以及参与程度体现出来的"。通过对导师和学生的访谈发现，全日制硕士专业学位研究生学习投入水平平均较低。

综上所述，政治因素、经济因素、文化因素作为专业学位研究生教育的外在环境，培养因素作为专业学位研究生教育的内在环境，全日制硕士专业学位研究生的个体环境共同构成了影响专业学位研究生教育社会认同的生态环境，从不同层面、不同角度、不同程度影响着社会公众以及利益相关者的认知认同、情感认同和价值认同，以及在此基础上生成的行为趋向，而良好的社会认同需要生态环境的改善和优化予以滋养。优化影响因素，使专业学位研究生教育高质量发展，获得社会认同是我们努力的方向。

参考文献：

［1］ ［美］克拉克·克尔. 大学的功用［M］. 陈学飞，等，译，南昌：江西教育出版社：1993：74.

［2］刘复兴. 教育政策的价值分析［M］. 北京：教育科学出版社，2003：38.

［3］研究生教育质量报告编研组. 中国研究生教育质量年度报告（2012）［M］. 北京：中国科学技术出版社，2013：28-36.

［4］李侠，蒋美仕. 论科技政策制定中的伦理基础缺失问题［J］. 中国科技论坛，2006（4）：105-109.

［5］庄西真. 教育政策执行的社会学分析［J］. 教育研究，2009（12）：19-24.

［6］杨明. 论高等教育中政府调节的职能定位与调节失灵现象［J］. 浙江大学学报（人文社会科学版），2006（4）：32-41.

［7］万淼. 专业学位研究生教育社会认同问题及其对策［D］. 郑州：河南大学，2018.

［8］李玉华. 我国高等教育供给侧改革研究［J］. 教育探索，2016（5）：71-76.

［9］朱德生. 传统辨［J］. 北京大学学报（哲学社会科学版），1996（5）：4-10.

［10］刘尧. 专业硕士招生遇冷［N］. 社会科学报，2011（4）：5.

［11］曹珊. 美国哈佛大学教育博士专业学位教育项目的特色及启示［J］. 学位与研究生教育. 2013（9）：62-65.

［12］Schofer, E., Meyer, J. W. The Worldwide Expansion of Higher Education in the Twentieth Century［J］. American Sociological Review, 2016（6）：124-134, 162.

［13］刘明娟，肖海雁. 关于学习动机的研究综述［J］. 山西大同大学学报（社会科学版），2009（2）：87-89.

［14］张乐平，等. 全日制专业硕士生攻读学位及专业实践的动机与认知［J］. 研究生教育研究，2017（8）：56-61.

湖南大学金融与统计学院保险专业硕士培养问题和建议

王　敏[*]　李保萱[**]　徐静谣[***]

提　要　自 2011 年湖南大学金融与统计学院保险精算系开始招收保险专业硕士以来，已走过十个年头。在十年的摸索中，我院师生取得了辉煌的成果，也遇到了许多待以解决的问题。本文总结梳理了保险专硕人才培养过程中来自学生和用人单位的意见和反馈，在剖析其底层原因的基础上提出了相关对策建议。

关键词　保险专业硕士；培养体系；双导师；案例教学

改革开放以来，我国保险行业高速发展，对具有高等学历和出色理论与实践能力的高水平保险人才的需求不断扩大。为填补我国保险行业高水平人才缺口，满足行业发展对保险高级专业型人才的迫切需求，提升保险行业整体就业人群质量，依据《硕士、博士专业学位研究生教育发展总体方案》，我国于 2010 年起新增保险硕士专业学位。此后，我国保险专业硕士招生规模不断扩大，培养了一大批优秀的保险精算领域的人才。但是，鉴于我国保险专业硕士的培养起步较晚，且尚无成熟经验可供借鉴，培养过程中出现了许多尚待解决的共性和特性问题。本文以湖南大学金融与统计学院保险的教学现实为基础，对我院保险专业硕士培养计划的实施情况以及出现的问题进行总结和梳理，并据此提出相关建议。

一、湖南大学保险专业硕士培养面临的问题

2010 年，湖南大学金融与统计学院取得专业硕士学位授权点；2011 年，开始金融硕士、保险硕士和应用统计硕士的招生。保险专业硕士培养存在以下问题：

---

　　[*]　王敏，经济学博士，湖南大学金融与统计学院助理教授，主要研究方向：风险管理与保险。

　[**]　李保萱，湖南大学金融与统计学院硕士研究生，主要研究方向：风险管理与保险。

[***]　徐静谣，湖南大学金融与统计学院硕士研究生，主要研究方向：风险管理与保险。

(一) 课程多元性不足

课程体系设计决定了在校研究生所接触知识的深度和广度，也深刻影响其整个研究生阶段自我培养计划的安排。良好的课程体系不仅应增强学生的基础理论和专业能力，而且应给予学生一定的选择空间去学习自己感兴趣的学科知识或进行基础学科知识的进一步提升。多元的课程设计体系能激发学生创造力，开阔学生视野，适应培养新时代保险行业复合型人才的现实需求。

目前，大数据、人工智能等技术发展下的行业整合和融合，使得越来越多跨学科的知识如计算机、大数据、复杂网络、管理学和新媒体技术等被应用到保险领域中。与此相对的是，我校保险专业硕士的课程体系多元化程度有待进一步提高。除在教育部的基础要求上开设了寿险精算、非寿险精算、保险法律法规、风险管理、保险财务分析等必修学科目外，对于个性化培养的专业性选修课程开设数量有限，学生的自选课程选课空间较小。在选修课程中，除保险科技和保险精算专题及统计学习外，其余课程与学术型硕士培养方案有部分重合，仍比较强调学生的学术能力培养。总体上，理论课程占比较高，而实践类课程数量有限，影响学生就业实践能力的提升。

(二) 双导师机制潜力发挥不足

保险专硕的人才培养较早地实行了双导师制，旨在通过校内导师和校外导师联合培养的方式，在提升学生专业知识的同时，让学生有更多机会了解行业实况，参与行业实践。这与专业型硕士的培养目标和体系高度吻合，但仍存在双导师机制潜力发挥不足的问题。

在实际的培养过程中，特聘的校外导师由于时间、地理上的错位，且缺乏有效的沟通交流平台与机制，与学生的近距离交流机会较少，在学生的校外实践上给予的帮助和指导有限，存在教学缺位的现象。而校内导师拘囿于现行的教师绩效评价标准，时间和精力长期投入于教学和科研，相对来说较为缺乏行业实践经验，理论和实践素养有一定脱节。

(三) 课堂形式不够丰富，精品案例教学不足

目前，我院的保险专硕的课堂教学仍较多采用传统的知识讲授方式，案例教学使用率有待提升。受保险专硕培养起步较晚、发展时间较短的客观大环境限制，案例库中针对保险专硕培养的精品教学案例积累不足，存在使用国外成熟案例因与国内国情不同而使教学效果大打折扣，或自编案例的现实性和深度广度不足的问题。因此，即便在授课中采用案例教学，也多是介绍和讲解某些具体的案例，在引导和帮助学生掌握分析方法或让学生亲自动手实践方面有所欠缺，难以有效引导学生真正掌握处理类似案例的思路和能力。

（四）课程考核标准不明确

学生参与学习时，需要将有限的精力在各项课程学习与考核、社会实践、学生工作以及专业等级证书之间进行分配。明确的考核标准能够帮助学生优化学习计划、节约时间精力以及获得更公平和适度的学业竞争环境。

诚然，适当的竞争可以激发学生们的学习主动性和积极性，提升课程作业的完成情况，但是不明晰的课程考核标准反而会将竞争提升到一个不当的高度，干扰学生学习精力的分配，给学生造成不必要的学习负担和心理压力，不利于学生整体学习质量的提升。在当前课程考核的现实下，存在某些学生为了获得高分给课程论文凑字数、课程汇报自主加时的情况。这种缺乏公允性的考核方式不仅提升了学生为完成任务或获得高分进行抄袭的道德风险，同时也加大了教师进行考核的工作压力，最严重的可能会因此激发学生内部的矛盾，形成不当的学习环境，刺激后进学生"躺平"，最终获得与提升教学质量、激发学生学习热情适得其反的效果。

二、上述问题产生的原因

（一）校内导师师资力量不足

学院教师队伍的数量制约了课程体系的广度和深度。尽管近年来我院已经大力引进海内外知名院校的师资，但仍存在教师队伍年龄结构分布不均的现象。部分经验丰富的老教师即将退休，年轻的教师教学经验不足，也缺乏在保险行业的从业经历，虽然有更多的热情将行业新兴知识融入教学，但是由于同时面对巨大的科研压力，因此投入教学的精力有限。这使得我院校内导师在培养学生行业实践能力的经验和方法方面有所不足，开设的课程可能"一脉相承"或囿于传统。

此外，由于校内导师长期扎根于教学工作，与一线实践工作存在距离，所以没有太多的精力去获取实际工作中的感悟、实践和提炼课程材料。"巧妇难为无米之炊"，这就导致教学过程中难以有精品案例教学产生，课程质量的进一步提升也就受到了限制。

（二）校外导师的激励和沟通制度不完善

虽然我院通过明确的筛选机制和选择标准保证了选拔的校外导师符合我院保险专业硕士培养的客观要求，但是由于校外导师常年扎根于保险行业实践领域，缺乏足够的教育经验，因此其可能无法明确学生的需求和掌握合适的教学方法，繁忙的实务工作也往往难以在学生的实践指导和训练中起到核心作用。在此背景下，校内导师和校外导师之间的信息沟通不及时反而加剧了这种困境，校外导师不知道学生要什么，对什么感兴趣，便无法利用有限的时间和精力有针对性地制定教学方案和提供对应帮助，进而无法高质量完成校外导师的指导任务。

三、解决方式

（一）壮大教师队伍，优化教师评价机制

为提升课程质量，构建多元化教学机制，一方面可以引进更多不同领域的人才加入课程设计团队，另一方面可以邀请相关院系研究方向与保险精算有交叉的教师加入授课队伍，从而提升保险专业硕士课程的丰富性和创新性。另外，要从校内教师队伍培养入手，通过积极推进产学研合作的方式提升校内导师的实践教学能力。学校可以有计划地委派教师到相关实业单位进行调研或学习，在实践中真正体会业界业务的关注点、难点和关键点，或在教师进行课题研究时，鼓励教师参与横向课题研究，发现交叉学科火花点，获取多元化教学灵感，总结实践感悟，最后将其融入教学工作以优化专业硕士培养方案。

除此之外，学院也应该优化教师评价机制，对在教学工作或案例制作方面有突出贡献的教师给予一定奖励或对等地进行科研任务的替代，从而提升教师优化教学质量的积极性，解放教师在教学工作改良中的潜力，提升我院保险专硕研究生的整体培养水平。

（二）优化校外导师的沟通机制

能够帮助校外导师精确了解学生的实践需求和课堂反馈的渠道必不可少。校内导师在日常教学工作中发现了学生的重点需求，或收到了学生提交的需求反馈后，应在判断合理的基础上及时与校外导师沟通交流，并结合自身教学经验向校外导师提出对优化其教学方案有关的改良建议。尽可能实现校外导师与学生一对一或一对多的归属化分配，加强校外导师的责任感，合理利用校外导师的实践资源。

（三）加强和丰富校企合作形式

专业型硕士的培养目的在于培养出兼具理论知识和实践能力的高级应用型人才，而真正的企业工作对学生的实践能力进行培养和考核往往能达到事半功倍的效果。因此，进一步加深企业在我院保险专业硕士培养工作中的参与度是优化我院保险专业硕士培养方案的良策。

首先，要加强双方的利益共识。学校需要企业提供相关教学资源，企业希望提升自身的赢利能力和吸引有关优秀人才的加入。因此，学院可以将课堂考核和企业招聘相结合，邀请企业中的相关人员加入课程设计，为课程教学加入更多与实践相关的元素。其次，在一些以案例分析或调研报告为考核形式的课程中，可以邀请业内人员共同参与评分。多元化、客观化考核形式也可以让学生更多地体会行业实践中可能会面对的评价标准，明确自身的薄弱点和优势点并进行调整。最后，企业可以给予在课程考核中表现突出的学生以实习机会奖励或面试优待奖励，帮助企业早一步接触人才，发现人才，进而锁定人才。

参考文献：

［1］张建军，史文霞."双一流"背景下专业硕士培养面临的问题及对策研究——以金融专业硕士培养为例［J］.高等教育研究学报，2019，42（2）：35-41.

［2］李祺，齐静雅.全日制金融硕士研究生实践能力培养研究［J］.教育教学论坛，2020（44）：115-116.

［3］刘骅，张婕.基于"校企协同"的金融专业硕士培养模式创新研究［J］.武汉交通职业学院学报，2017，19（2）：69-73.

［4］李治国.基于能力框架的金融专业硕士课程体系重构研究［J］.金融理论与教学，2016（4）：68-72.

［5］王宁馨.新形势下保险专业学位硕士培养的若干思考［J］.大学教育，2021（5）：187-189.

［6］周艳荣.金融硕士专业学位研究生培养模式的改革与探索［J］.高等农业教育，2015（2）：121-123.

国际视角下我国保险专业硕士培养的若干思考

杨卫平[*]

提　要　以提升我国保险专业硕士培养质量为目标，通过分析总结我国保险专业硕士培养的现状和主要问题所在，对比美国、英国、法国、中国香港以及内地保险学科硕士培养在研究方向、课程设置、培养目标等方面的差异，从中获得启发，最后提出完善我国保险专业硕士培养的若干对策建议。

关键词　国际视角；保险专业硕士；实践导师；课程设置

一、引言

保险业的发展受到国家政策、社会环境、经济形势、保险需求、科技发展水平以及国际环境等多种因素的影响，从供给端来讲，保险从业者的素质水平和业务能力应该是相当重要的，也是制约经济新常态下我国保险业发展的重要因素。当前，我国保险业高层次人才比例仍然偏低，专业化程度与实践能力不足，不能完全适应新形势下保险业的发展需求。专业学位研究生教育，是打破保险行业人才瓶颈、满足保险业深入发展需求的有效途径。2010 年，经国务院学位办批准，我国开始设立保险硕士专业学位。2011年，经教育部批准招生保险硕士专业学位研究生的培养单位共有 50 所。十余年来，保险专业硕士招生规模不断扩大，已经成为培养我国高层次保险专业人才的重要力量。保险专业学位硕士的培养定位，是以"高层次、应用型、复合型保险业领军人才"为目标，立足现实又面向未来的保险业高层次领军人才。保险硕士专业学位研究生教育发端于英、美、澳等发达国家，因此笔者拟基于国际视角，通过分析总结我国保险专业硕士培养的现状和主要问题所在，对比国内外保险学科硕士培养的情况，从中获得启发，最后提出完善我国保险专业硕士培养的若干对策建议。

＊ 杨卫平，会计学硕士，湖南大学金融与统计学院副教授，主要研究方向：风险管理与保险、保险公司会计与财务分析、人寿与健康保险。

二、我国保险专业硕士培养存在的问题

专业硕士研究生主要是针对社会特定职业领域的需要，培养具有较强职业素养与专业能力的高层次应用型人才，所以在培养方式上更注重实践环节的锻炼。由于学术学位与专业学位在培养目标和侧重点方面有不同的定位，因此二者在教学内容、教学方法等方面也均有所不同。众所周知，保险学是一门应用型科学，因此对保险专业人才的培养就应该主要是培养应用型人才。但不可否认的是，我国保险专业硕士在培养过程中仍然存在以下三个方面的问题或不足，使得培养效果大打折扣：

（一）导师方面

为提高专业硕士研究生的理论和实践能力，各高校在专业硕士的培养上普遍采用"双导师制"，即校内理论导师与校外实践导师相结合的培养模式，一般采用两年制，第一学年在校内学习理论知识，第二学年进行实践学习和毕业论文设计。与传统学术型硕士最大的区别便是至少有半年时间在校外进行实践学习和接受实践导师的指导，所以专业硕士的培养与实践导师密不可分。然而，许多培养单位的师资队伍与学术型硕士并没有明显区别。保险硕士专业学位培养客观上要求任课教师和导师除具备较好的学术素养外，更要能够紧跟保险行业发展的最新实践，熟悉保险企业经营和管理的操作实践，但由于各种条件的限制，目前很多培养单位的师资队伍中有实践经历的不多，不能充分满足保险专硕培养对实践型师资的需求。

此外，尽管保险专硕教育一直倡导"双导师制"，各培养单位也很重视校外导师队伍建设。但是，在实际培养过程中，普遍缺乏有效的校外导师选聘考核、相互促进以及评估激励的机制，校外导师很多流于形式，对学生实际指导意义不大。各培养单位选聘的实践导师一般来自企业的科学技术骨干或高级管理人才，是各个行业领域的精英，出任学校实践导师大多只是一个社会兼职而已，主业还是在企业或者公司，因此对指导学生缺乏动力。据了解，大部分学生与实践导师之间并没有很好的沟通和交流机制，难以实现一对一的专业指导和实践锻炼，使得实践导师资源浪费严重。在实践基地建设、校企合作等方面缺乏科学合理的长期共赢发展机制，也是导致实践导师激励不足的一个重要外在原因。如何激发实践导师的工作积极性，已经成为专业硕士研究生培养中的突出难题。

（二）培养环节方面

1. 课程设置不合理，培养定位不明确

目前，各培养单位按照《保险专业学位研究生指导性培养方案》要求，充分结合培养单位自身实际与院校特色，制定了适合自身的保险硕士专业学位研究生培养方案与课程体系，并经过实践不断进行修订和完善。但是，多数院校课程设置与本科差别不大，名称类似甚至完全相同，如果不在授课内容设计和授课教师安排等方面加以区分，对于

那些从本校保险精算专业直接考取或保送的研究生，或从其他院校本科保险精算专业考取或保送的研究生，为了学分不得不选这类课程，就会浪费大量宝贵的时间和精力。此外，部分培养单位保险专硕课程设置体系不合理，内容不科学。具体表现为：课程模块比例不合理，公共课程学分过多，专业必修课和选修课学分较少，理论课程与实践课程安排失当、方法类课程缺位，等等。还有部分培养单位课程设置目标不明确，与学术型硕士区别不明显。再者，部分培养单位均不同程度存在因人设课、因时开课的情况，没有系统科学的管理。

2. 实践教学不足，案例库建设滞后

目前，保险专硕课堂教学仍以传统的知识讲授为主，案例教学使用率不高。授课教师即便在授课中采用案例教学，也仅是针对具体案例，以讲解为主，并没有引导和帮助学生掌握分析方法。案例教学如果仅仅将其当作目的，并未将其作为培养学生实践能力、提升教学效果的手段，就容易走过场，效果不明显。同时，由于保险专硕案例库建设严重滞后，各培养单位案例研究开发不足，并且缺乏有效的共享机制，导致有效案例数量较少。再者，许多培养单位在教学实践中热衷于选择国外成熟案例，因国情不同，其针对性和适用性大打折扣；一些培养单位的自编案例缺乏代表性和深度，质量不过关，学习和应用价值不大。

3. 实践落实不到位，顶岗实习面临挑战

保险硕士专业学位研究生应该注重培养学生的实践能力，除了案例教学、课程讲座、模拟实训等，还需要学生通过实习实践，真正参与到实务工作中去。而目前保险专硕的实习实践模式主要存在以下问题：一是缺乏政策引导和支持，加上短期实践往往会扰乱企业正常经营或生产秩序，致使企业参与积极性不高；二是部分高校重视不够，基地数量不足，难以满足实践教学需要；三是基地建设不同程度存在重数量、轻实效现象，缺乏长效管理机制，使基地建设和使用流于形式，不能发挥应有的作用；四是激励机制和保障措施不足，基地导师指导缺乏规范性和责任感；五是研究生自我定位不明确，参与程度不够，主动性不强，等等。因此，当前以顶岗实习为主的保险专业硕士实习实践活动面临比较尴尬的局面。

4. 毕业论文学术化，偏离培养定位

不少培养单位的保险专硕毕业论文设计与研究型硕士难以区分，即使有案例分析、调查研究、产品设计等形式，也没有深入，比较浮于表面。原因有主观上的不重视，培养定位不清楚，也有客观原因，比如学生实践能力与实践条件的限制等，与前文所提到的实践教学与实习实践不到位密切相关。由于没有真正意义上的比较扎实深入的实践实习，论文采用案例分析、调查研究、产品设计等形式存在比较大的风险，因此学生更愿意采用传统的学术型研究方法完成论文。

（三）毕业生质量方面

随着毕业的保险专业硕士所从事工作的逐步深入，调查用人单位，普遍反映保险专业硕士实践能力较强、专业技能过硬，但存在缺乏专业思维、难以胜任重要岗位的不足。与此同时，用人单位较为担忧的问题是毕业生的身体素质与工作强度难以匹配。究其原因，可能有保险专业硕士生源质量不高、学生就业目标与培养目标不一致等，许多优秀毕业生最终没有选择保险行业或中途离职，不少保险专业硕士研究生致力于考取公务员或选择事业单位就职，以求比较稳定的工作岗位，这与保险专业硕士培养的初衷是相背离的，但也是现实的一种矛盾所在。

三、保险学科硕士培养的国际对比

国外或境外高校主要是培养风险管理或精算方向的一年制硕士，保险实务非精算培养方向的高校并不多，比较知名的有英国卡斯、美国威斯康星大学麦迪逊分校和德国慕尼黑大学的 MBA，以及加拿大多伦多（统计学院）等。下文对美国、英国、法国及中国香港的保险学科相关的硕士培养进行对比分析。

（1）美国和英国。美国一年制硕士项目课程紧密，课程多以实践性为主，两年制的硕士则以研究为主。美国 181 个一年制硕士项目中有风险管理、精算科学等专业。从美、英保险学科硕士排名靠前的高校来看，课程设置与本科阶段有较为明显的区别。

首先，英、美大学保险专业的硕士课程与本科课程较少有重复，即使课程名称重复，也在教学方式上与本科课程有很大差别。例如，美国宾夕法尼亚大学、威斯康星大学麦迪逊分校只通过 MBA 项目培养保险专业的硕士，由于 MBA 学生都是在风险管理领域具有一定实务经验的人士，必然要求授课内容和授课方式的多样化、实务化，再加上高级研究项目的实际训练，有效避免了硕士课程与本科课程在内容和教学方式上发生简单重复的可能性。其次，多数学校硕士课程的内容与本科阶段有明显区别，充分体现了课程的前沿性和精深度。例如，美国佐治亚大学本科基本的财产险课程"商业财产与责任保险"，综合讲授商业财产保险与责任保险的基本原理和常见种类。而硕士课程设置了"高级财产保险"与"高级责任保险"，将这两类保险分开讲授，既涉及每类具体险种，又包括险种设计步骤、合同分析和实务中常见问题，内容深度比本科大大增强。又如，美国威斯康星大学麦迪逊分校的硕士课程"可持续性、环境风险与社会风险管理"，将社会风险，环境风险与可持续性作为研究重点，充分体现了课程的前沿性。

在培养方向上，英、美大学的侧重点并不相同。美国大学在本科阶段注重寿险、非寿险、精算等保险各领域基本知识的讲授，并倾向量化分析，例如风险建模课程；在硕士阶段则强调从宏观层面研究风险管理与保险市场，例如佐治亚州立大学设置了国际风险管理、企业风险管理等课程。英国大学反而在硕士阶段更注重微观层面的学习，例如伦敦城市大学开设的责任保险、寿险与养老金管理、海上和航空等运输保险、再保险等硕士课程，强调对于各细分险种知识的掌握。因此可以看出，美国更侧重于研究型保险硕士的培养，而英国更倾向于实务型保险硕士的培养，后者对我国保险专业硕士的培养更具有借鉴价值。

（2）法国。在法国，保险学院只进行硕博阶段的教育，自身并不培育基础人才，而是直接从别的学校、别的专业的毕业生中择优招生。以爱克斯马赛保险学院为例，从硕士生源的学历水平来看，只招收相关专业本科毕业生或相关专业硕士毕业生。从生源来看，有毕业于一般大学的，也有毕业于精英学校（私立学校）的。从生源的毕业学科来看，有商法、私法、经营治理、商业运输等，法国保险学院并非专门青睐原保险专业毕业生。从生源的职业背景来看，有在校学生、律师、保险公司职工等，具有保险职业背景的生源仍是作为招生的重要指标之一。初看之下，如此"杂乱"的生源，很让人疑心法国保险学院能否做好硕士期间的培育和教学。但是，事实上，这种"杂乱"发挥着其独到而重大的作用：一是将不同的知识结构、不同的思维方式和不同的学习方式带进了同一个课堂；二是学生的来源多渠道化，正好满足了保险行业对不同类型人才的需求；三是这种"杂乱"有利于学生对保险相关各职业之间的彼此沟通。职业硕士课程设置按保险门类分类：人身险、寿险、财险、责任险、车险等；或按保险知识分类：保险合同、保险经济学、保险企业等。在师资配备上，研究硕士课程代课教授一概是博士水平的专职教授，而职业硕士和"大学文凭"课程，除基础知识课——保险合同、保险经济学外，其余多为外聘的保险实践成果丰硕或在保险界地位显赫的代课教授。法国保险学院研究生能够获得颇具特色的带薪实习。在法国，保险职业硕士只有通过实习才能取得毕业文凭，而保险研究硕士和保险博士不要求实习。为了鼓励实习，爱克斯马赛保险学院对职业硕士和"大学文凭"学生实行"交替课程制"：职业硕士上课两周，期间"大学文凭"学生去实习；其后两周，职业硕士实习，"大学文凭"学生开课，如此反复交替。爱克斯马赛保险学院的毕业生非常"抢手"，原因之一或许是其"吝啬"的保险人才供应，比如 2005—2006 年度的学生总数只有 40 多人。

（3）中国香港。香港中文大学（港中大）商学院今年开办香港首个精算及保险分析理学硕士（MScASI）学位课程，预计课程首届将招收约 50 名本地、中国内地及海外学生，并于 2022 年 9 月开学。港中大 MScASI 是一年全日制硕士课程，报读者无须任何工作经验。该课程根据国际精算师协会（International Actuarial Association）标准制定，专为本科主修理学或工程学，而有志于保险知识、精算学、数学及统计学建立更扎实基础的应届毕业生和职业生涯早期专业人士而设。港中大 MScASI 协助学生培养专业技能，借以投身保险公司、会计师事务所、银行、顾问公司、财务机构、保险科技初创公司或监管机构，从事各类精算或分析相关工作。学生更可从中拓宽对中国内地及香港保险市场的地区性视野。港中大 MScASI 培养学生在创新及现代保险科技方面的技能，以应付各类颠覆保险业发展的科技的兴起，包括人工智能、区块链及精算模型科技等。港中大 MScASI 是专为投考北美精算师协会及英国精算师协会所管理的初级程度专业资格考试的学生度身订造的课程，学生将接受顶尖精算师专业组织规定的最高标准的培训，助力他们于毕业时成功考取全球认可的资格，从而加入行业。

（4）启示。从国际范围来看，保险硕士的培养主要在风险管理与精算方向，少有保险实务方向，就业面总体比较宽泛。对比我国和英、美、法等发达国家以及中国香港的高校保险学科硕士的课程设置，不难发现，我国各培养单位之间，以及我国高校与英、美、法大学之间在课程设置及培养方式上存在较大差异。我国保险专业硕士培养普遍存在硕士课程与本科课程内容趋同或差异不明显的问题，英、美、法高校的硕士阶段课程设置与本科阶段则有较为明显的差别，并且比较注重前沿性、实务性，培养目标比较明确。

四、提升我国保险专业硕士培养质量的对策建议

（一）实践导师资源效用最大化

实践导师是专业硕士研究生教育过程中的一大创新，在人才培养和导师队伍建设中都有着很重要的作用，将实践导师效用最大化，需要各培养单位、实践导师以及专硕学生的共同努力。必须建立长期有效的校企合作机制，结合指导效果评估工作绩效，约束导师指导行为。只有将内在激励与外在激励相结合、正向激励与反向激励共同作用，才能促使实践导师在德、能、勤、绩各方面的共同进步，才能将实践导师资源效用最大化发挥。

（二）培养环节需不断改进

1. 课程设置与案例教学

课程设置应该要充分体现本科和硕士两个教育层次的区别。硕士与本科两个层次的培养目标不同，课程设置及培养方式应在实现良好对接的基础上体现出差异性，本科课程设置需要强化基础，硕士课程设置则应体现学科内容的前沿性和精深度，相应的培养方式也应注重精准定位于提高学生的实践应用能力，同时培养学生形成良好的研究规范和一定的学术素养。

2. 专业思维培养

专业思维的培养有赖于科研能力以及创新能力的培养。首先，培养单位应当合理配置师生资源，在数量上与培养目标相匹配。其次，培养单位应制定相应的创新激励机制，构建创新平台，促使保险专业硕士研究生积极投身保险创新前线。最后，在以培养实践能力为核心原则的前提下，兼顾保险专业硕士研究生的专业素养，着重培养其专业思维，通过各种方式开拓其学术眼界。

3. 校内实践与社会实践

社会实践和校内实践都是专业硕士培养的重中之重。首先，需要加强校内实践信息的公平与公开，鼓励保险专业硕士研究生竞争上岗。其次，应加强学校、企业和学生实践平台的构建，让学生有机会深入企业核心部门，争取做到"学有所得、学能致用"。最后，各培养单位应建立有效的激励机制，使校外导师的选拔和培训常态化，让校外导师能真正主动积极地发挥社会导师的作用。

4. 身心素质培养

保险金融类工作不仅需要从业人员具有扎实的专业思维与专业技能，还需要其具有健康的体魄和良好的心理素质。然而，据调查，毕业生中身体素质培养满意度处于较低的水平。因此，在培养过程中，加强学生身心素质也是极其重要的环节。培养单位可以建设更多的活动场所以及运动机会，给学生普及体育锻炼、身心健康与人生目标之间的

利益关系，促进学生全面发展，为学生未来的职业生涯打开上升空间。

参考文献：

［1］李加明. 保险专业学位硕士实践导师激励机制建设研究［J］. 教育教学论坛，2016（41）：52-58.

［2］王宁馨. 新形势下保险专业学位硕士培养的若干思考［J］. 大学教育，2021（5）：187-189.

［3］孙健，王君，徐雪竹. 保险专业硕士调查研究——基于北京对外经济贸易大学保险学院的调查问卷［J］. 教育教学论坛，2019（46）：59-61.

［4］姚壬元. 保险专业硕士学位研究生课程设置问题探讨［J］. 金融教育研究，2014（1）：73-77.

［5］官照，周新发，石安其琛. 影响高校保险硕士研究生就业因素的实证研究——基于 Logistic 回归方法的视角［J］. 保险职业学院学报，2015（3）：75-80.

［6］王维，陶存文. 我国保险硕士专业学位研究生培养相关问题及对策分析［J］. 保险职业学院学报，2016（1）：87-91.

［7］王成辉，王洪涛. 法国保险学院研究生教育及启示［J］. 现代企业，2006（10）：69-70.

［8］王雅婷. 保险学科硕士与本科课程设置的差异性探讨［M］. 第五届中国保险教育论坛论文集，2015：779-784.

保险专业学位硕士培养特色、相关问题及对策

张　宁[*]　邓晨露[**]

提　要　2021 年，时值湖南大学金融与统计学院保险专业学位硕士研究生培养十周年之际，保险行业取得了突飞猛进的发展，人们对于保险的需求与日俱增，社会对保险专业人才的要求也更高。为满足社会的这一要求，本文系统地总结了学院保险专业学位硕士培养的特色，同时指出了培养过程中存在的一些问题，并提出了相应的改进建议，以期为学院未来的保险专业学位硕士培养提供参考。

关键词　保险专业学位；培养特色；问题与对策

自进入 21 世纪以来，我国保险行业不断发展，人民对于保险的需求与日俱增，社会对保险专业人才的要求也更高。为了适应这一高要求，完善保险教学体系，培养出更多优质的保险人才，依据《硕士、博士专业学位研究生教育发展总体方案》及《硕士、博士专业学位设置与授权审核办法》，经国务院学位办批准，从 2010 年开始，我国新增保险硕士专业学位。这一学位的新增，具有关键性的意义，它推动了硕士研究生教育模式的转变，变成了以培养应用型人才为主而非学术型人才为主的模式，这更符合现阶段我国对于保险人才的需求。值此背景之下，2011 年，湖南大学金融与统计学院开始进行保险专业学位硕士招生，坚持以专业实践为导向，注重学生专业技能应用能力与实践动手能力的提升，以便更顺应时代潮流，合理服务于社会。十年来，湖南大学金融与统计学院保险专业学位硕士从无到有，招生规模不断扩大，培养体系不断健全，培养出了一大批保险专业人才，学院保险专业学位硕士的培养取得了显著的成就，但其中也存在一些问题。本文将从三个方面介绍湖南大学金融与统计学院保险专业学位硕士的培养，介绍学院十年来在保险专业学位硕士培养方面的鲜明特色，同时指出培养过程中存在的一些问题并提出相应的改进建议，以期为新形势下的保险专业学位硕士培养提供一定的参考借鉴。

---

[*]　张宁，经济学博士，湖南大学金融与统计学院教授，主要研究方向：寿险与养老金精算、风险管理、社会保障。

[**]　邓晨露，湖南大学金融与统计学院硕士研究生，主要研究方向：保险精算。

一、保险专业学位硕士培养特色

保险专业学位硕士是为了适应保险业发展新形势、新需求而量身定制的，它不同于传统的保险专业本专科教育，也不同于侧重于学术研究的保险学硕士培养，这不仅表现在培养的水平和方向上，更表现在学生的知识结构和能力素质上。经过十年的探索与实践，与时俱进，湖南大学金融与统计学院形成了独具特色的保险专业学位硕士培养模式，具体表现在以下三个方面。

（一）培养目标

湖南大学金融与统计学院保险专业学位硕士的培养目标，是立足现实又面向未来的保险业高层次领军人才。保险业的人力资源大致分为三类：营销人员、专业技术人员和经营管理人员，每一类都分高、中、低三个档次。保险专业学位硕士培养目标是高档次的专业技术人才和管理人才。不同于普通保险专业本科教育，保险专业学位硕士一方面在专业知识深度、广度等方面提出了更高的培养要求，另一方面在能力、视野和素质方面也有着更高的标准，只有这样才能胜任现代保险业不断创新发展的需要。以培养高档次的专业技术人才和管理人才为目标，这样的人才在面对复杂的数据资料时能研判出发展规律与趋势，能预见保险市场的发展潮流；在面对多重利益冲突时能果断进行决策，择其最优；在遇到困难挫折时能坚韧不拔，有开放胸襟、全球目光和创新能力。十年来，湖南大学金融与统计学院保险专业学位硕士从无到有，不断发展壮大，关键之处在于其培养体系能与时俱进，培养目标紧跟时代发展，始终以培养高层次人才为己任，致力于为国家的保险业发展输送人才，为促进我国保险业发展助力。经过十年的探索与调整，湖南大学金融与统计学院保险专业学位硕士的培养形成了以党的先进思想为指导，适应市场数字化、全球化发展趋势的特色培养模式，具体而言，其培养目标如下：

第一，坚持以习近平新时代中国特色社会主义思想为指导，在党的先进思想的指导下努力培养具备良好的政治思想素养和职业道德素养、具有时代理想和社会责任感、通晓宏观政治经济形势和相关政策法规、德才兼备、身心健康的保险专业人才。

第二，培养具有批判性思维和创造性解决实际问题能力的保险专业人才，培养具有终身学习能力，具备较强的文字表达能力、人际沟通和团队合作能力、信息获取能力，并富有创新意识和积极进取精神的高层次保险专业人才。

第三，培养充分了解保险市场规律及保险市场发展趋势，具有良好的风险管理基础和保险业务知识，熟悉现代风险管理、社会保障、精算等高级实务并掌握其分析方法与工具，熟练掌握计算机相关软件，能够充分调动自身所拥有的知识，洞察、分析和解决风险管理和保险问题，并且能够从事保险企业、政府监管部门、保险科技与咨询机构的核心技术和管理岗位的高层次专业型人才。

第四，培养能轻松驾驭一门外语、具有前瞻性和广阔的国际视野的高层次专业型人才。

（二）培养重点

保险专业学位硕士教育直接面对保险市场。目前，保险市场对业务经营、保险中介人才的大量需求，尤其是对保险精算、风险管理、核保核赔等专业人员的需求。保险专业学位硕士培养有着很鲜明的特色，不仅仅是要求学生具备扎实的专业基础，更要求学生能够将专业知识灵活运用到实际工作中去，即学术和应用相结合。通过总结十年来保险专业学位硕士的培养经验，并吸收其他高校保险专业学位硕士的培养经验，湖南大学金融与统计学院保险专业学位硕士形成了"学校学习与企业工作实践相结合"的特色培养模式，形成了"理论学习与实习实践经验相结合"的特色教学模式，充分体现了以应用为主的特点。具体表现如下：

第一，实行双导师制。双导师制是指由一名校内学术导师和一名校外实践导师共同指导学生的一种教学制度，在学生的培养过程中，两位导师分工合作，各自对学生负责，分别承担起理论教学与实践指导的责任。

第二，采取课程学习、实践训练和学位论文相结合的培养方式，重视实践与应用，并且紧密结合保险实务，注重实践教学，鼓励学生参与产品项目研发，同时提倡学生采用调研报告、案例分析和业务设计等形式完成课程论文。以保险实训基地为依托，保险专业学位硕士培养打破了学习和见习的界限。

（三）专业背景

我国保险业的发展日渐成熟，保险密度与保险深度较之前都有了显著的提高。保险业与其他产业的融合成为保险业未来发展的一大趋势，保险业与其他金融行业融合以及保险业跨界融合，使保险行业的经营管理日益复杂，复杂的经营环境使得保险业对保险专业人才的要求越来越高。当前的经济运行和保险业的运营实践都表明，传统的单一知识结构培养出的保险专业学生，已经不能满足保险市场的发展需要。无论是从维护社会安定、保障经济秩序，还是从满足人民不断增长的美好生活愿望来看，保险行业都需要复合型人才，高层次保险人才不仅应当精通保险专业知识，而且还需要具备相关领域的综合知识技能。因此，湖南大学金融与统计学院保险专业学位硕士在招生时，通过鼓励跨专业报考，吸纳不同专业知识背景的学生进入保险行业，以期发挥其独特的专业优势，为保险行业培养复合型人才。同时，在课程体系设计方面，除了保险学等核心课程，湖南大学金融与统计学院还开设了大数据挖掘、应用计量经济学、研究生创业课程等相关课程，并积极鼓励学生进行跨学科选课，注重培养学生的多种技能，以培养出符合市场需求的复合型人才。

二、保险专业学位硕士培养存在的问题

尽管十年来湖南大学金融与统计学院保险专业学位硕士的培养具有鲜明的特色，并且培养出了一大批保险行业的高层次人才，但具体分析，仍然存在以下四个方面的问题：

（一）招生规模较小，生源质量有待提升

与学院其他经济类专业学位以及其他高校的保险专业学位相比，湖南大学金融与统计学院保险专业学位硕士的招生规模较小，招生人数十分有限。近几年，每届保险专业学位硕士人数不超过 30 人，占比较低。此外，保险专业学位硕士的生源质量相较于金融经济等大热门专业来说也相对较低，不利于湖南大学金融与统计学院保险专业学位硕士的长期发展。

（二）课程体系建设与培养目标未完全契合

学院的保险专硕培养定位于培养应用型人才，但从当前的课程设置情况来看，理论方面的课程占比过高，过于强调理论学习，忽视了专业实践学习，有关案例及实践教学的课程较少，没有突出专业学位硕士的培养特色。学院有些教师由于长期从事学术研究，自身缺乏实践及业界经历，仍然还沿用以前的教学理念与方法，缺乏足够的实践教学。部分学生实习过后也反映学校所学知识与实际工作内容存在脱节的情况。

（三）师资队伍薄弱，校外导师作用未有效发挥

尽管湖南大学金融与统计学院保险专业学位硕士培养一直采用"双导师制"，强调理论与实践相结合。但是，在实践中，金融与统计学院的校外导师考核制度还不健全，缺乏有效的定期交流平台，校外导师与学生接触较少，沟通交流有限，指导有时流于形式，未能充分发挥出校外导师对于专业硕士实践的指导作用，使得学生在专业实践方面缺乏有效指导。

（四）实务实习模式不完善

在保险专业学位硕士的培养过程中，应注重提高学生的实践能力，创新教学方式，如案例分析、业内知名人士讲座分享等。此外，学生还应进入公司实习，通过实习真正参与到实务中去。但是，就目前来看，金融与统计学院保险专业学位硕士的实习实践模式还存在一些问题：一是学生实习意愿强，往往还没有完成学校的课程就急于出去实习，导致专业知识不扎实，课程学习被忽视，这种情况下，实习也往往浮于形式，无法深入公司的核心工作，无法有效参与保险实践。二是校企合作程度有限，学生实习机会有限，尤其是精算领域，长沙保险公司总部十分有限，加上短期实践往往会扰乱企业正常经营管理秩序，不利于企业工作的持续进行，致使企业参与积极性不高。

三、未来发展建议

根据湖南大学保险专业学位硕士培养的总体目标，结合目前发现的培养过程中存在的一些问题，对保险专业学位硕士的培养提出以下改进建议。

（一）提升教育品牌，吸引优质生源

学院应加大对保险专业学位硕士培养的经费支持力度，通过各方努力改善教育条件，通过创新教学理念、优化教学体系等改革，全方面提高保险人才的培养质量，并通过加大宣传力度提升学院保险专业学位硕士研究生的教育品牌与知名度，吸引更为优秀的生源，提升生源质量。

（二）加强师资建设，明确校内外导师的职责

在聘用导师方面，校内导师应该具有优秀的学术研究能力与丰富的专业实践经验，校外导师则应该为具有专业技能与丰富实践经验的优秀的行业从业人员。在双导师制度下，学院应该明确界定校内外导师不同的职责：校内导师主要负责指导学生理论学习，以指导学术研究为主；校外导师则负责指导学生实践学习，以指导专业实践为主。只有明确不同导师的职责，才能发挥出导师们各自的优势，为学生提供全面的指导，从而培养出高层次高质量的保险专业人才。在明确各方职责的同时，学院的相关政策也要注重调动导师对于学生培养工作的主动性，落实导师的第一责任人身份，完善教师考核体系，督促导师积极关注学生培养。关于校外导师与学生的沟通交流，学院应积极搭建校内外导师共同指导的平台，将校外导师指导责任落到实处，为学生的实习实践、论文答辩等多个环节提供切实的指导。

（三）优化培养方案，科学设置课程

保险专业学位硕士的课程架构设置要适应实际工作中对于保险人才所提出的要求，注重提高学生在实践中运用知识的能力，强调实操性。考虑到这些因素，学院在进行课程设置时，应注重学生专业实践能力的培养，适当增加实践环节的课程量，重点进行案例分析与实践学习。并且，在课程中讲授保险相关的前沿资讯、政策和行业发展新动态等，让学生及时了解保险行业的前沿发展，并开设相关的职场模拟课程，以便在日后的实践中能更快更好地上手加强。此外，要注重国际性与中国元素的结合，既要学习借鉴国外关于保险专业学位硕士培养的优秀经验，也要结合我国实际情况，探索适合我国教育及市场环境的教学方式。在理论范式上，应注重中西结合、洋为中用。除了强调实践类课程之外，也要适当调整公共选修课及专业基础课的设置。公共选修课应涉及多个学科，让学生有机会接触到交叉学科的知识，以完善学生的知识体系。在专业基础方面，应注重学生对于基础知识的掌握，扎实学生的理论基础，引导学生将理论与实践相结合。

（四）确保专业实践环节质量，完善监管和反馈机制

作为专硕培养的重要一环，专业实践环节的好坏程度对人才质量的高低起着决定性的作用。要确保学生专业实践环节的质量，必须联合企业一起，建立完善的监管和反馈机制。一方面，保险专业学位硕士在实践中可以将自己所学到的理论知识运用到实际的管理过程中去，帮助企业解决问题。另一方面，保险专业学位硕士通过自身在企业的实

习，能将自己所学的知识学以致用，丰富自身的实践经验，提高自己解决实际问题的能力，因而有效的专业实践能够带来企业与学生的共赢。对于处于专业实践阶段的硕士，校企双方应重视专业实践过程的监督管理，只有这样才能确保专业实践环节的质量，实现互利共赢。为进行有效的监督管理，高校和企业可以共同成立专业实践环节质量评价小组，通过检查学生在专业实践环节的表现情况，全面考察其实践效果。

参考文献：

［1］余洋.保险专硕人才培养实践指向性教学体系构建研究［J］.劳动保障世界，2019（8）：49-50.

［2］周艳荣.金融硕士专业学位研究生培养模式的改革与探索［J］.高等农业教育，2015（2）：121-123.

保险专硕实践教学的探索

屠炎波[*]　刘诗怡^{**}

提　要　专业学位研究生教育是我国研究生教育的重要组成部分，其目的是培养出高层次且高水平的应用型人才。在专业学位研究生教育迅速发展的背景下，本文基于校外专业硕士研究生指导老师的视角，结合个人经验，归纳出实践教学过程中存在的问题，剖析背后的原因，并提出相应的对策建议。

关键词　专业硕士；保险专硕；实践教学

2020年，在全国研究生教育会议上，习近平总书记就研究生教育工作作出重要指示，指出中国特色社会主义进入新时代，党和国家在事业发展阶段迫切需要培养出大批德才兼备的高层次人才。为了落实习近平总书记的重要指示，会议提出"以提升研究生教育质量为核心""把研究作为衡量研究生素质的基本指标"，从而"培养具有研究和创新能力的高层次人才"，为新时代我国研究生教育改革发展提供了根本遵循。

专业学位研究生教育作为我国研究生教育的重要组成部分，其目的是培养出高层次且高水平的应用型人才。回望我国研究生教育的过往发展历程，可以看到，自1990年设立国内第一个专业硕士学位以来，我国专业学位研究生教育发展迅速，经过30余年的探索，专业学位硕士的培养已经初具规模。

在专业学位研究生教育快速发展的背景下，湖南大学金融与统计学院保险系于2011年开设保险专硕学位，十年时间，培养了大量优秀毕业学子，为保险行业输送了一大批优秀人才。站在专硕培养第一个十年的节点回望，湖南大学金融与统计学院保险专硕教育培养可圈可点，笔者以校外专业硕士研究生指导老师的视角，结合个人经验，就湖南大学金融与统计学院近年来保险专业硕士实践教学中存在的问题、主要原因及对策建议做了一些粗浅的归纳与思考。

一、主要问题

湖南大学金融与统计学院保险学科及导师学术水平专业系统内领先，学院保险专硕

---

　*　屠炎波，财信吉祥人寿保险股份有限责任公司产品精算部总经理。

　**　刘诗怡，湖南大学金融与统计学院保险硕士，主要研究方向：保险精算。

教育全国知名，但也存在一些有待改进加强的问题。

（一）案例教学与课内引用案例需优化

保险专硕课堂的主导是课堂实践教学，授课的内容仍是传统的知识讲授，与保险实务联系不够，尤其反映在案例教学易流于形式且案例不佳上。

首先，案例教学有些流于形式。授课的教师即便在课堂上采用案例教学模式，往往也只是针对某个具体的案例，对应着某一个或多个相关知识点来进行分析讲解，这种流程化的案例教学方式，并不能激发专硕学生拓展思维，帮助其掌握分析方法，学生往往课上听过，下课后过一段时间，再遇到实务中类似的问题时，又犹疑不定，不知如何分析。因此目前存在的这种案例教学方式有些流于形式，仅仅把案例搬到课堂上是远远不够的，还应思考如何让案例在课堂上真正发挥作用，激发学生的积极性，锻炼学生的思维，达到提升教学效果、培养学生实践能力的目的。

其次，案例教学引用的案例不佳。由于保险在我国的发展起步较晚，目前，保险专硕课堂的案例建设完善度较差，引入课堂的案例数量较少，且更新不及时。并且，由于保险专硕案例建设起步晚，教师可选用的教学案例数量不足，导致教师为了讲授课本知识点内容而将一些自编的案例引入课堂，想要做到与实务接轨。但是，这种形式的案例教学效果大打折扣，因为自编案例深度不足，也很难代表实务中的真实情形，所以实际质量不高，对于学习和应用来说，价值不足。另外，更新不及时的案例也会使教学效果不佳，因为这种经常出现课堂上使用的案例年代久远，而与当下的社会发展存在差异的情况，学生无法基于十年前、甚至二十年前的社会背景去理解当时发生的某些案例，所以对于这一些年代久远、尚未更新的案例，即便教师进行案例分析，讲授相关知识点，学生也无法"感同身受"，无法完全掌握知识，从而影响教师授课的效果。

（二）实践教学考核与激励机制待完善

教育部印发的《专业学位研究生教育发展方案（2020—2025）》提出，到2025年，专业学位研究生的招生规模将是学术型研究生招生规模的一倍。由此可见，在当下社会发展阶段，社会对于专业学位研究生的需求非常大，国家将专业学位研究生培养提升到一个新高度上。

专业学位研究生教育的目的与学术型研究生相比明显不同，培养专业学位研究生是为了培养高层次且高水平的应用型专门人才，在对保险专硕进行教育培养时，应将重点落在实践教学上，但是对于承担实践教学工作任务的教师的考核却与传统的考核方式没有差异，主要的考核内容还是所承担的教学工作量和课堂教学。这种"一视同仁"的做法欠妥，负责实践教学工作的教师在教学备课时往往需要花费更多时间，与传统教学相比，他们要构思更有实践性的教学内容，学会运用应用性更强的教学方法，设计出创新型的教学案例。他们的付出和传统教学是不能对等的，如果将对他们的考核简单粗暴地和传统教学考核画等号，那么这是对他们实践教学工作的不公正待遇。这种固化的考核评价机制将打消教师们实践教学工作的热情，进一步将导致实践教学激励机制的缺失，因为对于承担实践教学任务的教师来说，高投入的结果竟然是低产出，心理预期得不到满足，会使他们对实践教学丧失热情，从而起不到激励保险专硕教学实践化的效果。

（三）校外实践的跟踪反馈机制尚缺乏

目前，对保险专硕的实践环节考核分为校内实践和校外实践，校内指学生学位论文是否能聚焦行业热点问题并按照要求完成，校外实践指学生是否进入某相关企业实践，拥有一段实习经历。在校内实践环节，学院能通过开题答辩、中期答辩、终期答辩等方式进行考察，起到跟踪反馈的效果。但是，对于学生在校外的实践，学院其实无法掌握具体信息。对学生的校外实践考核主要以实习证明为标准，不能非常客观地评价学生的实践结果，不能完全了解学生在校外实践中是否真正锻炼到了专业水平，更不能了解到学生是否提升了人际交往、心理抗压、团队合作等方面的能力。这导致存在一些学生为了实践而实践，没有在思想精神层面上真正意识到校外实践的重要性，而是选择流于形式，进入单位实践之后，只想得到一个符合学院要求的校外实践证明，在实践单位只做一些简单的、重复性的工作，不争取参与接触专业相关的内容，不能为他们日后真正步入社会踏入职场提供经验积累。作为一名校外导师，更加明白学校和职场的差异，非常清楚刚踏入社会的专硕毕业生倘若具备高素质、能迅速适应工作环境、高质量完成工作任务的话，他在就业时的优势有多大，所以更加希望学生能利用好专硕教育的时间，真正把握好校外实践的机会，为自身日后的职业发展打下基础。

二、原因剖析

保险专硕实践教学存在多方面的问题，这是多因素共同作用的结果，原因剖析如下。

（一）案例教学模式不完善

专硕教育旨在培养特定职业具有研究和创新能力的高层次人才，学生毕业后主要是进入企业发展。因此，保险专硕作为专硕中的一个重要门类，更要以适应社会需求为宗旨，在教学过程中关注提升学生的知识运用能力和职业技能，突出教学过程中的实践特征。为了达到这个目标，保险专硕培养方案需多方面考虑，在课程设置上，既要保证学生的专业性，也要培养学生的实践性。在授课时，案例教学是一个非常好的实践教学方式，但课程教学的困难在于如何最大化发挥案例教学效用。上文所提及的案例教学流于形式且所引案例不佳的问题，究其根源是案例教学模式不完善，所以导致授课形式固化、课程内容素材量少且陈旧。一个完善的案例教学模式对学生来说应该是具有启示性的，能够引领学生透过现象看本质，对当下保险行业实务问题有更清晰的、全面的思考。

（二）教学考核机制不健全

专硕教育尤其突出教学过程中的实践性，对于承担实践教学工作的教师来说，一个没有分级的、"一视同仁"的考核评价机制是不合适的，将会削弱教师的授课积极性，从而不利于实践教学的发展。在进行教师考核时，要充分考虑到实践教学工作量与传统教学工作量的巨大差异，结合不同教师的实践教学效果评价，构建一个健全的教学考核机制，保证对教师考核的精准性和全面性。其中，在对实践教学效果进行评价时，校外导师也应发挥作用，以校外导师的身份参与到实践教学课程中，确保实践教学课程真正做到"接地气"，与行业实务接轨。

（三）校外导师作用不到位

专硕培养实行校内外"双导师"制度，但就保险专硕设立十年的发展现状来看，校外导师的参与度不够深入。校内外导师指导职责实行"校内导师为主，校外导师为辅"的总原则，校内导师是保险专硕学生成长的主要引路人，而校外导师虽是"辅助"的地位，但也应在专硕学生的成长道路上多多给予建议与帮助。实践性强的专硕学生缺乏校外导师对行业性前沿知识的补充指导，在校外实践时也缺乏校外导师对其实践内容、实践体验的跟踪关注，因此导致部分专硕学生草率应对校外实践，校外实践经历所获成长不多，造成的后果就是部分专硕学生没有把握好校外实践的机会。

三、对策建议

为有效解决保险专硕实践教学中现存的问题，现结合个人经验提出一些对策建议。

（一）创新教学手段，打造教学案例库

保险专硕培养必须注重实践教学以提高保险专硕教育的培养质量，在授课过程中，教师应避免传统的"填鸭式"教学方式，要改变一味灌输的不正确教学方法，积极采用参与式教学模式和"探究性"教学方法。比如，在案例教学时，可以探索学生小组播报、案例分析积分赛、我为立法提建议等多种形式，也可以采用校外企业参观交流、社会调研等手段，多方位打造"知行合一"的课程结构体系，创新教学授课手段，促进学生对课堂案例的深层次理解，提升学生的实践应用思想，锻炼学生的思辨能力。此外，学校（学院）应利用好校友资源，同时加强与校外导师的沟通交流，搜集实务当中适用于课堂教学的新案例，打造属于本校（本院）的教学案例库，以此加强专硕学生的专业性和实践性。

（二）改革考核机制，提升评价合理性

在实践教学考核评价方面，由学校研究生院牵头，联合保险专业的教师和校外导师，以培养具有研究和创新能力的高层次人才为目标，根据实践教学大纲，共同讨论制定出一套保险专硕实践教学培养的考核标准与评价体系。成立实践教学的监督管理小组，从实践教学过程中的课堂完成质量、学生评价情况、校外实践单位评价等多方面对实践教学进行考核。合理统计教师对专硕研究生实践教学的工作量，对于承担实践教学工作的教师，应对其工作量的认定高于普通授课教师。鼓励校外导师参与指导实践教学课程的设计，使保险专硕教育更加"接地气"。

（三）建立反馈机制，落实双导师制度

学院应重视专硕学生的校外实践过程，建立好实践过程的跟踪反馈机制。研究生在步入实践阶段之后，学院应采取校内导师全程跟踪、校外导师积极参与的模式督导该学生的实践过程，实践单位同样应安排一位指导员负责就该学生的实践情况与校内导师对接，定期促成组织校内外导师、实践单位与学生进行四方会谈，探讨学生实践时遇到的问题和近期的收获与心得体会，校内导师可给出专业知识方面的建议，校外导师可结合自身工作经历给出实践方面的建议，以此促进专硕学生高质量完成校外实践并获得个人成长。对于疏于实践指导的教师，建立问责制度；对于积极实践指导的教师，建立评优优先等奖励。对于实践过程跟踪参与度不高的校外导师，学院组织谈话了解原因，甚至解除校外导师身份；对于积极参与实践过程跟踪的校外导师，可以给予一定的荣誉，如聘为兼职教授等，给以精神上的激励。通过保险专硕学生校外实践跟踪反馈机制，能够在一定程度上明显改善校内导师对保险专硕学生校外实践指导不足的问题，加强校外导师对专硕学生的辅助培养教育，进一步推进双导师制度落地。

在当今社会发展迅速、分工日益精细化、专业化的背景下，社会对高层次应用型专门人才的需求不断扩大，而专业学位是高层次应用型人才培养的主阵地，因此要加强对专业学位研究生教育的培养。

现代保险业的日新月异使保险学的理论知识快速更新，保险实践教学承担着保障专业硕士培养质量的重任，因为实践教学是保障专业硕士培养质量的一个重要环节，是培养出具有较强专业能力和职业素养、具备实践创新能力人才的基础。只有把握好保险实践教学环节，才能提高保险专硕学生的实践能力与创新能力，满足社会对高层次应用型人才的需求，进而实现高等教育为社会提供源源不竭的智力支持，从而满足我国社会转型的需要。

参考文献：

［1］余洋. 保险专硕人才培养实践指向性教学体系构建研究［J］. 劳动保障世界，2019（8）：49-50.

［2］付淑换，张杰，吴雪华. 专业硕士的实践平台建设研究［J］. 商丘师范学院学报，2018，34（7）：41-44.

［3］王维，陶存文. 我国保险硕士专业学位研究生培养相关问题及对策分析［J］. 保险职业学院学报，2016，30（1）：87-91.

［4］王俊籽. 金融硕士专业学位研究生实践教学体系的反思与创新［J］. 现代职业教育，2018（19）：88-90.

保险专硕论文：问题现象与对策探析

阳增泉[*]

提　要　学位论文是研究生教育的重要组成部分。学位论文的质量是衡量研究生学位质量的重要标志，是对科研素养培养结果的全面检验。本文基于校外专业硕士研究生指导老师的视角，结合保险专硕论文指导与答辩沟通的实践，归纳出论文存在的问题现象，并通过原因剖析提出相应举措。

关键词　保险专硕；专硕教育；学位论文

学位论文是研究生教育的重要组成部分，是检验研究生理论基础、专业知识、科研能力、创新能力、学术水平的重要手段。学位论文的质量是衡量研究生学位质量的重要标志，是对科研素养培养结果的检验。随着研究生招生规模的不断扩大，尤其是专硕机制的建立，受到各种因素影响，专硕研究生论文质量面临挑战。本文基于校外专业硕士研究生指导老师的视角，结合保险专硕论文指导与答辩沟通的实践，就湖南大学金融与统计学院近年来保险专业硕士论文中存在的问题、主要原因及对策建议做了一些粗浅的归纳与思考。

一、主要问题

本人 2015 年 7 月 6 日被湖南大学研究生院聘任为"湖南大学专业学位硕士研究生校外指导教师"，累计共参与指导论文 126 篇。湖南大学金融与统计学院保险学科及导师学术水平专业系统内领先，学院保险专硕论文特色鲜明、功底深厚、质量总体较好、水平较高，但也存在一些有待改进加强的现象问题，现整理归纳如下：

（一）选题把握不精准

选题是发现问题并确认研究对象、开始思考和准备学位论文的前提性步骤和关键性环节，是直接影响研究生学位论文质量的一个重要因素。

1. 论文选题盲目求"大"

忽视了选题的针对性、可行性以及自身学术能力的局限性。"大"的选题确实能够

---

* 阳增泉，中华财险湖南分公司责任与保证保险部/普惠金融事业部总经理。

展开多方面的探究，但选题范围过大，容易造成研究的针对性不强。加上所需的专业基础和研究能力不足、材料收集困难等方面的影响，即使是展开基本的论证，也存在着思维能力的局限，论文出现"点多不明"情形。例如，论文《我国保险资产管理公司资金投资效率及影响因素分析》，如果选取某一家保险资产管理公司来研究，则论证更有针对性、结论更具说服力。

2. 论文选题盲目求"新"求"异"

不能真正站在学术前沿及领域对象研究，有"冷僻偏窄"逾题嫌疑。文章侧重于不同研究领域的组拼或嫁接，而不是跨学科或交叉学科的合理整合。论文的理论性和学术性打了折扣，没有突出论文的亮点与独特性。例如，论文《高管团队特征对中国上市保险公司企业绩效的影响研究》，高管团队研究是人力资源板块，上市保险公司包含了财险、寿险与集团三类，而企业绩效是一个较大空间的传统板块，交叉在一起研究比较"时尚"，但很难有高价值的"新"成果。

3. 论文选题与实践关联性不强

专业硕士论文从培养角度看，应更偏重于结合实践应用的问题解决与实务操作的技术改进。而从论文选题实践来看，有的学生更倾向于考虑论文撰写的容易度、硕士论文答辩通过率。论文研究内容与自身实习（实践）内容不匹配、与未来从事工作方向不匹配，也不能更好发挥校外导师的实践指导作用，直接影响到论文质量。

（二）创新探索待加强

1. 研究对象难显开拓性

不敢涉及具有前沿性和挑战性的研究领域，有些选题过于平淡，缺乏应有的开拓性。有的喜欢避重就轻，把理论和学术问题转变为技术性或应用性问题；有的泛泛而谈，研究对象模糊不清。例如，论文《湖南省政策性农业保险扶贫效率研究》，类似研究议题连续三届都有同学涉及，明显不具有创新性，且实践应用意义不大。

2. 研究内容创新论证不足

个别学生有剪接拼凑论文嫌疑，结构不顺，内容不完整，甚至自相矛盾；同一届学生中或同一个导师名下，存在"论文题目略有差异、内容略有不同外，其他素材板块同类"情形，缺乏深度；甚至出现论据不足，论文内容逻辑性不强等现象。例如，论文《WTO 规则下对我国农业保险的补贴改革研究》，理应是很有价值分量的课题，但由于创新性论证内容不足，难以得出更有前瞻性的具体化政策举措结论。

3. 研究模式偏向格式固化

部分论文的一个固定化格式是，论文中基本具备（包含）三步：第一步是围绕文献综述后，自身研究领域的一些现象评价性或特质化阐述性内容；第二步是设计一个模型进行测算或回归分析；第三步是提出对策或建议。在研究方法及思路上很难突破传统，也不是立足"讲清一个完整故事"原则，不遵循基本的逻辑，如出现"对策建议与回归数据分析无关联或关联不大""回归数据分析与特质化内容无必然化紧密联动性"等情形。

（三）规范程度需提升

1. 文献使用不规范

一是正文中不注明资料来源，特别是数据资料，如互联网资料不注明网址等；二是不了解参考文献标注的格式，如报纸、网站、会议的标注格式，同一篇论文中标注方式各不相同；三是不熟悉参考资料引用的要求，正文标注与文后的参考文献无对应；四是引用文献过于陈旧。

2. 行文表达不严谨

一是思路不清晰，缺乏基本学术论文写作训练；二是基本概念解释不清楚，下定义的能力不够；三是凑字数，为达到毕业论文字数要求，引用可有可无的材料；四是文章内容前后关联性不强，在原因分析、对策建议等方面不匹配。

3. 摘要撰写不顺畅

一是没掌握学位论文摘要撰写规则，目的不明确，方法交代不清，结果、结论模糊；二是英文摘要质量不高，有的甚至出现语病；三是标题序号不一致，多种序号混用，编号混乱，甚至为扫描或截图；四是数据不一致，使用不同的单位或口径。

二、原因剖析

多方面因素影响研究生学位论文质量，主要体现在以下三方面：

（一）培养体制机制不健全

根据国家有关规定，普通硕士教育以培养教学和科研人才为主，授予学位的类型主要是学术型学位；而专业硕士是具有职业背景的硕士学位，为培养特定职业高层次专门人才而设置。学术硕士毕业后主要是从事研究性工作，而专业硕士毕业后主要是进入企业发展，就业更灵活。专硕2年且至少半年实习，学术硕士3年，可以参加实践实习。因此，专硕实际从事论文写作的时间相对较短。由于专业硕士课程学习时间与论文真正投入时间短，研究生不能深入广泛地获得关于不同研究领域的最新进展以及热点、重点和难点等前沿性、开拓性和挑战性的研究信息和相关资料，研究视野得不到应有的拓展，研究问题的意识，特别是发现问题的敏感性得不到充分的激发和养成。同时，课程设置偏向理论性，而又难以在应有的深度中消化提升。因此，在论文选题、论文撰写等方面造成了一些盲区。

（二）校外导师作用不到位

专硕培养实行校内外导师制度，但是，从实际情况来看，缺乏校外导师的深度参与。导师是影响研究生学位论文质量的重要因素，研究生学位论文质量的高低，导师负有不可推卸的责任。校外导师对于研究生是否敢于选择具有前沿性、挑战性和开拓性的选题，具有直接或间接的影响。与此同时，校外导师可以结合自身社会工作中的实际经验，针对哪些领域具有前沿性、开拓性、挑战性，哪些领域对硕士研究生来讲确实存在着很大的困难，哪些领域缺乏研究的价值等问题向研究生提出务实性和可行性的意见或建议。同时，实践性强的专硕学生缺乏校外导师对行业性前沿知识的补充性指导；在针对性课题方面，学生参与社会（企业）实践的机会较少，得不到校外导师的直接指导。

（三）科研训练培养不充分

专硕学位论文质量出现一些问题，与研究生缺乏充分而严格的科研训练有着直接的关系。研究生学位论文虽已经导师的"甄选"或"把关"，但导师不能也不会替代研究生做出学位论文，这就要求研究生个体必须具备一定的科研判断与综合处理能力，能够以自己的思维判断确定自己的选题，将自身的科研能力展现在论文通篇文字中。当然，这种能力的形成和提升，必须经过充分和严格的科研训练，比如参加导师的课题、撰写研究性综述报告、调研报告、科研小论文等。但是，事实上，在接受教育期间，缺乏（少）这种科研训练，造成的后果最终在论文质量上体现出来。

三、对策建议

（一）提高认识，增强提升论文质量紧迫感

硕士学位论文是研究生阶段学习成果的全面总结，是对学生创新能力的考查，是实现高等教育培养目标的重要教学环节，是一所高校整体教学质量的直接反映。论文质量是学校研究生教育高质量发展的生命线，因此要反复加强学校、教师、学生对论文质量重要性、紧迫性的教育与宣导。一是学校（院）要高度重视在教学安排、指导教师遴选、建立和完善学位论文评价体系等方面形成工作制度。基于指导教师都期盼自己学生的论文能一次性通过（担心影响教学评价结果）的实际，建议严把毕业论文评阅关，将指导教师与学生毕业论文按选题分类，采取分类评阅的办法。在组织答辩活动中，采取答辩前确定重点提问教师，确保质量保障针对性。同时，建立优秀论文指导老师物质与精神奖励制度，增强创作高质量论文的主动性与荣誉感。二是指导教师要重视对学生的专业指导，重点抓好论文选题、研究方案、文献检索等，要侧重将学生硕士论文研究方向与学校高水平学科建设结合起来，充分发挥湖南大学金融与统计学院高水平学术环境的感染性，突出学校（院）专业硕士论文特色。三是毕业生要高度重视并处理好学位论文写作与完成实习工作的关系，主动与指导教师沟通，认真撰写，反复修改，展现研究性学习和实践性学习的成果。

（二）完善机制，确保论文质量制度保障

1. 优化研究生课程设置

研究生课程的设置不仅要关注专业领域的学术研究现状，而且要引导研究生主动关

注本领域以及跨学科综合领域学术研究的热点、难点问题和最新研究动向。动态化课程设置，使学生能够时刻站在学术研究的前沿，积极自觉地把握学术研究新动向和新趋势，这对于研究生确立研究方向和论文创作有着关键性的引领意义和价值。比如，前人已提出、已做过但还没有解决或目前存在着不同理论和观点的问题，仍不失为具有前沿性、开拓性、挑战性的选题。再比如，在前人或他人研究的基础上，提出认识和分析问题的新视角或新方法，把前人或他人的研究向前推进，这样的硕士论文才具有创新意义。

2. 质控论文开题与撰写过程

选题决定论文的研究价值，所谓"好的开始是成功的一半"，只有开始的方向明确了、选对了，才能达到事半功倍的效果。而论文撰写是思路拓展、质量升华、创新探索的核心，需要投入更多精力与意志磨砺，因此学校在开题环节和后续论文中要做足"文章"。一是设立开题论证机制，采取座谈会、视频会等形式，组织学生、校内导师、校外导师、相关专家，对开题进行充分论证，避免走弯路、错路。二是明确校内外导师指导职责。实行"校内导师为主，校外导师为辅"的总原则。校外导师重点加强论文撰写过程中所需的实践性素材、可研究的实践性方向与程度的指导与把关，确保研究更"接地气"，具备实践性与合适度。三是明确论文完成时间保障。由于整体专硕学业完成时间为两年，为确保论文质量，建议学业完成时间实行弹性制。论文开题实行"成熟一个开题一个"原则，开题后必须确保论文完成时间在一年及以上，同时允许部分学生由于论文质量达不到时限要求，可以考虑延长半年至一年时间。

3. 扎实推进双导师制度落地

实行开题前集体指导与开题后双导师制培养模式。开题前，导师组共同协商研究生的培养方案，避免因导师个体研究水平的局限而降低研究生培养质量。开题后，启动双导师制度，即校内、校外至少分别有一位导师，为提高指导效果，应实行学生与指导教师双向选择。在导师双选前，要公示指导教师的学识特长，方便学生选择指导教师，指导教师根据学生的论文选题方向选择学生。导师双选后，通过"点对点"指导，包括提供丰富性、宽广性以及即时性的研究性信息资料等，最大限度避免选题盲目"求新求异"与盲目求"大"现象，增强专硕论文理论性与应用性相结合的黏度。

（三）苦练内功，全面提升科研素养能力

1. 营造研究环境

一方面，为研究生提供参加学术研讨会的机会，让研究生及时了解国内外相关研究的最新动态，体验学术研讨的过程和氛围，学习思考问题、分析问题的方式方法。另一方面，在高水平的学术氛围中，研究生能够养成科研的习惯和性格，提升科研能力。同时，可根据需求由校外导师介绍去企业实习，了解实际问题，促使学生多结合理论知识思考与挖掘。

2. 培育创新能力

一方面，要培养研究生锐意进取的心理素质，充满自信、保持激情、勇于开拓的心

理素质能使创造性潜力得到充分的发挥，所谓视人之未见、思人之未想、发人之未明、创人之未造。另一方面，要通过课题研究、专业技能竞赛（比武）等方式，增加研究生研究的经历和经验，拓展研究的视野，增强研究生驾驭研究的能力和信心，尤其是通过实践中的提问、评论，甚至争论，激发学生自身创造的灵感，提高学生的创新能力。

3. 提升规范要求

一方面，完善编制学校（院）《学位论文质量标准》，包括明确论文格式基本规范、明确参考文献的时效性（建议以近五年内的资料为限）、明确学位论文的弹性化字数标准（建议结合题材差异性，设定论文总字数区间，倡导论文简明表述、观点清晰、分析透彻、结果完整）等；另一方面，加强《规范性标准》学习与广泛宣导，使得每位导师、学生熟知到位，同时加强学术道德教育，对出现有违学术道德的学生，坚决不允许其参加答辩或取消其答辩资格。

随着我国经济社会的不断发展，对高层次创新人才的需求也越来越大，高等学校的研究生教育正是培养这种人才的摇篮，而在整个教研环境中，研究生学位论文质量是最重要的标志，只有真正转向质量提升的内涵式发展道路，才能充分发挥研究生教育在知识创新、技术创新和繁荣哲学社会科学中的重要作用。

参考文献：

［1］徐金平，韩延伦. 当前硕士研究生学位论文选题存在的问题与建议［J］，学位与研究生教育，2006（1）：45-47.

［2］李华. 提高硕士研究生学位论文质量的几项措施［J］，交通高教研究，2001（1）：58-61.

大数据时代应用统计专业硕士教育的挑战与发展建议

任英华*

提　要　经过十多年的探索，应用统计专业硕士教育取得了一定的发展，也亟待在人才培养的目标、理念与模式等方面升级优化。在大数据时代背景下，应用统计专业硕士人才培养要紧密围绕社会需求，明确高质量的培养目标，树立协同融合的培养理念，探索创新实践的培养模式，为数据强国赋能助力。

关键词　大数据时代；应用统计专业；专硕教育

数字经济时代，人工智能、大数据技术的应用，让我们对世界的认识、管理方式彻底改变，这对现代统计人才培养工作也提出了更高的要求。大数据时代，社会对复合型统计人才的需求大幅提升。复合型统计人才要求具有良好的统计思维、强大的数据分析能力、高效的统计工作能力。这便要求我们以社会需求为导向，将统计学科与数据科学、实质性领域科学相结合，培养能够高效地进行统计工作的复合型统计人才。

一、大数据时代应用统计专业硕士培养面临的问题与挑战

我院应用统计专业硕士是 2009 年获得专业学位建设点，2010 年开始招生，至今已十年有余。在应用统计专业硕士教育取得蓬勃发展的同时，也亟待在专业硕士人才培养的理念与模式上进一步升级优化。在大数据时代，应用统计专业硕士仍存在以下三个方面的挑战：

（一）大数据时代对复合型统计人才的需求大幅提升

回顾统计学史可以发现，在不同的社会背景下，统计学的发展都是以实际需求为驱动。在以数据为核心的大数据时代，人类社会各个领域的发展都需要从大数据中汲取动力，这无疑对统计数据分析人才产生了大量的需求。在大数据时代，统计学需要针对大数据的特征，以服务和满足各领域需求为目标，在不断创新和发展数据分析方法与理论

---

　* 任英华，经济学博士，湖南大学金融与统计学院教授，主要研究方向：经济统计。

的同时，还应以社会需求为导向，培养复合型统计人才。

当前，数字经济发展方兴未艾，国民经济各行各业对复合型统计人才的需求日益扩张。众多国内外知名企业、金融消费、传统金融部门、政府部门对高、精、尖的复合型统计人才需求旺盛。从项目承接—数据收集—模型算法—数据分析—研究报告—成果实践应用的整个流程来看，已经相应形成了对各个环节统计专业人才的细分需求，相应形成项目经理、调查员、产品数据工程师、算法工程师、数据分析、产品报告分析员等统计需求岗位。从目前我院应用统计专业硕士的就业去向来看，主要是数据分析岗位较多，在产品数据工程师等较高要求的职位去向还较少。

（二）统计学科需要与数学、计算机学科融合

数学、计算机技术可以说是大数据发展的基础。作为大数据分析的主要工具与方法，统计学与计算机技术共同成为服务于大数据的核心科学，一些新分析思维和方法正在经历变革。例如，多源异构大数据的整合分析和建模、大数据在建模中的边际效应等问题已是统计研究的重要发展方向。但是，另一方面，很多应用于小数据时代的经典统计方法，从理论到实践，经过不同领域的长时间检验，表现效果良好，但在大数据时代直接应用会产生一些问题。如何将高速计算方法以及相应的软硬件环境与统计方法相结合，并将之应用到大数据中，这就需要数学、计算机学科与统计学科的交叉融合发展。但是，就目前应用统计专业硕士的课程培养体系来看，与数学、计算机学科课程的融合是充分不足的。

（三）应用统计的实践需求大幅增长，但前沿课程资源和专业实践资源不足

通过对在校和已毕业学生的个别访问，学生们反馈了一些共通的问题：

第一，学生对实践课程需求较大，但现有体系无法满足。校内相关课程与人大、华师大、南开等统计名校的课程相比，课程偏传统的计量模型，重理论轻应用，在应用的前沿性不够，对最新的数据分析和机器学习方法涉及不多。由于前沿的教学课程引入不足，无法提高学生的知识面。

第二，在专业硕士培养过程中，课程的大作业、综合性项目训练较少，对实践能力培养的侧重不够。

第三，在实践资源上，主要依靠个人信息搜集，学校较少提供实习信息，缺乏大量的实习机会。

第四，在培养方案上，第一学年第二学期的课程安排占据较多时间，以致在 2 年内无法让自己有充足的时间（保证 6 个月以上）参与社会实习。

二、提升应用统计专业硕士培养质量的建议

为适应数字经济发展的大趋势，应以社会需求为导向，主动拥抱数据科学，明晰统计思维，创新分析方法，完善学科体系，培养复合型的应用统计专业人才，建议如下：

（一）明确应用统计专业硕士与学术硕士的培养目标，建立多元化的评价体系

应用统计专业硕士和统计学学术学位硕士在培养目标上是有区别的。应用统计专业学位的培养目标是以专业实践为导向，重视实践和应用，培养在专业和专门技术上受到正规的、高水平训练的高层次人才，授予学位的标准要反映统计专业领域的特点和对高层次人才在统计专门技术工作能力和学术能力上的要求。统计学学术学位的培养目标是以学术研究为导向，偏重理论和研究，培养高校教师和科研机构的研究人员为主。专业硕士和学术硕士在培养目标上各自有明确的定位，因此，在教学方法、教学内容、授予学位的标准和要求等方面均有所不同。在专业学位与学术学位的评价体系上，应建立不同的评价体系。

（二）以社会需求为导向，更新应用统计专业学位教育的课程体系

统计与实质性问题的关联是体现统计学价值的主要体现。大数据时代，通过现代统计学理论方法与实质性领域应用的关联，解决实质性问题、促进管理服务能力提高，是现代统计学应用的主要方向，也是现代统计学发展的主要趋势。专硕教育是培养在某一行业能够解决实际问题、具有开阔视野和实践应用能力的复合型人才。学院在专硕和学硕的培养方案上虽然有明显区别，但是在实际教学中却是混合培养，专硕和学硕只是在学术要求上有所不同，课程和教学要求基本一致，并没有满足专硕的应用型教学需求。

因此，在课程体系上，应用统计专业学位教育应与社会需求紧密结合，与时俱进，突出明显的应用统计专业职业定位。例如，产品数据工程师、算法工程师、数据分析师、调查员、项目管理员、统计分析师等职业定位中所需的高、精、新的前沿知识要纳入课程体系。

（三）积极开展"大作业、大项目综合训练"的教学模式，培养学生创新思维，提高学生实践应用能力

提高实践能力是专业硕士培养环节的关键点。因此，在理论教学中，建议更新老旧教材，拓展校企合作，学习国外先进教学模式，引入企业课题研究、热点案例讨论、行业前沿探索等实践性强的课程，并积极开展以"大作业、大项目综合训练"的教学模式，注重培养学生的自主学习能力、创新思维习惯和实践应用能力。在知识贡献上，专业学位也有知识贡献，如果将知识创新的形态分为理论创新、实践创新、集成创新（理论与实践结合）等，专业学位知识创新就属于实践创新。

（四）投入专项建设经费，建立优质的专业实践基地，拓展优质的社会实践资源

应用统计专业硕士比较偏重实务技能的培养，这便需要投入专项建设经费，建立优质的专业实践基地。可以通过校企合作，或者外包服务的方式，建立应用统计技术技能培养的专业实践基地，专门开设 Python 实战、SQL 实战等实用型计算机课程，提升学生的工作技能。

学院还应积极拓展优质的社会实践资源，鼓励专硕学生参与国际组织实习、政府统

计调研、大型活动志愿者服务、知名企业实习，帮助学生了解行业现状，更好地学以致用。

学校的就业指导机构应加强与用人单位和校友的对接，紧跟行业需求变化，了解企业用人导向，对接行业需求。

（五）建立差异化管理体系，提高专业学位与学术学位的管理效率

鉴于专业学位与学术学位培养目标的不同，高校在专业学位与学术学位的管理上应实施差异化管理。学院在专硕的培养方案上有设置校外导师机制，但是，在实际教学中，校外导师未能发挥职业规划、行业实践的指导作用。建议落实双导师机制，动员整合校友资源，为每一个专硕班级匹配一个校友导师团。实现每名专硕学生匹配 1 名学术导师、1 名校外导师、1 个校友服务团的"1+1+N"培养模式。

论如何提升专业学位硕士研究生培养质量

周四军[*]

提　要　专业学位研究生教育是为完善我国学位制度，加速培养经济建设和社会发展所需要的高层次应用型专业人才而设置的，是职业化、社会发展的必然要求。本文就如何提升专业学位硕士研究生培养质量进行了研究，并提出了相关政策建议。

关键词　专业学位；硕士研究生；培养质量；政策建议

一、专业学位硕士研究生培养目标定位

目前，我国已基本形成了以硕士学位为主，博士、硕士、学士三个学位层次并存的专业学位教育体系。专业学位，是相对于学术学位而言的学位类型，是针对社会特定职业领域的需要，培养具有较强的专业能力和职业素养、能够创造性地从事实际工作的高层次应用型专门人才而设置的一种学位类型。专业学位硕士研究生目标定位是：培养在某一专业（或职业）领域具有坚实的基础理论和宽广的专业知识、具有较强的解决实际问题的能力、能够承担专业技术或管理工作、具有良好职业素养的高层次应用型专门人才。专业学位与相应的学术学位处于同一层次，但培养目标不同，学术学位硕士研究生则主要是培养学术研究人才。培养方式也不同，专业学位研究生课程设置以实际应用为导向，以职业需求为目标，以综合素养和应用知识与能力的提高为核心；教学内容强调理论性与应用性课程的有机结合，突出案例分析和实践研究；教学过程重视运用团队学习、案例分析、现场研究、模拟训练等方法，注重培养学生研究实践问题的意识和能力。而学术学位研究生的课程设置侧重于加强基础理论的学习，重点培养学生从事科学研究创新工作的能力和素质。硕士层次专业学位有金融硕士、应用统计硕士等 39 种，博士层次专业学位有口腔医学博士等 5 种，学士层次专业学位有建筑学学士 1 种。

我国硕士研究生招生规模从 2005 年的 312，292 人，一直扩大到 2020 年的 990，504 人，在这 15 年间，我国硕士研究生招生规模增长 2.17 倍，专业学位研究生教育的规模和质量稳步提升。2020 年，面对严峻复杂的国内外环境特别是新冠肺炎疫情的严重冲

---

*　周四军，经济学博士，湖南大学金融与统计学院教授，主要研究方向：经济统计分析。

击，教育系统坚持以习近平新时代中国特色社会主义思想为指导，认真贯彻落实党中央、国务院各项决策部署，积极推进教育事业改革发展，各项工作取得了突破性进展，各级各类教育均取得较大成就，如期实现教育"十三五"规划确定的各项主要目标。2020 年，全国共有研究生培养机构 827 个，其中，普通高等学校 594 个，科研机构 233 个。全国共招收硕士研究生 990504 人，全国在学硕士研究生 2673049 人，毕业硕士研究生 662451 人。2020 年，全国招生、在学和毕业的硕士研究生数量分别比 2019 年增长 22.08%、9.57% 和 14.79%。

我国研究生招生录取与培养管理正面临着严峻挑战，不断推进政策改革将成为中国硕士研究生教育发展的重中之重。在国家政策的引导与要求下，近年来，专业硕士招生规模不断扩张。专业硕士扩招，是研究生教育的重大历史转型，也是加快我国经济发展方式转变和产业结构调整的迫切需要。研究生招生政策全面向专业硕士倾斜，教育部要求各招生单位进一步扩大招生比例。2010 年，高校开始减少学术硕士，让位于全日制专业硕士，从 2014 年起，教育部下达推免名额时，不再区分学术学位和专业学位，不再设置留校限额，推荐高校也不得对本校推免名额限制学术学位与专业学位报考类型，不得自行设置留校限额或名额。研究生招生政策全面向专业硕士倾斜，2016 年以后，我国的专业硕士招生人数开始超过学术硕士。2020 年，全国共招收硕士研究生 990504 人，其中，招收学术学位硕士研究生 388009 人，招收专业学位硕士研究生 602495 人。2020 年，全国在学硕士研究生 2673049 人，其中，在学学术学位硕士研究生 1038265 人，在学专业学位硕士研究生 1634784 人。2020 年，毕业硕士研究生 662451 人，其中，毕业学术学位硕士研究生 292992 人，毕业专业学位硕士研究生 369459 人。在 2020 年全国招生、在学和毕业的硕士研究生中，专业学位研究生的数量已经大大超过了学术学位研究生，两者的比例分别是 1.55∶1、1.57∶1 和 1.26∶1。专业学位硕士研究生培养成为我国硕士研究生培养的重要主体。

二、构建专业学位硕士研究生培养质量体系

高等教育要改变人才供给结构不合理的状况，就要积极进行人才培养模式的改革，专业学位硕士研究生的培养虽然 1991 年就已经开始，但是当时的专业学位研究生教育主要针对的是已经工作的在职人员，满足他们在职提高的要求，2009 年后才得以大力推广。专业学位硕士研究生的培养模式在实践中不断探索，随着专业学位硕士研究生招生规模的不断扩大，专业学位硕士研究生的培养质量问题显得越来越重要。专业学位硕士研究生的培养质量是一个系统工程，包括专业课程与课程体系建设、实验教学与实习实践、双导师制与导师考核、学位论文撰写与答辩四个方面。

（一）专业课程与课程体系建设

专业学位硕士研究生全日制学制一般为 2~3 年，非全日制学制一般为 3 年，实行学分制，学分一般为 70 学分左右。学分要求如下：课程总学分一般为 35 分左右，专业学位硕士研究生的课程体系包括公共基础课、专业必修课和专业选修课。其中，公共基础

课一般为 7 学分左右，专业必修课一般为 18 学分左右，专业选修课一般为 10 学分左右。课程学习是提高研究生理论水平的重要环节，课程学习一般集中安排在第一学年。跨学科报考的专业学位硕士研究生补修本专业 2 门本科专业骨干课程，不计学分。

（二）实验教学与实习实践

专业学位研究生课程设置应以实际应用为导向，以职业需求为目标，以综合素养和应用知识与能力的提高为核心；教学内容强调理论性与应用性课程的有机结合，突出案例分析和实践研究；教学过程重视运用团队学习、案例分析、现场研究、模拟训练等方法，注重培养学生研究实际问题的意识和能力，注重培养实践研究和创新能力，增长实际工作经验，缩短就业适应期限，提高专业素养及就业、创业能力。

专业实践是全日制专业学位硕士研究生培养过程中的重要教学和科研训练环节，高质量的专业实践是专业学位研究生教育质量的重要保证。在具体的学习过程中，要求有为期至少半年（应届本科毕业生实践教学时间原则上不少于 1 年）的实践环节。建议专业实践环节按规定要求完成者计 6 学分，可采用集中实践与分段实践相结合的方式。培养单位要提供和保障开展实践的条件，建立多种形式的实践基地，加大实践环节的学时数和学分比例。注重吸纳和使用社会资源，合作建立联合培养基地，联合培养专业学位研究生，改革创新实践性教学模式。研究生要提交实践学习计划，撰写实践学习总结报告。实习部分的学分占学生总学分的一部分，对研究生实践实行全过程的管理、服务和质量评价，确保实践教学质量的评估。

在专业实践环节，研究生应深入到与本人研究方向相关的社会生产领域进行专业实践活动，时间和方式由导师根据学生培养方向确定，比如辅助教师指导和参与本科学生的社会实践、参与导师科研课题的研究工作、与学生本人研究方向相关的社会实践等。专业实践完成后，要提交专业实践计划，撰写实践学习总结报告。不参加专业实践或参加专业实践考核未通过的学生，不得申请学位论文答辩和毕业。

（三）双导师制与导师考核

在国外的高等教育评估领域，教育服务质量运用十分广泛，但是在我国还处于理论探索阶段。如何将教育服务质量引入专业学位研究生教育质量评估中，从有形性（教学设施）、可靠性（教学能力）、移情性（教学态度）、保证性（教学内容）、有效性（教学方法）五个维度构建专业学位研究生教育服务感知质量测评体系。如何将其运用于专业学位研究生教育质量评估实践中是当前急需解决的问题。因此，在专业学位研究生教育质量评估过程中，可适当增加对教育服务质量的评估，将教育服务质量列为专业学位研究生质量评估的一个重要因素，充分发挥学生对教育质量的评价作用。

研究生导师制是高校研究生培养制度的核心内容之一，导师肩负着知识传递、道德熏陶、创新能力培养等重任，在研究生教育过程中发挥着不可替代的作用。但是，对于大多数导师来说，专业学位研究生是个新兴事物，面对这样一个有些突如其来的改革，很多老师都不太适应。自 2010 年始，国务院学位委员会审批通过的硕士专业学位类别，纳入全国硕士研究生统一招生安排，专硕进入研究生招生的主渠道，而且专硕培养要求

"双导师制"。因此，专业学位研究生的培养对导师来说是一个挑战。一方面，在导师的数量上要予以保证，可以采取聘用兼职校外导师的方式；另一方面，导师要到实务部门进行锻炼，获取实际工作经验，将理论与实践相结合，提高指导应用型研究生的能力。

（四）学位论文撰写与答辩

学位论文选题应来源于研究课题或实际经济问题，必须具有一定的理论价值与现实应用价值。学位论文内容和形式可以是理论与方法的应用研究、实际问题的研究等。学位论文须独立完成，应能体现学生综合运用学科理论、方法和技术手段解决实际问题的能力。学位论文可以在校内或相关企业完成，具体由导师和学生自主确定。开题报告应公开进行，距离申请学位论文答辩的时间一般不少于一年。开题报告应包括选题的背景意义、国内外研究动态及发展趋势、主要研究内容、拟采取的技术路线及研究方法、预期成果、进度安排等。

学位论文中期检查应公开进行。在学位论文工作的中期，学院组织考核小组，对研究生的思想政治表现、综合能力、论文工作进展情况以及工作态度和精力投入等进行全面考查，距离申请答辩的时间不少于半年。通过者，准予继续进行论文工作。学位论文中期检查不通过者，半年之后再次参加中检。经过 2 次中检仍不合格者，将取消其继续攻读硕士研究生资格。学位论文的评审应着重审核学生综合运用学科理论、方法和技术手段解决实际问题的能力；审核其解决实际问题的思路、方法和进展；审核其统计技术的先进性和可行性；审核学位论文工作的技术难度和工作量。学位论文应聘请本领域或相近领域的一二位具有丰富应用研究经验的专家进行评阅。答辩委员会中可聘请一名来自企业或应用研究部门的同行专家。

三、提升专业学位硕士研究生培养质量的对策建议

（一）专业学位研究生与学术学位研究生分类培养

一方面，要把握全局，注重学术学位硕士研究生与专业学位硕士研究生在规模上的协调；另一方面，在招生考试上，要实行分类考试，把握考试难度，不仅是专业学位与学术学位要分开招考，是否有工作经验也要分开考试，全日制研究生和非全日制研究生要分开培养。否则，最终招录的如果都是应届毕业生，教师面对的是毫无实际工作经验的本科毕业生，在短时间内进行案例分析及实践教学的效果得不到保证，实质性的改革也难以推进。专业学位研究生与学术学位研究生应该制定相应的培养方案，确定不同的目标定位，构建不同的课程和课程体系，实施分类培养。

（二）指导研究生参与科研项目研究，提供专业学位研究生的科研能力

专业学位研究生同样需要加强科学研究训练，积极参与导师主持的科研项目，包括纵向的省部级、国家基金项目等，这类课题主要是理论研究或者应用基础研究。通过参与纵向研究课题，可以培养专业学位研究生的学术性思维、创新意识和批判性创新精神，

进而培养学生的科研创新能力。科研项目也包括横向科研课题，主要是来源于需要解决现实问题的各企事业单位，包括企业进行产品研发、技术难点、管理等问题的解决。通过参与横向科研课题，可以帮助专业学位研究生将理论知识应用于实践，增强行业认知水平、专业能力以及知识应用能力。

（三）推行双导师制，充分发挥校内导师的主导作用

研究生培养实行导师责任制，专业学位研究生需要大力强调应用实践能力，校内导师多数是从象牙塔到象牙塔，严重缺乏行业实践经验，因此需要推行企业和学校双导师制。

但是，专业学位研究生的校外导师在指导方面仍存在着许多不如人意之处，比如指导频率比较低、流于形式、部分导师指导学生胜任力不足等，而校内导师的指导对研究生实践能力的提升有着重要的促进作用，因此充分发挥校内导师的主导作用，需要加强校内外导师之间的沟通交流。

参考文献：

［1］李伟，闫广芬. 专业学位研究生培养模式的理论探析与实践转向——基于分类观的视角［J］. 研究生教育研究，2021（5）：51-57.

［2］刘文光，贺红林，邢普. 专业学位研究生创新实践能力培养路径研究［J］. 教育教学论坛，2021（4）：145-148.

［3］贾兴文，彭小芹. 专业学位硕士研究生校企联合培养模式分析与评价［J］. 大学教育，2020（9）：173-175.

［4］尤嘉阳. 全日制专业学位硕士研究生"校企联合"实习实践基地建设的探索［J］. 大学教育，2019（12）：157-159.

［5］刘扬，马永红. 世界一流大学专业学位研究生培养模式研究——以三所香港高校为例［J］. 研究生教育研究，2017（2）：81-88.

［6］尚红娟. 美国专业学位研究生教育质量保障体系［J］. 中国高等教育评估，2016（3）：56-65.

［7］樊颖，李刚，崔强. 全日制专业学位研究生的就业困境与出路探讨［J］. 教育，2015（31）：241-241，243.

［8］林莉萍. 专业学位研究生实践能力培养现状及提升策略［J］. 中国高等教育，2014（12）：58-59.

专业硕士培养中的问题与建议

胡荣才*

提　要　在概述我国专业硕士发展历程的基础上，讨论了专业硕士培养过程中的典型问题，针对如何提高金融专业硕士培养质量提出了几点建议。

关键词　专业硕士；培养质量；金融专项

一、专业硕士的发展历程

专业学位研究生教育是培养高层次应用型专门人才的主渠道。1990 年，国务院学位委员会第 9 次会议审议通过《关于设置和试办工商管理硕士学位的几点意见》，设立了我国第一个专业学位，决定设置和试办专业学位教育，开启了专业学位研究生教育的先河。工商管理硕士 1991 年开始正式招生，专业学位教育制度开始实行。1992 年，国务院学位委员会第 11 次会议批准了有关学位委员提出的"关于按专业授予专业学位证书的建议"，是我国学位制度的重大突破，改变了学位条例中只按门类授予学位的方式。[1]

经过十余年的探索与发展，教育部《关于加强和改进专业学位教育工作的若干意见》（学位［2002］1 号）指出，我国专业学位教育发展的实践证明，专业学位教育适合我国国情和教育实际，已成为学位与研究生教育的重要组成部分，是培养应用型高层次专门人才的重要途径。

2009 年和 2010 年，是我国专业学位研究生教育发展历程中十分重要的两个年份，专业学位研究生教育进入到一个新的历史阶段。一是 2009 年 3 月，教育部党组决定增招硕士研究生，全部用于招收应届本科毕业生全日制攻读硕士专业学位；二是自 2010 年始，国务院学位委员会审批通过的硕士专业学位类别，全部可以纳入全国硕士研究生统一招生安排。[2] 2010 年，教育部《关于印发金融硕士等 19 种专业学位设置方案的通知》（学位［2010］15 号），公布了国务院学位委员会第 27 会议审议通过的金融硕士等 19 种硕士专业学位设置方案，决定在我国设置金融、应用统计、税务、国际商务、保险、

---

　　* 胡荣才，经济学博士，湖南大学金融与统计学院副教授，主要研究方向：产业结构优化、绿色金融、金融工程。

资产评估、警务、应用心理、新闻与传播、出版、文物与博物馆、城市规划、林业、护理、药学、中药学、旅游管理、图书情报、工程管理19种硕士专业学位。

经过30多年的努力和建设，我国专业学位教育发展迅速，取得了显著的成绩，形成了以硕士学位为主，博士、硕士、学士三个层次并存的专业学位教育体系，逐步构建了具有中国特色的高层次应用型专门人才培养体系，为经济社会发展做出了重要贡献。因此，《专业学位研究生教育发展方案（2020—2025）》提出，到2025年，以国家重大战略、关键领域和社会重大需求为重点，增设一批硕士、博士专业学位类别，将硕士专业学位研究生招生规模扩大到硕士研究生招生总规模的2/3左右，大幅增加博士专业学位研究生招生数量。

二、专业硕士培养过程中的典型问题

（一）专业学位与学术学位的定位

学术学位，亦称科学学位，主要面向学科专业需求，培养在高校和科研机构从事教学和研究的专业人才，其目的重在学术创新，培养具有原创精神和能力的研究型人才。专业学位，或称职业学位，是相对于学术学位而言的学位类型，培养适应社会特定职业或岗位的实际工作需要的应用型高层次专门人才。[3]专业学位人才培养与学术学位人才培养是高层次人才培养的两个重要方面，处于同一层次，培养规格各有侧重，在高等院校人才培养工作中具有同等重要的作用。但是，在实际培养过程中，简单套用学术学位发展理念、思路、措施的现象仍不同程度存在，未能充分体现二者定位的差异。

（二）专业学位培养目标的理想与现实：以金融专项为例

根据国务院学位委员会制定的《金融硕士专业学位设置方案》，金融硕士专业学位的培养目标，是"培养具备良好的政治思想素质和职业道德素养，充分了解金融理论与实务，系统掌握投融资管理技能、金融交易技术与操作、金融产品设计与定价、财务分析、金融风险管理以及相关领域的知识和技能，具有很强的解决金融实际问题能力的高层次、应用型金融专门人才"。在实际培养过程中，因为培养单位资源条件的限制，更多沿用"研究型"的培养模式，产教融合育人、培养单位和行业产业之间的人才交流与共享机制尚未健全，专业学位的"应用型"特征未能充分体现，培养质量亟待提高。

（三）因实践而带来的紧迫感

硕士教育发展的三个主要环节，分别是课程学习、实习实践和毕业论文。《金融硕士专业学位设置方案》要求：金融硕士培养过程须突出金融实践导向，加强实践教学，实践教学时间不少于半年。无论是根据设置方案的规定，还是根据未来求职时招聘单位的要求，学生都有在读期间参加实习的必要，特别是当前就业形势日趋紧张的情况下，学生更存在刷实习经历的动机和欲望。两年制的情况下，课程学习和实习实践两个环节占用了两年时间中的绝大部分：学生第一年在校完成课程学习，暑假乃至第一学年即开始实习实践，第三学期进入招聘季开始找工作，之后着手撰写毕业论文、答辩，然后毕业。两年的时间相当紧凑，连完成毕业论文都只有短短的几个月，几乎没有时间开展适量的科研活动。相对于学术学位研究生，专业学位研究生对学校和导师的科研贡献有限，而目前对培养单位和导师的考核评价主要以科研为导向，使得一些培养单位及其导师忽视人才培养这一高等教育的首要任务，招收培养专业学位研究生的积极性不高。[4]

（四）流于形式的双导师制

《金融硕士专业学位设置方案》要求：金融硕士专任教师须具有较强的专业实践能力和教育教学水平；重视吸收来自金融实践领域的专业人员承担专业课程教学，构建"双师型"的师资结构。专任教师强于理论且教育教学水平较高，而实践能力一般较为薄弱，亟须来自金融实践领域的校外导师补充。在实际培养过程中，虽然聘请了来自金融实践领域的专业人员作为校外导师，但是缺乏有效协调校内外导师的机制安排，[5]在课程教学、毕业论文开题、中检和答辩、实习实践等各个环节，校外导师都很少参与，没有充分发挥设置方案所要求的作用，最终导致双导师制流于形式，名存而实亡。

（五）学位论文定位的理想与现实冲突

《金融硕士专业学位设置方案》要求：学位论文须与金融实践紧密结合，体现学生运用金融及相关学科理论、知识和方法分析、解决工程金融实际问题的能力；论文可以是理论研究、调研报告、案例分析、毕业设计等；学位论文答辩形式可多种多样，答辩成员中须有金融实践领域具有专业技术职务的专家。硕士学位论文是理论与应用的综合体，学术硕士论文侧重理论创新与建构，专业硕士论文则侧重用理论解决问题，[6]两者既有共同点，也有不同之处。但是从现实来看，二者的同质化现象相当严重，且更倾向于学术硕士论文，其中的重要原因，既有导师科研的考核压力，[7]也与校外导师较少参与学生的培养环节有关。

三、提高金融专业硕士培养质量的建议

（一）加强导师队伍建设，切实发挥校外导师的作用

第一，完善校外导师遴选机制。新聘专业学位研究生导师须有在行业产业锻炼实践半年以上或主持行业产业课题研究、项目研发的经历，对校外导师候选人从指导意愿、指导能力、学术造诣、社会影响力等角度进行综合评估，遴选出优秀且真正富有责任感的校外导师。

第二，建立切实有效的激励机制，促进校外导师积极主动地参与专业硕士培养环节和过程。

（二）明确学制的长短

关于专硕的学制究竟是两年、两年半还是三年，各有拥趸，不同高校也有各自的选

择，一直处于争议之中。修业年限即学制作为研究生教育的重要制度，关系到研究生培养的整体规划，[8]是整个培养过程中决定性的影响因素，决定了学生报考时关于学硕还是专硕的选择、求学成本的高低、就读期间的整体规划、导师的指导方式、毕业论文的形式等。因此，建议学校乃至教育部明确学制的长短，并做好相应的整体规划，以便于学生选择和导师执行。

（三）明确毕业论文的形式

因为没有明确的指导性文件，对于毕业论文该走学术硕士还是专业硕士的路，指导教师和学生都处于心里没底的状态，若选择专业硕士论文的形式，万一论文中检和答辩时通不过，对导师和学生都有重大影响。为保险起见，指导教师和学生都更愿意沿用学术硕士毕业论文的线路，但这又背离了设置方案的初衷。因此，建议对专业硕士毕业论文出台明确的指导性文件，规定论文的形式和撰写规范，完善专业学位论文评审和抽检办法，推动专业学位论文与学术学位论文分类评价。

参考文献：

［1］黄宝印，唐继卫，郝彤亮. 我国专业学位研究生教育的发展历程［J］. 中国高等教育，2017（2）:18-24.

［2］黄宝印. 我国专业学位研究生教育发展的新时代［J］. 学位与研究生教育，2010（10）：1-7.

［3］教育部. 关于加强和改进专业学位教育工作的若干意见（学位〔2002〕1号）.

［4］孙也刚，唐继卫，朱瑞. 我国专业学位研究生教育发展路径探究［J］. 学位与研究生教育，2014（9）：1-4.

［5］申韬，郑炫. 新时期地方院校金融专硕"双导师"队伍规范建设探讨［J］. 广西教育学院学报，2019（4）：133-138.

［6］王东海，王楠."问题导向"的学硕与专硕学位论文选题区隔研究［J］. 鲁东大学学报（哲学社会科学版），2014（5）：84-89.

［7］涂露露. 基于学位论文分析的专硕与学硕培养错位问题研究［D］. 南昌：江西财经大学，2020.

［8］俞杨. 专硕变3年，考研党又慌了？［N］. 中国新闻周刊，2021-12-10.

应用统计专业硕士人才培养的现状和发展对策分析

王小燕[*]　　张中艳[**]

提　要　随着大数据技术和社会经济的快速发展，企业对应用型人才的需求急剧增加，给应用统计学带来了新的机遇。各大高校培养应用统计专业人才迫在眉睫。但是在培养人才的过程中，还存在一些问题。本研究首先讨论了应用统计专业硕士人才培养现状及在培养过程中出现的问题，最后给出了相应的对策建议，力图为高校培养应用统计专业硕士人才提供服务。

关键词　应用统计学；人才培养；发展对策分析

一、引言

统计学主要是通过收集和分析数据，对数据及实际问题进行解释，对社会中一些问题做出决策。统计学的理论和方法在金融、企业生产经营管理、国家统计局等多个领域被广泛应用，是一门非常重视"解决实际问题"的社会科学。近年来，随着大数据技术和社会经济的快速发展，数据资源在各行各业具有爆炸式增长等特点，需要特别专业的应用统计人才对其进行挖掘，分析出其内在关系，这就导致社会对于高质量应用统计专业人才的需求也越高。因此，对于各个高校而言，培养高质量的应用统计专业人才并输送到企业或各大事业单位迫在眉睫。然而，在培养人才的过程中存在着很多问题。例如，李颖畅等（2014）指出，适合企业发展的新颖应用统计人才与高校培养的人才不匹配；刘峥（2017）提出，高校与企业之间的合作方式与内容不完善等问题；同时，还存在培养目标不明确，培养方案不合理，师资专业技能不足，学生实习形式单一等问题（李厚忠，2017）。综上，本文对应用统计专业硕士培养存在的问题进行了分析，并提出了相应的对策分析。

---

　*　王小燕，经济学博士，湖南大学金融与统计学院副教授，主要研究方向：数据挖掘。

**　张中艳，湖南大学金融统计学院硕士研究生，主要研究方向：数据挖掘。

二、应用统计专业硕士人才培养的现状分析

（一）应用统计人才培养的发展历程

应用统计学是通过收集数据，对数据进行处理并解释实际现象，是一门注重解决实际问题的社会学科，其培养模式和培养目标随着社会需求在不断变化。改革开放 40 多年以来，统计学人才培养的发展大致经历了三个阶段：初步探索阶段、逐步成熟阶段和深化创新阶段。在 20 世纪 80 年代初期，统计学专业人才主要应用于计划经济的编制、执行与监督方面。在 1978 年国家统计局召开的"峨眉会议"中确定培养统计学人才是统计学教育和科研培养的重要力量（罗良清和郭露，2018）。在 20 世纪 90 年代末，随着社会经济的逐步复兴和发展，社会对统计学专业人才的需求逐步增加，特别是在企业和事业单位。到 21 世纪，随着科技和信息技术的发展，数据资源在社会各行各业的广泛存在引起了人们的重视，而应用统计学是与数据联系最多的一门学科，对于社会的发展有着不可替代的作用。2015 年，党十八届五中全会指出，"实施国家大数据战略，全面推进我国大数据的发展和应用"。因此，大数据时代给应用统计学的发展带来了新的机遇（孙一月，2021）。然而，以往有很多高校并未开设应用统计学专业，近年来也相继开设。在新开设应用统计学专业的高校中，因教学经验和师资不足等因素，在培养人才的过程中出现了诸多问题，以致于培养的人才不能满足当今社会的需求，不能很好地在社会中立足。因此，有必要找出上述问题中的原因并进行针对性解决，这对应用统计专业人才的培养有着重要的作用。

（二）应用统计人才培养存在的问题

当前，应用统计专业人才培养过程中存在重理论、轻实践、创新性不足等问题，这与社会实务部门对应用统计专业人才的要求差异较大。应用统计人才培养存在以下问题：

1. 人才培养定位不明确

各高校在培养应用统计人才的过程中，培养目标含糊，使得应用统计人才不能适应社会经济发展的需求，培养的一些学生只能进行简单的数据预处理等操作，缺乏一定的数据挖掘和深度学习方面的实际操作能力。例如，应用统计专业的毕业生在毕业之际找工作时遇到难题，即自身条件达不到企业需求人才所具备的能力，导致许多毕业生找不到心仪的工作。因此，应用统计的高质量人才应在具备统计理论的同时，还应具备较强的实操能力，各大高校应了解社会企业的实际需求，培养社会所需要的应用统计专业人才。

2. 师资力量比例不协调，实践形式单一

在某些高校中，部分教师的研究方向和知识体系较为陈旧，多为理论课程，实践性不足，这与社会经济发展的速度不匹配。部分高校科研经费不足或其他原因，导致教师

继续深造学习的机会减少，或招聘不到新的教师来注入新鲜血液，进而影响学生学习的积极性和学科的发展进步。在实践方面，某些高校的应用统计实践课程的比例远低于所修总学分的 20%，实践形式单一，如小部分学生在统计局进行电话调查实习，在财政局进行简单的 office 操作实习等（刘淼等，2017）。多数学生选择自由实习，对于学生的实习工作和实习任务的质量，学校并不知情。同时，根据学生反映的实习情况，多数学生在实习单位的实习任务为打杂，工作需求和匹配的岗位有限，此外，单位的员工也不会将重要且专业的任务交给实践能力不足的学生。这对于学生而言，实践能力难以提升。

3. 授课方式和课程设置不足

截至目前，多数高校的授课仍在普通教室进行，即教师在讲台上传授及学生在教室听讲。该类授课方式对于应用统计专业的学生来说非常被动（刘淼等，2017），是一种重理论轻实践的授课方式，让学生对知识体系"消化不良"，学习效果不佳。这会导致应用统计专业学生的自身条件不能满足社会对应用统计专业人才的需求。此外，在课程设置中，许多课程具有高度重复性，如应用回归分析与多元回归分析，难以激发学生的学习兴趣。高校在指定培养方案时，应考虑到课程的重复性和前沿性，可设置一些与实际问题相近的课程，如深度学习、机器学习、大数据挖掘等。

三、应用统计专业硕士人才培养的发展建议

（一）优化培养方案

现有的应用统计专业硕士的培养方案较为陈旧，仍保持着传统的课程体系，缺乏对应用统计学应用于社会企业前沿问题需求的分析和讨论，这会导致该专业的学生在就业市场中缺乏较强的竞争能力。因此，培养方案要敢于摒弃陈旧落后的课程体系，保留核心专业课程，又要紧跟社会需求，将应用统计学能解决的实际问题和热点问题融入新的教学课程体系中，即要增加实践课程，全面调动学生学习研究实际问题和热点问题的积极性，激发学生的学习兴趣。高校教学机构在课程设置和培养方案制定的过程中，应考虑学生从在校学习期间、实践课程到工作应聘等一系列过程中遇到的实际问题和需要的统计理论方法，建立包含理论课程、实践学习、毕业环节和就业规划与指导等全面的系列课程。

（二）合理搭配师资

在当前全国各高校的统计教师中，统计师资缺乏导致对应用统计专业硕士的培养方向单一。大多数高校师资要么只有经济统计学方向，要么只有数理统计学方向，而对于学生来说，有些学生可能对生物统计学方向感兴趣。因此，高校在师资搭配过程中，应全面考虑到学生的兴趣及需求，尽量招聘各个研究方向的师资，合理搭配师资，确立"多元化"的研究方向。

（三）建立多元化的培养模式

一是建立"理论学习+实践比赛+科研项目"的方式，其中，应用统计专业的赛事主要包括：统计建模大赛，数学建模大赛和大数据的应用创新大赛等。二是教师应多鼓励学生参与到科研项目中，旨在激发学生的兴趣和积极性，深化学生对学科知识的理解，并锻炼学生解决复杂问题的能力。三是加强校企合作。在大多数高校的教学模式中，主要采用"理论教学和学生自主实践"的培养模式。这种培养模式的实践平台有限，不能满足学生的实践需求，因此需要建立多元化的培养方式对其进行改进，主要表现在加强学校和企业之间的合作，给学生提供更多的实习实践机会。高校在搭建学生和企业之间联系的过程中有着不可或缺的作用。因此，高校应发挥其拥有的资源优势，积极与企业进行沟通并建立合作，给学生提供更好的平台，培养出实践性更强的应用统计人才。

（四）建立多元化的授课方式

2020 年以前，授课方式多为线下进行。自 2020 年以来，随着新冠疫情的爆发，线上教学已成为疫情形式下不可替代的教学方式，这对线下教学方式有着一定的冲击。怎样处理两者的矛盾已成为高校必须要考虑的问题（祝志川和蒋薜，2021）。线上教学和线下教学都有着各自的优缺点。在线下教学过程中，教师可根据学生在理论课堂或实践课上的反应和理解程度自适应地调整教学进度、教学安排和计划，师生之间的互动更加充分。同时，教师也可对自律性较差的学生起着强有力的监督作用。缺点是，若教学场地较小，对于学生特别感兴趣的课程，可被传授知识的学生覆盖面不广泛。而对于线上教学而言，受教学生人数无约束，但可能由于网络或设备等原因，师生之间的互动受限，教师不能更好地对学生进行监督，从而使得课程效果较差。因此，多元化教学应考虑线上教学和线下教学的优点，尽可能地避免缺点。首先，在疫情可控的情形下，高校应采取线下教学为主、线上教学为辅的方式。对于理论课来说，采用线下授课方式以便于学生对知识体系的深度理解；对于实践编程技术课程来说，如 Python 编程或 R 语言编程课程，教师可采用线上教学为主，这有利于学生在听课的同时对程序进行编写和调试，可达到较好的授课效果，激发学生的学习兴趣。其次，当疫情不可控而采取线上教学时，教师应先安排学生提前做好预习，在授课的过程中，采用多提问的互动方式，让学生专注于课堂，这不仅能让学生充分吸收课堂内容，还能起到监督学生听课效果的作用。

四、总结

随着互联网技术和社会经济的快速发展，统计学被广泛应用于各个领域。要成为应用统计专业人才，首先应掌握一定的统计学基础理论，并精通一门软件编程语言；其次应多进行实践实习工作，利用统计学方法来解决实际问题。统计学虽有 40 多年的发展史，但在应用统计学的培养模式中出现了一些问题。高等院校是培养应用统计专业硕士的重要基地，其培养模式受社会快速发展的冲击，但也为应用统计学带来了一定的机遇。因此，各大高校应当肩负责任，培养优秀的应用统计专业人才并输送到各个行业，为社会的进步与发展做出力所能及的贡献。

参考文献：

［1］李厚忠. 基于卓越教学视角的地方本科院校应用型人才培养［J］. 中国成人教育，2017（4）：76-78.

［2］李颖畅，李作伟，吕艳芳. 地方本科院校应用型人才培养模式探析［J］. 中国电力教育，2014（30）：19-20.

［3］刘淼，韩柳，李辉. 统计学专业人才培养模式创新研究与实践——以伊犁师范学院为例［J］. 兰州文理学院学报（自然科学版），2017，31（05）：110-113.

［4］刘峥. 地方应用型本科院校校企合作人才培养模式探索——以物流管理专业为例［J］. 高教探索，2017（03）：41-44.

［5］罗良清，郭露. 改革开放40年统计学人才培养模式的演进与展望［J］. 中国大学教学，2018（12）：46-51.

［6］孙一月. 高校人才培养模式的探索——以统计学为例［J］. 科技风，2021（14）：22-24.

［7］祝志川，蒋犇. 面向大数据的经济统计学专业人才培养现状调查及分析［J］. 统计与管理，2021，36（11）：24-28.

应用统计专业硕士学位论文写作形式探讨

张立军[*]

提　要　学位论文是研究生的代表性学习结果，是培养质量的主要标志。目前，我国应用统计专业硕士学位论文写作形式比较单一，大多数采用的仍然是"学术论文"的形式，这与应用统计专业硕士的培养目标相悖。文章分析了我国应用统计专业硕士学位论文的写作现状，提出了完善应用统计专业硕士学位论文写作形式与评审标准的相关建议。

关键词　应用统计；专业硕士；学位论文；写作形式

学位论文是研究生的代表性学习结果，是培养质量的主要标志，在培养单位的内部管理中，对培养质量的评价主要针对的是学位论文。我国学位条例从法理上将学位论文确定为申请学位的必备条件，但政策层面并未对其形式和标准作统一要求，各培养单位一般以"学位论文撰写规范"等方式自行规定。

一、历史背景

自 2009 年开始，以应届本科毕业生为主的全日制专业硕士生教育快速发展，对专业硕士学位论文的管理上升到政策层面。《教育部关于做好全日制硕士专业学位研究生培养工作的若干意见》强调："要正确把握专业学位研究生学位论文的规格和标准。学位论文选题应来源于应用课题或现实问题，必须要有明确的职业背景和应用价值。学位论文形式可以多种多样，可采用调研报告、应用基础研究、规划设计、产品开发、案例分析、项目管理、文学艺术作品等形式。"

全国金融专业学位研究生教育指导委员会 2012 年第二次会议通过了《金融硕士学位论文写作指引》，指引对金融专业学位论文的基本要求是：运用基本理论阐述并研究、解决与金融实践相关的问题；论文论据充分，逻辑严密，力求创新，严禁抄袭。指引规定金融专业学位论文的基本形式主要有：案例分析、金融产品设计与金融实践问题解决方案、调研报告或基于实际问题分析的政策建议报告、学术论文等。此外，指引还要求：论文选题应紧密结合实践问题，不提倡过于学术化的论文，提倡多种答辩形式。

　＊　张立军，经济学博士，湖南大学金融与统计学院副教授，主要研究方向：经济统计。

全国统计专业学位研究生教育指导委员会没有出台相应的写作指引，所以仿照《金融硕士学位论文写作指引》，湖南大学金融与统计学院（后文简称为"金统院"）曾经出台《应用统计硕士专业学位论文写作指引（讨论稿）》，指引对应用统计专业学位论文和基本要求是：运用基本理论阐述并研究、解决与统计实践相关的问题；论文论据充分，逻辑严密，力求创新，严禁抄袭。论文的基本形式主要有：统计建模、统计实践问题解决方案、调研报告或基于实际问题分析的政策建议报告、学术论文等。论文选题应紧密结合实践问题，不提倡过于学术化的论文，提倡多种答辩形式。

二、全国应用统计专业硕士学位论文写作现状

从近年来中国知网上公开的学位论文数据来看，应用统计专业硕士学位论文绝大多数采用的仍然是"学术论文"的形式，采用其他如"统计建模、统计实践问题解决方案、调研报告、政策建议报告"等形式的极少。全国应用统计专业硕士学位论文写作形式的基本情况如表1。

表1　全国应用统计专业硕士学位论文写作形式统计

写作形式	学术论文	调研报告	其他研究报告	合计
篇数（篇）	4970	128	32	5130
比例（%）	96.88	2.50	0.62	1

三、金统院应用统计专业硕士学位论文写作现状

金统院于2011年开始招收应用统计硕士，现已毕业10届，共提交学位论文约120篇，其中，学术论文119篇，可行性研究报告1篇（见表2）。仅有的1篇非学术论文形式的学位论文题目为《私募股权投资可行性分析——以A公司为例》，该论文在盲审与答辩过程中，院内评审老师意见也有分歧，论文通过过程并不顺利。这里存在两个问题：其一，答辩老师对其他形式（非学术论文）的学位论文并不完全认可；其二，其他形式（非学术论文）的学位论文并没有统一、规范的写作模式和标准，学校提供的学位论文写作格式模板基本上与学术论文没有差别，导致学生难以把握整个论文写作过程。

表2　我院应用统计专业硕士学位论文写作形式统计

写作形式	学术论文	研究报告	合计
篇数（篇）	119	1	120
比例（%）	99.2	0.8	1

四、完善应用统计专业硕士学位论文写作形式与评审标准的思考

（一）注重考察研究生理解职业和介入职业的能力

关于能力目标，教育部《关于深化研究生教育改革的意见》提出，专业学位研究生培养模式要"以提升职业能力为导向"，质量评价机制要"注重职业胜任能力评价"。职业能力强调的是理解职业、介入职业和创造性地采取职业行动。理解职业和介入职业的能力是全日制专业硕士生最重要的能力目标。这种能力具体表现为：（1）当面对具有复杂性、不确定性、独特性等职业问题、实践问题时，能够将其构建成为一个可以研究的问题；（2）能够整合和运用各学科各领域的知识及以前所获得的知识、能力和专长等来思考和解决问题；（3）对问题的认识、解决办法以及获得的结果均符合职业所要求的规则；（4）实现了面向职业的专业社会化，掌握职业所需的知识、技能以及标准、价值和态度，做好扮演专业人士的准备。

（二）全面、具体地内化应用统计硕士研究生培养目标

金统院应用统计专业学位点培养目标为：培养具有坚实的统计基础理论和宽广的统计专业知识，系统掌握数据采集、处理、分析和开发的知识与技能，能够熟练运用统计方法解决社会经济中的相关问题，能够在政府部门、企事业单位、社会组织及科研教学部门从事统计调查咨询、数据分析、决策支持和信息管理的高素质、高层次、应用型统计专门人才。学位论文是研究生通过学习所能达到的知识和能力水平及综合素质最为集中的体现，是全面、具体地内化培养目标和学位内涵的载体，承载着人才培养规格和质量核心指标的理想设定。这样一个宏观目标需要具体化为可指导、可观测的目标，落实到学位论文的标准中。

（三）完善应用统计专业硕士学位论文写作形式和评审标准

目前，金统院应用统计专业硕士学位论文在写作形式上几乎千篇一律地采用学术论文的形式，究其原因，主要是对其他形式的学位论文的写作形式没有明确、规范的写作标准，相应地造成其他学位论文形式评价标准的缺失，从而导致学生不敢冒险选择其他类型的论文题目，指导老师也对指导此类选题没有把握。

《应用统计硕士论文写作指引（讨论稿）》中列出的学位论文的基本形式主要有：统计建模、统计实践问题解决方案、调研报告、学术论文。其中，统计建模、统计实践问题解决方案、学术论文三种形式其实并没有明确的界限，难以区分，其写作形式都和学术论文基本一致，所以有必要对调查分析报告（调研报告）形式的学位论文的写作模式与评审标准进行明确的规范。

1. 调研报告应包含的主要内容
调研报告主要内容应包括四个部分：（1）调查研究背景、意义（含相关综述）；

（2）调查研究设计与调查过程；（3）数据统计分析（含描述性统计分析与统计建模深度分析）；（4）调查结论及政策建议。

2. 调研报告的评审标准

（1）研究选题。研究选题重点关注对社会实际问题的关注与了解程度，以及从实际中发现问题的能力。研究选题从两方面进行评审。

一是题目设计。建议选题宜小不宜大，以便于组织调查和研究；选题应尽量切合实际，巧妙新颖。看了题目就能引发读者的兴趣，愿意继续读下去。

二是题目来源。鼓励来自社会实际部门的研究课题，包括政府、商业、社会委托的课题，学校老师承接的科研课题，同时也欢迎自主选题。

从提高学生实际调查能力的角度出发，提倡直接面对社会中实际存在的各种问题，运用所学的知识进行调查，服务社会。

（2）文献研究与研究方法。调查是一项综合性的调研活动，学生不仅需要从实际中采集数据，更应当学会研究、整理和吸收前人研究的经验和成果。这是一项完整的调研必不可少的阶段。因此，在调研报告中应当提交学生前期和调研工作过程中的文案研究结论和成果，并阐明这些研究与本次调查之间的关系以及在本次调查中所发挥的作用。

（3）方案设计。方案设计是调查的起点，没有好的调查方案就很难进行科学的调查。同时，方案设计是考查学生是否真正掌握了调查理论、能否正确和灵活运用调查理论的重要环节，更是考查学生发现问题、组织调查能力的重要环节。

对方案设计的评审主要包括三个方面：其一，整体方案的完整性、科学性、合理性和可行性；其二，问卷设计水平、访谈提纲水平、座谈会讨论设计水平；其三，调查方法设计水平，包括方法的选择（提示：不一定都用问卷调查采集数据，要根据情况选择适当的方法收集数据）、调查样本量的确定、抽样设计等。

方案设计部分，科学性和可行性是评审的重点，既要保证方案的科学性，又要考虑方案的可行性，从而考查学生掌握理论知识和灵活运用理论知识的能力。

（4）调查实施。调查实施评价的重点是学生的组织能力及控制能力。评审组应关注调查组织的合理性、调查程序的完整性和调查过程中的质量控制水平。首先，关注学生是否独立完成调查的组织和实施工作。如果有其他人员（如课题委托单位其他人员）参与，应当在报告或附注中加以说明。其次，根据调查方法及调查组织情况判断调查的难度和工作量，进而对学生的调查实施水平做出评审。

（5）分析与结论。数据的处理、分析和报告的撰写是调查的精彩部分，前期所做的大量工作的成果要通过这一环节展示给委托人和公众。因此，数据的处理、分析和报告的撰写是评审的重要内容。这一环节评审的内容主要有以下四点：

一是数据的处理是否规范、必要信息的提供是否完整（如调查的信度、效度信息等）；二是数据分析方法的应用是否正确和恰当；三是统计方法的应用是否深入与精确；四是根据数据分析得到的结论是否充分合理。评审组特别关注结论与数据之间的关联性，所有结论应当有调查数据（包括第一手数据和第二手数据）的支撑，且应当以第一手数据为主。

参考文献：

［1］国务院学位委员会．教育部．关于印发《专业学位研究生教育发展方案（2020—2025）》的通知．学位［2020］20 号，2020-09-25.

［2］国务院学位委员会．关于印发《硕士、博士专业学位研究生教育发展总体方案》《硕士、博士专业学位设置与授权审核办法》的通知．学位［2010］49 号，2010-09-18.

［3］张乐平，王应密，陈小平．全日制工程硕士研究生培养状况的调查与分析［J］．学位与研究生教育，2012（3）：11-17.

［4］朱梦应．我国专业硕士学位论文形式与标准研究［D］．宜昌：三峡大学，2019.

［5］王艺翔．全日制专业硕士生学位论文定位与管理问题［D］．广州：华南理工大学，2015.

［6］王永哲．我国全日制专业学位研究生培养的学术化倾向及其改革对策［J］．研究生教育研究，2016（8）：19-22.

［7］张乐平，朱敏，王应密．研究型大学全日制专业学位硕士研究生培养特性及矛盾分析［J］．学位与研究生教育，2013（8）：5-9.

［8］教育部，人力资源社会保障部．关于深入推进专业学位研究生培养模式改革的意见．教研［2013］3 号，2013-11-04.

［9］张林林，罗尧成，孙跃东．论全日制工程硕士学位论文质量的保障策略［J］．研究生教育研究，2011（3）：73-76.

［10］彭万英，唐卫民．全日制教育硕士培养质量研究［M］．北京：知识产权出版社，2021.

［11］周文辉，赵军．专业学位论文写作指南［M］．北京：中国科学技术出版社，2019.

浅析导师与辅导员在研究生心理健康教育中合力育人作用的发挥

夏　浩[*]

提　要　导师和研究生辅导员作为研究生思想政治教育的两大主体，在研究生心理健康教育上承担的职责、实施的方式各异。本文将着重从研究生心理健康教育角度深入分析导师和辅导员合力育人的必要性，并尝试提出解决路径。

关键词　研究生导师；辅导员；心理健康教育；合力育人

《教育部关于进一步加强和改进研究生思想政治教育的若干意见》（教思政〔2010〕11 号）中明确指出，"高等学校要根据研究生的特点和教育规律，建立起以研究生导师和辅导员为主体的研究生思想政治教育工作队伍""努力形成研究生思想政治教育的合力"。因此，导师与辅导员在研究生心理健康教育中的合力育人作用显得尤为重要。

一、导师与辅导员在研究生心理健康教育中发挥育人合力的必要性

（一）研究生群体心理健康现状亟须改变

1. 研究生群体处在特殊年龄阶段

研究生群体年龄普遍集中在 23~30 岁，正是情感（或婚姻）、学业和就业三大重要影响因素集中产生变化的阶段。研究生成就动机高，对学业有更高的要求，比本科生承担更多的社会角色。他们既要面临增大的学业压力，又要面对经济、恋爱、婚姻和养育孩子等多重社会责任和社会角色变化。在此阶段，他们可能会同时或陆续感受到多重压力。这种压力在心理学称为"叠加性压力"。叠加性压力是极为严重和难以应对的压力，会给人造成很大危害。研究生在多重压力下如果未做好心理调节，容易产生心理问题。在现实中，研究生因学业、情感、就业等遭遇挫折而做出过激行为的不是个例。

2. 女研究生心理问题比男研究生突出

专家调查研究证实，研究生心理健康问题存在着非常显著的性别差异，"女研究生

＊　夏浩，女，伦理学硕士，湖南大学金融与统计学院研究生辅导员。

有心理障碍的人数百分比远高于男研究生。"研究生群体一半以上为女生，造成现状的原因更多是女生在本科阶段就业质量低于男生，因此更多女生选择通过提高学历层次来增强自身在就业市场的竞争力。然而，研究生规模以及女研究生数量的快速增加，又进一步加剧女研究生在未来就业市场的竞争压力。

3. 研究生心理问题存在年级差异和因素差异

赵殿军等（2003）研究证实，研究生"各年级之间的心理障碍有不同的表现，总的情况是毕业年级的学生在各种症状上都较低年级严重得多"。朱美燕等（2017）研究表明，相较就业压力、人际关系压力、经济压力和婚恋压力，"'科研压力'以压倒性的优势成为影响研究生心理健康的最关键因素"。

（二）研究生心理健康教育工作完善的需要

在研究生人数迅速增长的同时，高校研究生心理健康教育工作相对滞后，造成目前高校研究生心理健康工作落后于本科生，与现有的学生规模很不相称，不能满足日益增长的研究生需求。研究生心理问题的特点和本科生又有较大的不同，专门针对研究生的心理健康教育咨询规模较少，人员配备不足。"研究生心理健康教育在人、财、物等方面占有的教育资源相对较少，该工作长期处于被动、落后状态，远不能满足研究生对心理健康教育的各项需求。"

（三）加强导师对研究生心理健康问题关注的需要

高校部分导师未能深刻理解"导师负有对研究生进行思想政治教育的首要责任。导师要了解掌握研究生的思想状况……"部分导师角色意识不强、思想育人的积极性不高，认为导师只要负责研究生的学习、科研指导，思想教育是辅导员和学院党政人员的事情。研究生导师在自身专业领域拥有高水平的理论修养和实践经验，然而在研究生心理健康方面尚缺乏正确认识和专业素养。某些导师一旦发现自己指导的研究生疑似心理问题往往表现得很紧张，通常采取两种措施：降低学生的学业要求，在科研学习过程中不敢给予研究生合理的指导和批评建议；或直接要求学生转导师，试图甩掉这个"不定时炸弹"。

通过研究生辅导员主动积极向导师群体开展心理健康知识普及，和导师一起定期关注、跟进心理问题研究生个体的情况变化，给予导师专业的指导和帮助，有助于强化导师关注研究生心理健康的意识，降低导师指导心理问题研究生科研学习时的焦虑和恐慌，更好地履行作为研究生培养首要责任人的职责。

二、导师与辅导员在研究生心理健康教育中发挥育人合力的原则

导师与辅导员在研究生心理健康教育中发挥育人合力须遵循两个原则：

第一，目标一致原则。导师和辅导员的培养目标具有一致性，都是为了研究生身心健康完成学业；某种程度而言，研究生辅导员的工作为导师在育人过程中排忧解难、保

驾护航。但是，有的导师对心理问题研究生的病情认识不足，急于给研究生施加更高的学业要求，认为研究生辅导员小题大做、虚张声势、包庇研究生。持有这类型态度的导师在和研究生辅导员共同育人时无法形成有效的合力。

第二，分工互补原则。导师以在日常科研学习指导过程中关怀开导研究生、发现心理问题学生为主。研究生辅导员则依据学校相关规章制度和心理学知识对学生病情进行甄别和判断，帮助导师把关心理问题研究生复学申请，多角度定期跟进心理问题学生在校表现，将情况反馈给导师。双方随时掌握心理问题研究生的病情发展。

三、导师与辅导员在研究生心理健康教育中发挥育人合力的路径

第一，从心理健康教育的内容和形式上看，导师以日常交流关注、人文关怀、榜样模范作用等隐性教育形式为主，掌握研究生生活学习情况，深入了解个体研究生的情况；研究生辅导员多以"咨询辅导""观察建档""教育讲座"和"危机干预"等形式开展显性的心理健康教育，以面上的群体信息掌握为主，同时也包括日常观察、侧面了解等隐性形式。筛选评估研究生心理健康状况，以专业人员角色起指导作用。

第二，从心理问题发展进程看，导师和研究生辅导员的职责分工有明显区别。

（1）心理问题筛查阶段。导师是信息提供者，在指导研究生过程中发现异常，了解情况后向辅导员反馈。辅导员日常做好针对导师的心理健康知识普及，提醒导师关注研究生异常行为（学习能力下降、经常无故不来实验室等）；在研究生容易产生压力的培养环节节点（新生入学适应、就业季、答辩季等）掌握数据，将发现的特殊情况反馈给导师。

（2）心理问题甄别阶段。辅导员运用心理学知识或者掌握的资源（心理咨询中心）对研究生心理状况做初步判断，根据初判结果，协助导师对心理问题学生做进一步工作安排。导师在课题组内安排人员加强对心理问题学生的关注密度和频度，并调整其学业要求。

（3）心理危机突发阶段。一旦心理危机事件发生，研究生辅导员立即启动危机预案，按照预案推动危机处理的进程：紧急就医、汇报上级、联系家长政策解释、联系学校心理咨询中心给周边同学做心理干预等；导师发挥资源优势联系医院、安排人员陪护、经济支持、与家长沟通等。导师和辅导员相互信任，目标一致，全力化解危机。

（4）心理问题研究生休学及复学阶段。劝休阶段：研究生由于学习动机强烈，往往在心理问题严重到需要治疗时仍旧坚持在校学习，这给高校管理带来很多不可控的危险，尤其是以实验为学术根本的理工科领域，实验室安全问题不容小觑。因此导师和辅导员需合作说服学生安心回家治疗，研究生辅导员详细解释学校学籍管理规定，导师从学习角度安抚研究生暂时放下学业包袱。复学阶段：研究生辅导员按照学校相关规定审核研究生复学条件，定期跟踪研究生的病情发展。导师加强日常观察，有情况及时向辅导员反馈。导师和辅导员的育人合作形式循环回到第一个阶段——心理问题筛查阶段。

通过以上4个阶段的合作方式，导师和研究生辅导员均使用最熟悉，最擅长的部分。双方合作的意愿和可能性高，有利于充分调动导师育人积极性，在研究生心理健康

教育中充分发挥合力育人的最佳效果。

参考文献：

［1］教育部. 教育部关于进一步加强和改进研究生思想政治教育的若干意见. 教思政［2010］11 号.

［2］赵殿军. 高校在读硕士研究生身心健康状况研究［J］. 北京体育大学学报，2003（11）：746-748.

［3］朱美燕. 研究生心理健康教育现状调查分析与对策思考［J］. 黑龙江高教，2017（3）：117-121.

追求前沿，放眼世界，打造中国未来金融人才

由丰富大数据和尖端计算机技术引领的金融科技正深刻地改变金融市场的格局和架构：金融大数据（文本数据、独特数据）、计算机智能正逐步替代原有的人工服务。从近年来各银行引入智能化操作系统，从而降低人工成本（减少柜员）的现状来看，将来金融领域的人才需求将呈现明显的两极分化。第一，之前所谓的高端金领将逐步平民化，金融服务人才与飞机乘务员、高级酒店服务生之间的差距逐渐减小；其服务对象更强调在金融服务中所得到的身份认同和良好的用户体验，这是目前金融科技发展所无法替代的。第二，由金融科技引领的顶层金融产品设计、开发、风险管理类人才将更为稀缺，时代发展需求对人才的综合素质（体现在对交叉学科的精通上）要求更高。总之，社会正处于金融发展的百年未有之大变局，金融科技对金融知识的快速更新以及金融市场的加速变迁需要我们调整人才培养的格局和思路。

对于人才培养的格局，应追求前沿，放眼世界，鼓励学生争做时代弄潮儿。近年来，由于疫情封闭了全球线下交流途径，各类线上学术资源实际上更为丰富。在此背景下，湖南大学由于地域等限制所受影响反而大大减少了，学生们比以往更容易接触到前沿的金融科技知识，更方便地与世界一流学者进行沟通和交流。因此，学院在人才培养方面应"敢为人先"，通过中青年教师的各类学术资源，引入先进的金融科技知识，引导学生培养更高的学习格局。从技术层面来看，疫情使得湖南大学与清华大学的距离更近了，使得线上获取以往难以企及的知识更容易了，学生应该更容易发展成为顶尖金融人才。当然，上述目标的实现需要学院中青年教师进行正确的引导，首先自身需要做到能够关注前沿，能够激励自身不断对知识进行更新换代，做到自身敢于放眼世界，争做时代弄潮儿。

对于人才培养的思路，特别是专业硕士生的培养，认清时代发展潮流固然重要，但如何培养实践类人才，如何让学生自发地知行合一，顺应时代潮流更为关键。从目前笔者的从教经历来看，不少学生在书本知识和理论学习上中规中矩，但一到应用环节就手足无措了。在研究生阶段，其书本知识和实习应用存在一定的脱节。另外，部分学生更加看重考证（如注册会计师、金融分析师等）经历，他们认为考证所获得的知识更适用

---

* 唐国豪，湖南大学金融与统计学院金融工程系副教授。

于未来的金融工作（尽管笔者并不赞同）。但是，该现状说明，课程教育已经与现实工作需求存在较大的脱节，这是急需解决的问题。当然，这个问题是金融科技的发展在前端先推动市场进步，而市场进步在倒逼学校进行知识体系更新的被动局面所导致的。因此，在专硕培养的过程中，需要更多地从市场和实践层面思考要培养哪一类的人才，需要思考未来市场高端金融人才需要具备何种素质，对人才培养思路进行更进一步的厘清。同时，培养学生对尖端金融知识的自我学习和探索能力也很重要，这是在课程讲授时需要有意识去教导的。

我国金融市场自改革开放以来，经历了长足发展，规模正不断壮大，制度建设也逐渐完善。特别是在股票市场中，投资者从 20 世纪 90 年代初充满陌生与好奇，到近年来牛市中几乎"全民谈股"，投资风格正在逐步趋稳，金融素养也在逐年增加。随着我国经济的快速提升，我国从早年的商品短缺到现如今的资本短缺，如何科学地进行资产管理成了影响投资者是否愿意将资金投入金融市场的关键，也是金融市场是否能有效为实体经济输血的关键。作为曾经的金融黄埔，作为行长摇篮的湖南大学金融与统计学院，如何培养高端的金融管理类、金融科技类人才也将成为决定学院未来发展质量的关键。

相较于全国的其他财经类学院，湖南大学金融与统计学院近年来大力引进了一流人才。为了响应习近平总书记"要把论文写在祖国大地上"的号召，学院也在中国问题的研究和中文期刊的发表上取得了长足的进步。总体来说，学院已具备问鼎金融科技人才培养前沿的师资实力，但是否能在时代潮流中真正脱颖而出，还取决于我们的步子迈得有多大，取决于多重视人才培养工作。

逆水行舟，不进则退。倘若我们无法培养一流的金融类人才，时代潮流便会无情地将学生淘汰为专精服务类的金融人才，学院立足于世界一流的发展目标则难以实现，高素质金融教育则易沦为职业技能培训，知识体系的脱节甚至会使职业技能培训的基本目标都难以达到。因此，我们需要有更多的忧患意识，在人才培养方面花更大的力气，迈更大的步子，以更激进的争先态度换地理劣势。

基于这样的事实，我们应保持更谦虚的态度，虚心地向国内一流高校和金融科技专业取经，在摸着石头过河的探索中寻找出"湖大模式"，利用湖南大学的先天优势（超算中心等）培养一流人才。我们需时刻牢记我们处于的地理和金融业态不丰富的劣势，通过有计划地引进一流的业界资源培养学生的格局观，了解前沿应用需求。同时，应鼓励学生去尖端金融行业工作，建立优秀毕业生的校友资源网络，通过优秀毕业生引导在校生更有目的性地进行金融知识的学习。当然，以上的判断和担忧下，并不能抹灭学院长期在金融专硕人才培养上取得的傲人成果。在已有成果的基础上，学院实际上已对金融尖端人才的培养进行了较长时期的探索。目前，学院的专硕毕业生进入金融行业的就业率稳中有增，近年来，学生素质也在逐步提升。

另外，在培养的过程中，不仅应鼓励学生对前端金融科技的探索，还应培养学生正确的金融价值观。在共同富裕的社会理想下，通过尖端金融科技的应用，鼓励学生去实现我国社会主义的高质量发展。随着专业课知识难点的不断提升，背后涉及的价值观教育和思政教育任重道远。在学院金融专硕培养的过程中，还应追求知识讲授与价值观树立齐头并进，培养学生的金融法律意识，培养他们的金融数据使用的规范意识，引导学生思考成为何种金融人才。金融类人才不应只懂套利，更不只是懂金融的程序员，树立宏大的社会理想，培养"先天下之忧而忧"的情怀更重要。如何维护我国的金融稳定、经济发展果实，如何看待外资对中国市场的影响等问题，对学生价值观的树立很重要。

随着我国的高速发展，近年来，着眼于中国市场的出色研究和实践应用也如雨后春笋。在金融科技等尖端领域，国内研究和分析技术与国外之间的差距越来越小。我国不仅有更庞大的人才储备，还有更丰富的数据资源，许多学生对该领域也表现出极大的热情。因此，在这样的大背景与学院所获得的前期成果下，我们应追求前沿，放眼世界，为打造中国未来金融人才而努力。

聚焦学术前沿，立足国内实际，
做好专硕人才培养

罗鹏飞*

面对百年未有之大变局，国家从宏观层面制定了一系列经济发展战略举措，以保持经济健康稳定有序地向前发展。在经济金融领域，自然需要一大批专业人才为国家政策方针的实施贡献自己的专业才能，而专业人才的输送则需要教育来作为支撑。硕士研究成为这个时代重要的主力军。对于硕士研究生的培养，笔者将根据自身的教学经历谈谈一些心得体会。

首先，为人应当真诚。金融行业本身就是靠诚信立本，硕士生的思想道德培养应当作为首要内容。这不仅需要开设专门的课程来给以学生这方面的思想教育，导师的教育与影响也是不可忽视的。研究生跟本科生不一样，研究生跟导师打交道频繁，导师的言行对学生的为人影响最大。笔者在这方面体验尤为深刻，因为在读硕士和博士期间，导师真诚的为人给了本人很大的影响。此外，为人真诚能够营造一个良好的研究团队氛围，更有利于自身对专业知识的理解和掌握，因为团队的智慧无穷。在每周的讨论课上，本人都会跟学生营造良好的学术环境，促进学生之间真诚地互相交流。本人还会定期地找每个学生谈话，询问他们的科研进展、生活状态，用心与学生沟通，让他们能够感受到这个团队的真诚，让他们融入这个集体中，让他们理解团队精神的含义，为以后投身金融行业培养团队意识。

其次，聚焦学术前沿。作为研究生，在校期间还是需要学习和掌握相关的专业知识。对于将来投身国家金融经济相关行业，扎实的专业知识是必备的基本技能。在遇到实际的金融问题时，还需要运用科学的方法来解决。在每周的讨论课上，本人都会带领学生研读国际国内高质量论文。对于研读的文献，本人都会精心挑选国际国内关注的热点问题，让学生能够及时掌握最新的学术动态。在讲解文献的过程中，本人会给他们总结其中运用的专业前沿相关研究方法，并指导学生推导模型相关结论。同时，本人也会剖析文献的逻辑结构，引导学生领略专业大牛如何去思考问题、解决问题，旨在培养学生用专业知识去思考问题的意识。

最后，立足国内实际。专业硕士研究生培养旨在为我国金融经济发展输送专业人才。研究生需掌握专业的知识是前提，其目的是能够运用所学知识分析国内实际问题，

---

* 罗鹏飞，湖南大学金融与统计学院金融工程系副教授。

为发展战略需求提出有用的政策建议并付诸行动。本人一直致力于研究我国中小微企业相关问题。中小微企业融资问题一直是我国政府在努力解决的重要问题，它是我国发展战略中重要的一环。在解决中小微企业融资难问题上，我国政府提出了许多金融创新举措，比如信用担保衍生产品（担保换股权、担保换期权）、资产证券化、银税互动等。本人指导专业硕士生探究了最近备受小微企业青睐的金融创新产品——银税互动。自2015年推行以来，银税互动为广大守信纳税企业获得银行融资进行生产经营发挥了积极作用。据统计，从2015年开展"银税互动"至2019年9月底，全国银行业金融机构累计向守信小微企业发放贷款160.9万笔、金额达1.57万亿元。特别是2020年第一季度，全国银行业金融机构累计向守信小微企业发放贷款75万笔，金额达5732亿元。本人首先要求学生搜集与银税互动相关的资料，了解其运行机制；然后指导学生构建数理模型，探究政府的相关支持政策对采用银税互动的小微企业的影响；最后，根据理论结果给出相关的政府金融部门相关政策，以更好地精准实施政策保证其有效性，同时完善银税互动存在的不足，以更好地服务小微企业发展。相关研究成果已被国内高质量期刊录用。这样既检验了学生对专业知识的掌握程度，同时也锻炼了学生在面对实际问题时提出问题、解决问题的能力，为其以后进入金融行业进行实际问题操作做了前期的理论培训，能够更好地适应环境。

　　总之，研究生的培养是教育中重要的一环，我们需秉持"聚焦学术前沿，立足国内实际"的培养理念，为我国金融经济发展培养出一批批有思想、有内涵、有创新、有能力的金融人才。

"北村"随笔：读研在金统

2015 级应用统计专硕　方　旭

在湖南大学金融与统计学院学习生活的三年，是我人生中很重要的阶段。与湖南大学南校区相比，财院校区的"北村"之名可谓非常贴切，少了几分热闹与繁华，多了几分静谧与安宁。正是这样的环境，为我在湖大求学之旅过滤掉了许多干扰，让我能潜心学习与做课题研究。

湖南大学的专硕培养让我获益匪浅，提高了我探索规律与研究问题的能力。从课程论文到课外实践，无不体现了湖南大学实事求是的精神，引导我们将理论应用于实践；鼓励我们积极参与课题研究，各种课堂讨论、学术论坛、重要会议一样不落。湖南大学金融与统计学院的包容与开放，始终引导我们以做学术的态度去做研究，以干实事的态度去做实践。

"我希望专硕的同学在参与课外实践提高自身专业水平的同时，还能保持一份对于学术研究的热忱；我也鼓励学硕同学在做好学术研究提高自身学术水平的同时，去参与校外实践。"这是任英华老师在办公室给我们说的第一句话，并给我留下了深刻印象。也正是任老师这种培养态度，让我在研究生阶段能够深度参与老师的重要项目——"人民币国际化"课题的研究，让我沉下心做了一段时间的学术研究，为我后续的论文撰写打下了良好的基础；学术研究之外，每次有参加完课外实践或者校外实习的师兄师姐回来，任老师都会安排他们给我们分享实践经历或实习经历。

研究生阶段的学习习惯为我参加工作后给予了相当大的帮助。每当遇到工作上的难题，我都会去看看相关领域的论文，每次阅读都能给我很多的启发。我的工作是与数据打交道，最大的感受就是，数据远没有想象中的那么好用，这一点是在学校感受不到的。不管是写论文、做课题，还是参加数学建模、数据分析比赛，我们所接触的数据都是已经清洗好了可以直接用的数据。就我而言，数据工作大部分的时间是在清洗处理数据，这个处理不是我们课本上所看到的缺失值的处理、标准化、特征工程之类的，而是要针对某个业务，将几百张业务表经过一系列的处理得到一张或者几张能够面向业务分析应用的数据表，然后在这基础上去做进一步的分析处理。这个过程会涉及数据体系架构、数据工程、数仓建设、数据集市、数据分析与挖掘。

湖南大学金统学院专业硕士的培养已经十年了，从摸着石头过河到如今培养体系和资源日臻完备，培养目标更加明确，培养模式不断创新，课程设置不断优化。结合在校学习以及工作以来的感受，提出以下三个方面的建议：

一、加强实践教学基地建设，提高企业参与积极性

实践教学基地是培养专业学位硕士研究生实践能力的重要平台，是学院人才培养和企业经济效益有机结合的重要载体。企业对于与学院建立实践教学基地积极性不高，主要原因在于企业在培养研究生的过程中，成本付出与经济效益不成比例。学院应根据企业的实际需求，积极采取解决措施。

第一，学院应鼓励引导专业学位硕士研究生主动参与企业的生产、管理等环节，力争形成具有应用价值的科研成果，为企业带来实际效益，提高企业合作的积极性。

第二，学院应选派与企业生产技术方向紧密结合的研究生进入企业实践。为保证研究生在企业实践学习的持续性以及在企业工作的连贯性，保障必要的实践时间，比如半年或者一年。

第三，对于表现优秀并有意留在企业工作的研究生，企业可根据用人需求与研究生签订就业协议。这既满足了企业的人才发展需求，又解决了研究生的就业，对企业人力资源的储备人才质量的提升以及对学院应用型人才的培养都具有积极意义。这些举措将极大地提升企业与学院共建实践基地的积极性，形成良性循环。

二、加强校企双导师指导机制建设，提高培养质量

第一，完善校企导师互通机制。互通机制加强了学院与企业的沟通，使校企导师对研究生的学习情况做到全面的了解，完善研究生的培养环节，保障培养质量，为专业学位研究生实践工作奠定良好的基础。

第二，建立校企合作授课模式。将学院与企业的互通机制落实到研究生的课程教学中，聘请实践经验丰富的企业专家到学院授课，将企业业务经验引入课堂，提高专业学位硕士研究生的实践能力。选派优秀青年教师到实践基地挂职学习，加强校企沟通，提高青年教师的产学研成果转化能力，提高实践教学能力。

第三，完善研究生校外导师遴选机制。在实践基地遴选师德作风优秀、实践经验丰富和学术水平较高的人员担任研究生实践基地导师，进行系统培训，建立导师评聘制度、考核制度，推进完善导师遴选机制，量化评聘指标，促进导师队伍稳定发展。

三、加强校企合作，完善管理运行机制

第一，校企应围绕研究生在实践基地的学习、生活、安全等建立校企共担的双边保障机制，明晰双方责任权利，采取多种形式落实管理制度，定期召开研究生培养基地交流会，就研究生管理工作进行沟通交流，提高专业实践质量。

第二，建立健全相关的激励措施。学院通过向实践基地拨付基地建设费、研究生培养费、保险费等措施，减轻企业在联合培养研究生过程中的经济负担及安全风险，减轻企业管理研究生的困惑与压力，提高企业管理的积极性。企业也需按照协议约定为研究生提供必需的办公场所和生活条件，支付必要的生活补助。双方的责任权利都应在保障协议中列清，保障双方权益。

第三，学院加强专业实践教学管理，校企共建实践考核制度，分阶段对研究生的实践学习情况进行考核，通过实践教学环节的管理与考核，保证研究生在企业的学习效率，提高其实践成效。

一分耕耘，一分收获

2015 级应用统计专硕　杨　灿

时光荏苒，一晃硕士毕业三年了。如今的工作与硕士专业高度相关，一路走来感悟颇多。

我本科并非数学和统计学科班出身，只有一些经济统计基础，好在数学底子尚可，才能有幸考上湖南大学统计专硕。硕士就读期间，已经发现和科班同学有着不小的差距，非常多的基础知识，我只是听说或简单了解，但科班同学却是非常系统地学习过，这样会形成良好的统计学思维，在后续的工作中会产生较大影响。我在学生时代的思维稍显局限，有时过于看重短期收益，对于知识点，能不能用得上是最重要的标准，比如会不会有利于考试，会不会有利于面试等。工作后才发现，基础的培养是一件长期收益很高的事情，思维一旦形成，后续分析问题就有一套科学的方法论。比如，现在评估项目收益会优先想到 AB 实验，AB 实验背后的原理是假设检验，均值检验要求样本服从正态分布，根据中心极限定律，随机抽样的大样本均值服从正态分布，同时由于正态分布的特点，长尾数据出现属于小概率，小概率保证了结论的可靠性。这一系列的统计学原理构成了 AB 实验知识链条，只有深刻理解这些原理，才能设计出好的实验方案，才能做好实验效果的评估。

近期也在忙公司的校招，与统计专业名校的应届生相比，我们局限于传统的计量模型，重理论轻应用，而他们已经开始学习最新的数据分析和机器学习方法，走在了应用的前沿。事后也有了解，从课程安排上，他们就有不少相关的课程可供选修，课程的大作业保证了一定的实践能力，学校所处的城市也给予了大量的实习机会，可以更加方便地学习到工业界的落地方案。对于湖南大学而言，在为学生创造好的实习机会的同时，不妨引入前沿的教学课程，提高统计专业硕士乃至所有统计硕士的知识面。

关于论文，要非常感谢我的硕士指导老师，就读期间对我们的论文提出了较高的要求，一直鼓励我们多读优秀文献，必要时多读英文文献。虽然在校期间做得一般，毕业后倒是补足了功课。求学时代的点点积累，后续都有可能翻起层层波浪。随着竞争越来越激烈，学习能力变得尤为重要。作为在校学生，应该利用好资源平台，广泛涉猎，多多沉淀，最好能做到举一反三。

最后，祝湖南大学金融与统计学院越来越好，祝老师和同学们越来越好。

随　笔

2016级应用统计专硕　刘　畅

2016年，我考入湖南大学金融与统计学院，开始了应用统计专业的硕士研究生学习。两年的学习时光虽然短暂，却为我打下了牢固的知识基础，磨炼了我不畏艰难的意志品质，为我积累了宝贵的人生财富。回首求学历程，记忆犹新。

作为一个工科出身的学生，与其他本科就读金融、统计等专业的同学相比，我在金融方面的知识储备稍显不足，面临一个全新的专业，学习上遇到了不少困难。十分幸运的是，我遇到了导师任英华教授，她的倾心帮助使我的学习之路顺畅了不少。任老师带领大家进行调研并组织课题讨论，了解学生们在学习生活中所遇到的困难并及时解决。任老师孜孜不倦的指导，使得我在新专业的学习道路上行进顺利，对数理统计知识的原理及其在金融领域的应用有了较为深刻的理解。

得益于任老师的指导和帮助，研一在校期间，我对理论知识有了较为完备的掌握。进入研二，我便开始了长达一年的卖方研究所实习。实习期间，我主要从事的是金融工程方面的研究工作，通过跟着带教老师学习以及对金融市场上相关优质研报的跟踪，初步形成了对投资策略的认知。在此过程中，我深切感受到了学校扎实的基础知识培养在工作上的助力。研二期间，实习工作与毕业论文撰写的双重任务也曾使我倍感辛苦，导师的指导支持以及自身对于投资研究的信念支撑着我度过了那段艰难岁月。付出总有回报，毕业时，我也顺利地被留用在了证券公司。

两年的硕士生活不仅教会了我专业知识，还帮助我形成了面临压力和挑战的积极态度，而这一切，都与金融与统计学院的培养密不可分。直至工作，学院带给我的知识与品质仍然发挥着巨大的作用。毕业后，我曾先后从事研究员及投资助理工作，如今又开始了新的挑战，专注于场外衍生品产品设计和交易工作。正是上学期间形成的良好知识基础以及面临压力的能力，让我较为自如地实现了多种工作角色的过渡。在多种工作角色的切换中，我也对金融市场形成了更为全面的理解，逐渐明晰了未来前进方向。

在如今极度"内卷"的金融求职市场环境下，我见证了不少学弟学妹的坎坷求职路，理论知识与具体金融实践的差异常常是他们难以逾越的沟壑。如果说在人才培养上对学院有什么建议的话，我认为，学院应该提高学生们的职业认知，消除职场和校园之间的信息不对称，更好地为社会输送专业型人才。

毕业多年，依然十分想念在湖南大学的学习生活。值此金融与统计学院专业硕士研究生培养十周年之际，衷心祝愿学院发展越来越好，期待学弟学妹们能成为未来金融界的中流砥柱！

我的流"金"岁月

2017 级金融专硕　杨佩玮

2017 年夏天，我来到湖南大学金融与统计学院，成为学院的第七届专业硕士研究生。和许多金统人一样，我开学的第一课是爬岳麓山。沿着岳麓山北侧较为原始的小路行走着，旭日初升时，我登顶了。两年的学习生涯就此开始，平凡却不平淡，忙碌但很充实。

新的一天是从一个个热气腾腾的包子开始的。在我毕业两年后，一提起老干妈包子，仍能触发味蕾的记忆。湖南大学北校区校园不大，从食堂到图书馆只有一首歌的距离。

红楼是所有金统人记忆的圆心，它很有年头了，一代又一代金统人在这里驻足，从这里起航。毕业前赶上了红楼翻修，砖红色的外墙按原样保留了下来。

我的导师是喻旭兰老师，她教会我在忙碌中平衡工作和生活，在交叠的事务中保持清醒，发掘并保有爱好，持之以恒地学习。我渐渐发现，让自己受益的不只是股票估值、期权定价等学科知识，更有学习过程中养成的思维方法和良好习惯。

从红楼侧门右转走上林荫小路，树龄很大，树叶茂密，无论是日光还是雨水，都能被过滤大半，在小路上洒下星星点点。我见过它热闹的时候，上课的学生熙熙攘攘；我也见过它清静的时候，路边的小卖部已经打烊，晚归的学子还在路上。

林荫路的尽头是操场，操场是身体和精神的疆场。天气好的时候，我会去晨跑，也曾和大爷大妈一起肩并肩压过腿。2018 年底下了场大雪，环卫工人将雪铲了堆在角落里的单双杆下面，让它们趁人不备默默融化。有一天傍晚路过时听到雪堆里传来歌声，是有人正旁若无人地唱着《光辉岁月》，声音很大，恣意而洒脱。2019 年暑假回学校探望，正值操场翻修，厚重的泥土被掀翻上来，一条崭新的跑道即将成形。

沿着操场走上斜坡，前方就是图书馆。斜坡是图书馆的绝佳拍摄点位，按时下最流行的手法从下往上取景，能够记录下这栋外表极其普通的六层小楼，在春夏秋冬晨曦日落不同时分的百八十种模样，不断变化的天空背景赋予了它不同的神采。我常去五楼，那里有许多专业藏书，复习备考、做毕业设计，找资料很方便。环境也很温馨，五楼的管理员阿姨种了很多盆栽，花花草草给打理得精神抖擞。似乎大家都有自己的阵地，连使用的桌子都很固定，时间一长便会发现，周围都是熟悉的面孔，尽管叫不出来名字。我和同一研究方向的同门不约而同选择了这里，我们一起钻研，及时交流，分享成果，有过在瓶颈面前两两相望、一筹莫展，也有过灵光乍现、茅塞顿开，也会在 2019 年初雪到来时，论文一扔，欢天喜地跑去雪地里撒欢。2019年夏天，我们一同顺利完成答辩，给自己两年硕士生涯画上了完美的句号。有队友并肩，是多么快乐且幸运的事情。

毕业后，我如愿进入金融领域，能够沿着来时的路继续前行。前一阵从喻老师处得到消息，正逢学院专业硕士研究生培养十周年，写下这篇文字，既是怀念，亦是感恩，更是祝福。

冬季将过，不久便又是桃李芬芳之时。

石佳冲随笔

2017 级统计专硕　耿天龙

2017 年 3 月，长沙细雨蒙蒙，春寒料峭。刚刚参加完复试的我，拖着行李箱走在石佳冲人行道上，回首校门前"湖南大学"四个金色的大字，远眺云雾缭绕的岳麓山，心中充满了忐忑：前方，会是我向往的春和景明吗？同行复试的同学在相约游览湖大，"品味"星城。此时的我在心底嘀咕："来日方长，有的是时间。我还有两年的时间来感受这千年学府的魅力呢！"现在想来，当时的自己更多的是怕万一录取不上，留下遗憾和难过的回忆！

查到了预录取的通知后，我回顾了一年多的奋斗时光，在朋友圈记录了自己的喜悦与感动："如人饮水，冷暖自知。努力虽难，后悔尤甚！"

湖南大学，我来啦！

青春几许

财院校区坐落在岳麓后山，水教、红楼和小礼堂是为数不多的特色建筑，但就是这隐藏在山冲里的不起眼的小角落，走出了赫赫有名的"金融湘军"。

任英华老师是我的指导老师，也是我学术思想的启蒙老师。任老师既是导师也是学姐，在湖大学习、工作和生活了多年的她，身上充分展现了湖大人"实事求是，敢为人先"的精神。对待学术科研，老师有一种较真、顶尖的精神。每一个公式的推导，每一个图形的标注，每一个语句的斟酌，老师总是不厌其烦地讨论、修改，直到满意为止。在我看来一篇本不重要的报告，老师却带领我字斟句酌，逐个结论考证，足足花费了半个月时间，打磨完美了，才"放过我"。现在想来，自己也许真的不算是一个科研的好苗子，耗费了老师极大的心力，却没能在学术的田地里有多少收获。好在同门都比我争气，在老师的指导下发表了不少有影响力的学术成果。

任老师是个极认真、有亲和力的老师，尤其是老师的笑容，让人有种如沐春风的温暖。两年，时间很短，回忆很长。记不得蹭过老师多少次饭，在羽毛球馆大战过多少回合，登顶过多少次岳麓山……记得某一年的冬天，长沙初雪，老师带领我们到西湖公园打雪仗，师生之间你追我赶，你来我往，四处都回荡着欢声笑语，想不到平素严肃认真的教授、导师竟也有如此可爱的一面。不久之前，发现老师更新了学院网站上的简历照片，照片上的老师笑意盈盈，温暖依旧，背后是一片银装素裹的雪景，我好奇地猜想：

这会不会就是那个冬日拍的呢？

对待科研，专注执着，勤勤恳恳；对待学生，春风化雨，诲人不倦，这就是我的任老师，这也是湖南大学老师们的真实写照。

社会实践是专硕学生的必修课，也是学生了解社会、锻炼本领的好机会。在两年时间里，学校给我们提供了广阔的社会实践平台，我充分利用学校组织的资源参加了2018、2019两个年度的贫困县脱贫摘帽第三方评估、暑期农村金融发展情况调研，2017年亚太低碳技术高峰论坛，2018年国际商事法律合作论坛等社会实践活动。

在贫困县脱贫摘帽第三方评估调研中，我和小组成员在两个星期内翻山越岭、走村入户，到每一户贫困户家中访谈调研，实地了解我们国家农村发展的现状，见证精准扶贫带来的翻天覆地的变化，体会到了基层扶贫干部的艰苦和付出的努力，感触很深。这次活动的最大意义，在于让我们这群象牙塔中的大学生对国情民意有了更加深刻和全面的认识，只有真实地了解中国，才能更好地建设中国。同行参加调研的同学有不少在毕业后坚定地投身于农村基层，服务奉献，我想他们当中的许多人或多或少受此影响。

在龙海明老师带队的暑期农村金融发展情况调研中，我们战酷暑，斗炎热，奔波在张家界慈利县的十几个山村，逐户发放问卷，汇总统计，整理报告，将课堂上学习的统计知识和方法应用到实际中，助力政府决策，服务农村金融的发展。时至今日，走上工作岗位的我依然觉得这是一次宝贵的经历。

行成于思

人的价值体现在思想的深度和广度上，体现在发现和解决问题的思维方式上。以开阔的视野、创新的思维去发现问题和解决问题，才是新时代专业硕士研究生的价值所在。那么，学校应该怎样培养专硕的创新思维和实践能力呢？以下浅谈几点自己的思考：

1. 提升科研教学与职业实践匹配度，培养学生的创新能力

（1）区分培养，引入实践性教学模式。

专硕教育培养的是能够在某一行业解决实际问题，具有开阔视野和实践应用能力的复合型人才。学院在专硕和学硕的培养方案上虽然有明显区别，但是在实际教学中却混合培养，专硕和学硕只是在学术要求上有所不同，课程和教学要求基本一致，并没有完全满足专硕的应用型教学需求。建议对专硕和学硕区分培养，更新老旧教材，拓展校企合作，学习国外先进教学模式，引入企业课题研究、热点案例讨论、行业前沿探索等实践性强的课程；提升课程的学习难度，延长学制为三年，注重培养学生的自主学习能力、创新思维能力和实践应用能力，为将来的职业发展奠定扎实的根基。

（2）落实双导师机制，创新"1+1+N"培养模式。

学院在专硕的培养方案上建立了校外导师机制，但是，在实际教学中，校外导师未能发挥职业规划、行业实践的指导作用。建议落实双导师机制，动员整合校友资源，为每一个专硕班级匹配一个校友导师团。实现每名专硕学生匹配1名学术导师、1名校外

导师、1 个校友服务团的"1+1+N"培养模式。

2. 丰富社会实践和专业实习资源，培养学生的实践能力

（1）对接行业需求，提升工作实践技能。

学校的就业指导机构应加强与用人单位和校友的对接，紧跟行业需求变化，了解企业用人导向。学院应增设职业规划和职业能力提升课程，帮助学生提前做好职业生涯规划和求职准备，开设公文写作、新媒体应用、Python 实战、SQL 实战、Office 应用等实用型课程，帮助学生提升工作技能。

（2）拓展优质社会实践资源，加强社会实践。

优质的社会实践不仅有助于学生开阔眼界，提升工作技能，更能够拓展行业资源，提升自身求职的含金量。学院应积极拓展优质的社会实践资源，鼓励专硕学生参与国际组织实习、政府统计调研、大型活动志愿者服务、知名企业实习，帮助学生了解行业现状，更好地学以致用。

金融专硕案例论文写作的几点感悟

2018级金融专硕　李　宸

从最初着手毕业论文时的千头万绪，到论文定稿时的酣畅淋漓，再到毕业一年后获评全国优秀金融专业硕士论文的意外之喜。这一路的历程让我在精神和学识上都收获颇丰。个人的成长离不开平台的培养，在湖南大学求学的两年，我得到了导师们无微不至的关心指导，也结识了众多才华横溢的同学。回顾黄金十年，从金统院走出了无数的行业翘楚、业界精英。与师兄师姐相比，我的成绩自然是微不足道的，但我仍希望这段做毕业论文的经历能像一滴水珠一样，映射出太阳耀眼璀璨的光芒，作为铭记母院教育培养的印记。

1. 以终为始，精准定位选题

在动笔写论文前，我花了很长时间思考两个问题。一是如何选题。古人常说"文以载道"，对于经济学来说，研究还要追求"经世致用"。因此，我决定做一篇更接近实务的文章，最好是经济界普遍关心的课题。二是选什么题。读研期间，我做了多份实习，从信托、券商、咨询到国资集团的投资部，这些实习经历极大地拓展了我的思维面，也丰富了我的选题视野。最重要的一点，让我能够跳出学术中立的视角，站在市场主体的角度去思考问题。这个思维层面的转身对在校生来说很重要，因为这背后蕴含着具体执行与政策初衷的些许偏差，也可能是现实世界与教科书上经典理论的某种背离。而这种差异，只有躬身入局，参与了具体的实践，才能有切身的感悟。

2017—2020年，市场信用趋紧，城投公司大肆扩张的时代一去不复返，全国各省都在进行债务风险的化解。然而，城投公司有着融资的客观需求，证券公司又有着利润驱动的业务需要，监管部门也乐见城投公司的良性发展。从这个层面来说，三方主体在化解债务风险，继而实现城投公司的良性发展这一目标上高度契合。于是，我决定以某个微观城投公司为研究对象，以点代面，研究债务风险的化解。而我的实习经历，为我提供了多样化的案例素材，同时也丰富了我的研究方法。至此，论文题目已跃然纸上。

2. 形散神聚，精巧布局结构

完成论文前三章后，我把文章发给导师何娟文副教授，没想到却遭到导师严厉的批评："结构混乱、章节松散、看不到研究的重点。"我红着脸看完导师的批改意见，和导师一起商讨，并着手下一步修改。反思过后，我发现，在写论文初期，尚未建立系统的行文架构，虽然心中有诸多关于研究的想法，但都不成形，缺乏贯穿始终的研究主线。

经过多次商讨，我决定以理论基础—宏观市场现状—微观案例风险现状-风险缓释方案的结构进行研究。在研究过程中，我严格遵循主线，以问题分析为基础，以方案输出为目的，在研究的深度和广度上做文章。在研究方法上，系统采用对比研究、结构分析、维度分析、趋势分析等工具，避免思维上的过度发散，同时也保证了结构的严谨。在导师的建议下，我还在每一章的开头和结尾进行了相应的小结，做到了前后呼应、段落上的逻辑衔接。一个多月后，我拿着初稿给导师，得到了导师的认可，文章质量进步显著。

3. 指标透视，精确量化数据

数据量化和指标透视是经济类文章绕不开的关键词。数据的可得性、指标构建、指标的有效透视都在不同程度制约着研究的开展。不同课题面对的问题不尽相同，难以一概而论。但是，就案例论文写作而言，我认为，除需要阅读文献寻找灵感之外，还应该将视线放在市场中。市场主体面对的问题更直接，解决问题的手段也更务实。阅读一些市场化的研究报告、咨询报告能在不同角度受到启发，研究报告的一些指标构建、数据分析的方法更趋近于结论导向。我在实习过程中有意识地积累了一些数据搜寻方法，学习了一套指标分析体系，这对我论文的完成帮助很大。

4. 详略得当，精炼文字表达

初步成稿后，导师对我的论文提出了进一步的要求：一是提升文字上的质感，二是提升文章的可视化效果。前者要在语言上做到精炼、简洁、严谨，后者要结合图文、表格等形式，在数据可视化、文字可视化上下功夫。基于导师的指导建议，我做了如下工作：一是逐字阅读修改，思考是否有更清晰明朗的表达结构，确保文章每个章节都有层次感；二是表格、图片可视化提升，在符合规范的前提下，优化表格设计，增强图片美感，并对所有关键复杂的案例部分都做了框架图、流程图；三是删减文字，围绕研究主线，对联系不紧密的分析进行全面删减，突出重点。

5. 反哺实践，精心总结提升

不可否认，论文是每个学生都要经历的一道关，心态驱动行动，行动决定结果。对专业硕士来说，论文的顺利完成仅仅代表学业告一段落，并不代表研究的结束，而意味着研究和思考进入了一个新的阶段。任何一项工作的开展和推进都离不开思考、研究、成文、总结，论文只是集大成的一次高标准训练，把论文作为一次步入工作前的历练，在思维的全面性、系统性、逻辑性、深度化等方面做总结，这对于自身的发展有巨大的促进作用，同样也会反哺工作实践的能力。

诚如导师所言，写论文并不仅就论文本身，论文考察的是个人全面思考问题的能力，更是克服困难、突破自我、提升自我的能力。人生很长，会遇到无数的困难，具备了这样的能力，我们才能在人生中不断披荆斩棘，乘风破浪。

母校永远是内心最温暖的港湾。感谢母校全面的培养，感恩导师长久的关心指导，感动校友们的倾力互助。

下一个十年，祝母校越来越好，再续辉煌！

锚定热爱

2018 级金融专硕　龚一凡

2016 年 5 月，我顺利拿到了金融专业的学士学位证书与毕业证书，毕业后选择去了深圳的一家定制家具公司，从 0 开始自学了 CAD 等一系列工具软件，并成为一名室内设计师，从事了一份与自己大学的专业毫不相干的工作。工作一年后，当初的脑子一热，被现实社会给磨灭了。于是，我又鼓起勇气，选择了考研这条路，给自己重新选择一次人生的机会。

2018 年 9 月，我如愿以偿地来到了湖南大学金融与统计学院。为了让自己不再后悔，我在研一便揣着找寻到自己真正热爱且愿意为之奋斗的方向这一目的在设计自己的研究生生活。如今工作已有半年，我感觉到非常幸运，因为我现在的确从事了一份自己非常热爱也很适合自己的工作。现在，我想与各位同学分享一下，我在实习的过程中找到自己所坚定去热爱的工作岗位的心路历程。

当你有了一个期望，却没有一个明确的解决办法时，实践便是检验真理的唯一出路。在湖南大学读研的时候，得益于各位博学睿智的教授给我拓宽视野，夯实了我的专业基础能力，也得益于湖南大学作为 985 高校的名气，所以我的实习申请很顺利，在银行、公募基金公司、地产、券商以及私募股权公司都有过实习的经历。这里，我想着重讲一下对我影响最大的一份实习工作——华夏基金公司的银行渠道经理。2019 年 9 月，我去应聘了华夏基金公司广州分公司的银行渠道经理，应聘成功后便开始了长达半年的实习。在这半年里，我从一开始不敢推开银行的大门去进行陌生拜访，到后来非常熟练地每天拜访 6~8 个银行网点，跟理财经理分享市场观点以及进行基金产品的推介；从一开始发一段几行字的文案在各个银行的群里都害怕发错，到后来可以同时运营好 8 个微信工作群，并成功地完成了微信社群推广的各项工作；从一开始在银行的晨会上介绍基金产品都紧张，到后来可以在线下面对着几十位银行人员，用 PPT 自上而下地从当前的宏观讲到行业细分，做了一场又一场的路演。不得不说，这份实习非常有魔力，虽然每天的工作都充斥着自己未曾想过的压力，比如经常性凌晨六点赶去高铁站到不同城市出差，每天都在宾馆、银行和的士上度过，但是每一次拼搏后带来的产出都是那么真实，亮眼的业绩让自己不断得到正向的反馈，这份从内在涌出的驱动力使我时刻保持着对这份工作的热情。这份实习工作，不仅让我在专业知识和工作效率上得到了重大提升，还让我真正喜欢上了自己所学的金融专业，更为重要的是，我终于找到了自己热爱的从业方向，在毕业后也顺利地从事了如今做的财富管理工作。

从事一份让自己热爱的工作有多么酷呢？每天怀揣着感恩的心去迎接工作的新挑战，那么不论你从事什么样的工作，你都能创造出美好的工作人生。这样的人生，不仅具有旺盛的生命力，让你即使面对打击和挫败也不会轻易放弃，还会在这一过程中给你带来源源不断的惊喜与正向的反馈。

就像《斯坦福大学人生设计课》里唐纳德每晚都会问自己"我为什么要这样生活"一样，我相信每位同学都或多或少地拷问过自己关于未来就业方向的问题。我在思考我如何才能找到一份自己愿意为之奋斗的事业时，我选择了锚定热爱。其一，我丢掉了对自己的怀疑和悲观，不让负面情绪去内耗自己；其二，我在迷茫的时候选择了通过实践去检验真理，不断地尝试挑战自己，主动地拥抱每一份变化和成长；其三，可能是越努力越幸运，我的确很幸运地在各种尝试后找到了自己所热爱的工作方向。

近日，我了解到，湖南大学的招生与就业指导处"职业规划与就业指导咨询预约平台"已经正式上线后，想到了自己在阅读《斯坦福大学人生设计课》时，作者说到斯坦福大学的人生设计课具体在做什么的时候，给出了一个答案："我们在斯坦福开设的课程可以帮助所有学生——在大学期间，或者大学毕业后用设计思维的创新原则解决有关人生设计的棘手问题。"湖南大学此次精心打造的平台，有 26 位来自招生与就业指导处、学工队伍、有丰富就业指导经验的老师，我相信，经验丰富的各位老师一定能帮助同学们解决对未来的担忧，拨开前方的迷雾。在此，我也提出一个小小的建议，希望各位老师不仅从问题出发，而且抱持同理心去跟各位优秀的学子沟通。一旦各位老师与拥有不同困扰的同学们有了同样的感受，就会重新定义很多的问题。对于各位同学来说，大家应该积极地参与学校提供的平台咨询活动。人生当然不能通过精密的设计去变得完美，但是，人生可以通过设计来创造出很多可能性。在这个锚定热爱的过程中，我衷心地祝愿各位同学能找到属于自己的那份充满无限精彩的事业！

细诉岳麓保险情

2018 级保险专硕　郭蕙荞

山花万里，世间万象，岳麓之情常伴我。

回望 2018 年那个炎炎夏日，迎着湘水悠悠的江风，怀着满腔的热血和对湖南大学的憧憬，我来到了岳麓山下。心里装载着背了不知几遍、早已烂熟于心的保险名词解释，书本里夹着那一张张布满专业知识的思维导图，一张崭新的保险专硕的录取通知书将我带入新的知识海洋。

回望整整 6 年保险求学时光，缘分始于打开保险专业课本的第一页，一场关于伦敦大火的故事深深烙印在我的心上，从学习这世界上诞生的第一张保单，到复杂又有趣的年金保险精算公式，我感慨保险行业的飞速发展。读研的时光并不单调，课间是围坐在一起分析保险公司财务报表的学习小组；师兄工作室桌上炙手可热的物品是那本被我们轮流借阅的《迷失的盛宴》；抱怨着厚重的精算专业书压垮了脆弱的书包的我们，与保险的缘分愈加深厚。在导师对我毕业论文一次次的改进中，我深切感受到了湖南大学保险人严谨认真的治学态度，我为可以成为一名湖大保险学子而自豪。

拥抱变革，创新向前。我入职阳光保险，将理论结合实践，深入业务学习车险，从基层出单业务，到车辆核保，再到精算费率的拟定，恰逢车险综合费改，我对保险有了更深刻的认识。保险行业市场变化快，如何应变，是在湖南大学读研过程中掌握的一课。初入保险职场，常常忆起保险专硕的各位导师对我们的教导，做精算立足客观，数据需要精准，工作任务要提前规划、及时盘复。

归零心态，求是态度。一年有余的工作时光，我经历了工作单位的变动，虽依旧身处保险行业，但却是工作思维的转变。从业务到财务，如何以归零的心态应对，这是对我最大的考验。正是研究课题遇到困难时，研究生导师鼓励我们的乐观态度，"业界精英进校园"分享会上，前辈们在保险领域不断探索的故事，以及同窗好友同样在工作中上进求索的氛围，引领我不断发展，用归零心态砥砺前行。

与湖南大学共处的时光虽已远去，但刻在我心中的荣耀，将永远照耀我未来的人生路。

悠悠两载求学路，感恩湖大一生情

2019 级保险专硕　艾佳豪

又是一个多风的晚秋，金黄的落叶铺满门前那条街，今年的秋结束得格外的晚，这是我第一次感受北国的秋。望着窗外飘零的落叶，蓦然间，我不禁回想起往年今日在湖南大学求学的日子，现在仍觉得温馨，且记忆犹新。

"你好呀，佳豪同学，欢迎加入'刘邓大家庭'！"这是与格导第一次相见时，她对我说的第一句话，这让本有些拘谨羞涩的我感受到了这个大家庭的温暖。我忘不了在财院校区水教上课的快乐时光，忘不了同门兄弟姐妹们第一次相聚时的欢乐场景，忘不了疫情期间格导和邓导对身处湖北老家的我的深切关怀，更忘不了在湖南大学读研路上遇到的那些人、那些事和那些风景，这都是我人生旅途的宝贵财富，我将永存心底，时刻回味。

在湖南大学求学的这两年，我接触到了更为前沿的保险专业知识，品尝到了令人赞不绝口的湖湘美食，更结识了一群幽默风趣的人。成熟的涛哥、博学的王少、稳重的光哥和老练的聪哥，财院校区一舍 202 的四位小可爱总是陪伴在我的身边，秋招失意时的耐心劝导，春招得意时的快乐共享。在湖南大学的这两年时光，是我人生中的一大转折点，也深刻地影响了我未来的路。

硕士毕业后，我来到了首都北京。这是我第一次来到北京，一切事物都是那么的新鲜，遇到的人都是那么的美好，邮储银行信用卡中心给我提供的平台是广阔的，我的人生将从这里开始书写新的篇章。

从保险到银行，虽说都属于金融行业，但业务内容大不相同，我需重新学习的银行基础知识、信用卡专业知识有很多。每当我遇到疑惑、迷茫和不解时，总会向我们格导和邓导这两位恩师请教，他们总是不遗余力地帮助我，并会邀请在银行业工作的师兄师姐们为我指明前进的方向，能加入"刘邓大家庭"，真好！

懂得感恩的人，才是一个真正幸福的人。谁言寸草心，报得三春晖，感恩父母让我学会做一个有责任感的人；饮水当思源，感恩母校为我插上腾飞的翅膀，让我能飞得更高；学贵得师，亦贵得友，感恩师长让我在异地他乡仍能感受到身处校园般的温暖；长风破浪会有时，直挂云帆济沧海，感恩自己，那个坚持到最后一刻不放弃的我。

时值湖南大学金融与统计学院专硕教育十周年之际，我谨以此文表达对学院专硕教育十周年纪念活动的祝贺，愿保险系越来越强大，愿学院专硕教育越办越好，愿母校永远辉煌，永远充满活力。

随　笔

2019 级应用统计专硕　刘　洋

我是 2021 届应用统计专业硕士毕业生刘洋，师从任英华教授。毕业后加入著名央企中建三局，并入职旗下中建三局房地产开发有限公司（后经重组合并，更名为中建壹品投资发展有限公司）。由于公司重组后业务覆盖区域向全国大幅扩张，我被派往位处北京中建大兴之星的北方分公司，并开始为期三个月的轮岗学习。

在这三个月里，我主要在投资管理部和营销客户部开展轮岗见习。在投资部的两个月期间，较系统地学习了投前工作，并参与了项目投后管理工作。投前方面，学习并掌握了项目经济测算表，参与了潜在目标地块的分析，完成项目可行性研究报告等；投后方面，主要参与了投后管理工作，编写月度项目实施进展，跟进填报月度投资额报表等。在营销部的一个月期间，我参与了内勤工作，如各类招标文件和合同的编写，也负责了新聘销售团队的各项入职办理工作，同时也参与了海淀项目售楼部商铺租赁选址的市调分析等外勤工作。11月定岗时，公司派我支援海淀项目，主要从事营销策划与营销管理工作。

回想起来，读研期间，无论是课堂学习、导师课题组学术活动，还是实习实践、毕业论文撰写，都锻炼并强化了我对特定问题进行研究的思维意识和能力，锻炼了批判性思维、信息搜集和分析能力。读研期间的学习和研究，一定程度上拓展了我对知识整合和迁移的能力，提升了我对新事物的接受能力。例如，在投资部接触到项目经济测算表时，大体就是依据地产项目的基本经济技术指标，可初步拟定一个产品形态，从而可以估计各项成本，从报建报批、设计、施工、销售方面铺排时间进度，能对成本投入和销售收入现金流予以估计，再根据资金缺口进行融资规划，从而最终可得投资项目的成本利润率、内部收益率等决策依据。可以说，这就是对地产开发全流程涉及的经济效益进行预估的缩影和模型，我感受到其实质就是对金融学、财务学和统计学等相关知识的综合运用，因此也能较好地把握各子表和各项指标数据之间的逻辑架构关系，学习掌握起来也较快。

设立专业硕士学位的初衷，是希望培养兼具扎实学科理论基础和特定行业或职业工作的高层次应用型专门人才，如果说学术型硕士强调科学创新，那么专业型硕士在知识应用方面则应当更为突出，更加强调复合性和实践性。我国专业型硕士自 2010 年才开始招生，因而在理论和实践相结合的培养模式、兼具学科理论和行业经验的师资储备，以及校企深度融合的教学条件等方面，都有待日益完善。个人感觉，现阶段，我国的非理工方向专业硕士似乎是学时和理论深度上弱化版的学术型硕士，自身的特质性和与学硕的差异性并不显著。

限于个人经验和学识水平，仅提几点有待成熟的小建议：第一，在方向上，专硕学习和研究要向解决实际生产、经济发展等专业问题的方向侧重，强化理论指导实践。第二，建议强化企业导师在专硕培养过程中发挥作用的力度，例如以实际行业工作经历、发生的过往问题及解决方案、经验教训等为基础开展案例教学，深化专硕学生对行业的体会和感受，以启发对实际问题的探索。第三，建议专硕学生在学习研究时，要针对相应行业实际问题，充分运用好业界导师等相关资源渠道开展各类实际调研活动（客观上确实存在如涉及企业行业机密等难题），有调研才有发言权，才能掌握一手信息资料，有助于摸索和思考到别人缺乏关注并值得探讨的问题。

金融与统计学院专业硕士研究生培养十周年随笔

2019 级应用统计专硕　彭庆雪

时光如白驹过隙，两年紧张而又充实的研究生生活过去已近半年。在湖南大学度过的这两年，我不仅收获了丰厚的专业知识，而且学到了很多做人、做事、做学问的道理。在金融与统计学院专业硕士研究生培养十周年之际，向所有在读期间给予我关心、支持和帮忙的师友表示我最诚挚的谢意。

在读期间，导师任英华教授给了我悉心的指导和热情的帮助，任老师渊博的专业知识、严谨的治学态度、高尚的人格魅力对我影响深远。金融与统计学院全体老师严格、无私、高质量的教导，使得我们在两年的学习过程中汲取丰富的专业知识和扎实的专业技能。虽已离开母校近半年，但心中是无尽的难舍与眷恋，师长们的教诲常环绕耳畔。

从大学跨入企业是人生的重要转折，面临学生到员工的角色转换。一切都是新的，所服务的组织是新的，所合作的同事是新的，企业文化是新的，所需的工作技能是新的。我们需要快速适应新的环境，顺利度过人生的断奶期，为职业生涯打好基础，实现美好的职业人生。

爱学习才会进步，学习是履行好职责的必然要求，学习是提高自身素质的重要途径，学习是缩短差距的唯一途径。当今社会是信息化、数字化的社会，知识更新、知识折旧日益加快，如果忽视学习，即使有敬业精神和干好工作的良好愿望，工作也难以上台阶、上层次。掌握先进的理念和方法，才能开阔思维，不断提升自身综合素质，更好地迎接工作中的各种挑战。

勤思考才有创新，思考能激发独特、新颖、全面的视角。盲目地蛮干，不如灵活地巧干，通过思考能正确把握做好各项工作的背景、原因、客观条件、主要障碍、有利因素等情况，提高掌控工作的大局观、全局观。通过思考能总结各阶段的经验性做法，以及需要改进的地方，从而将理论知识和经验教训更好地运用到工作中，达到少走弯路、事半功倍的效果。

学院在专业硕士研究生人才培养方面，可以多从社会需求实际出发，制定更接地气的人才培养标准。把知识传授型的培养模式转变为提高学生创新思维和适应社会发展能力的创新型人才培养模式。追求实效，讲究实际。在人才培养定位和人才标准上，做到有标准、有方案、有主题、有手段、有平台、有评价。以社会需求为逻辑起点，遵循教学规律，制定与社会需求接轨的人才培养标准，进一步更新人才观念，调整思路，走近行业、企业，与企业共同制定人才培养目标和质量标准，实现校企合作，协同育人。

随　笔

2020 级应用统计专硕　郑千一

至今，我已在湖南大学进行了两年的学习与积累，我对我校专业硕士的培养机制感受颇多。

湖南大学的专业学位硕士在培养目标、培养方式、培养内容上都有明确的以应用为导向的定位，以培养在专业技术上受过高水平专业培训的从事具有明显的职业背景的高层次人才为目标。基于此，老师们除了在课堂上进行书本知识的传授，还会辅以一定程度的真实案例讲解和编程实践作业，鼓励大家关注多领域热点、挖掘自己兴趣方向，并争取亲自动手建立模型、处理数据。我的毕业论文就是基于我的研究方向、因果推断，用 Python 语言对真实数据进行分析，得出了自己的预测结果。

在课堂上汲取知识后，我也积极实习，希望学以致用，提前为工作做准备。实习期间，我感受到工作场景中其实充斥着统计学。无论是课堂学习，还是论文撰写，能把统计学的知识与实际场景联系起来都是很重要的，比如我们熟悉的大数定律。如今是交易高频化的时代，基于互联网平台的交易活动会产生大量的有效数据信息，如果没有统计学知识的指导，而只是单一地采用大数据分析的方法，将可能使数据挖掘效果相对滞后。因此，我们完全可以将大数定律中的相关理论和方法运用于大数据分析的实践当中。具体而言，大数定律在大数据分析中可以有如下三个方面的运用：（1）将大数定律中收敛值的思想运用于大数据分析中，可以使得数据分析人员明确其分析目标，进而在遇到干扰时，能有效排除一些冗余的特殊值，继而使其在更短的时间内得出隐藏在数据信息背后的规律。这一方面可以提高工作效率，另一方面也可以有效节省资源，避免不必要的资源浪费。（2）运用大数据分析得到结果时，在后续的预测模型的构建过程中，也可以参考大数定律的相关数学思维，实现对事物未来发展状况的预测。（3）在大数据分析过程中，其算法的设计也可以有效借鉴大数定律的相关思想。

这些分析思路如果不引入真实案例是比较难开拓的，所谓实践出真知，学生除了理解概念，还应注重知识的延展和对统计分析工具的应用，在校期间如果能够熟练运用一种甚至更多的统计分析工具和主流编程语言，无疑能成为以后就业的助推器。学校在对专业硕士开设课程时，也可以增加更多的实操课程或者实践设计。

传承与坚持

2021 级应用统计专硕　姚欣悦

回顾最近一年的点点滴滴，研究生的学习生活紧张而又充实，上课、比赛、写论文、做项目，安常处顺间带了一点应接不暇，比如令我印象深刻的统计建模大赛。

那日晚上 11 点，红楼照常准时熄灯，我的电脑还在跑着程序，手机屏幕突然亮起，统计建模小分队的群聊里跳出一条信息："组长，术中出血指标预测效果不好，准确率只有 60% 左右，我已经调了很多次参数了。"我无力地揉揉眉心，编辑了一条信息："我这边也遇到了点麻烦，明天上午 10 点，大家有时间吗？我们开个会，想想怎么解决。"

统计建模的比赛时间已经过了一大半，我们也已经熬过了很多个这样的夜晚。项目一开始，我们小组就查阅了大量资料，进行了多次会议讨论，最后在老师的帮助下敲定题目，但我们知道真正的难关还在后面。针对烦琐的数据处理，我们讨论了一套又一套的方案；为得到清晰有逻辑的文章框架，我们经过了一遍又一遍的调整；为了可靠的数据分析结果，我们进行了一次又一次的实验。最艰难的是数据分析环节，编写程序，调试参数，然后守在电脑屏幕前进行漫长的等待，每一次的实验结果都是未知的。面对不理想的结果，只能继续调试，有时甚至需要返回到原始数据处理的步骤。我们也有一筹莫展之时，但是仍然坚持不放弃，一边请教导师一边查找文献，以寻求解决方法，在新的方法上进行一次又一次的尝试，终于得到了满意的结果。我深谙细节对作品的微妙影响，行文布局和结果解读，都需要精准地把控。因此针对文章的雏形，我们在大量资料和反复校对的基础上，又进行了一遍又一遍的细节调整与修改，最终将其打磨成我们满意的作品。

这个项目倾注了我们团队的大量心血，我们小心谨慎地对待项目的每一个环节。焦头烂额、纠结无奈、垂头丧气的情绪常常让我们精疲力竭，但是期间也充满了我们百折不挠的决心、同心协力的情谊、拨开云雾见青天的欢喜，这些都成了我研究生生涯最美好的回忆。

我的研究生生涯还有很多次类似的项目经历，如课程论文、毕业论文、学科竞赛、项目课题等。只有认真对待过，才知道这些需要倾注多少心血，这也让我对学校的科研工作者肃然起敬，正是这些虔诚的科研工作者的传承与热爱，造就了千年弦歌不绝。也正是他们，牢记"经世济民，引领未来"的使命，带领团队积极攻克科研难关，用实际行动诠释了湖大人竭诚打造国之重器、用科技成果许党报国的鲜明底色。数字强国是中华民族伟大复兴的重大战略任务，近年来，湖南大学统计学科取得的科研成果有目共睹，科研奖项、基金项目、论文著作硕果累累，与政府企业的合作交流，更彰显了学院的社会担当。我坚信，在湖南大学金融与统计学院师生的努力下，建成世界一流研究型学院的目标指日可待！

　　秋风习习，在校园漫步忽觉多了不少充满朝气的新面孔，大抵是刚入学的新生。这时，不远处一个站在院碑前的身影引起了我的注意，我经过她时似乎听到了一声细语："实事求是，敢为人先！"我转头看向她，竟像极了曾经的自己！我笑了笑，继续往前走，我的步伐更加坚定——学问在代代学子间传承，研究在巍巍麓山下坚持，学问与研究教学相长，传承与坚持相得益彰，一起赋予了教育永恒的意义。

知识渊博，高瞻远瞩

王　姝

访谈校友简介

晏培羿，2010 级金融学硕，毕业后入职兴业银行长沙分行，现为中远海运租赁有限公司资深经理。

情系校训，感恩母校培育

谈起湖南大学，学长毫不吝啬对母校的夸赞。湖南大学悠久的文化与深厚的底蕴对于湖大学子来说都是引以为豪的。

而聊起湖大精神，学长便提到了湖南大学的校训"实事求是，敢为人先"。他认为，这八个字不管是从工作的角度，还是从为人处世的角度，对于他，影响都非常大。

晏培羿学长脚踏实地，分享自己的亲身经历，向我们娓娓道来。

适应变化，学会转危为机

谈及初入职场时的心态，晏培羿学长这样回答道："整个社会都在不断变化，企业也一样。作为社会的一分子，不管是应届毕业还是换工作，最好的心态就是空杯心态，不要带有任何偏见去适应变化。因为校园与企业有不同的氛围，接触到的人也有不同的习惯。走出校园后，外界环境变化了，这个时候，我们的心态是非常重要的，如果勇于迎接这种变化，那么问题就能迎刃而解。"我们都感叹于学长的大局观，同时也被学长所说的空杯心态影响。

学长谈到了毕业前和工作后的一些不同："在学校时，我认为工作就是完成任务，但工作后却发现会有很多混加的因素。一方面从客户角度考虑，另一方面为公司考虑风险，所以实际做起来要承担更多的压力。"作为前辈，学长用自己在职场多年积累的经验告诉我们，工作最主要的还是靠实践，再结合理论研究和他人经验去完善。

学长也为我们讲述了他所在岗位的具体工作，说自己的职责就是从企业发展的角度考虑各种风险问题，比如企业给客户借款，成功与否都体现在营销人员的身上，但当发现某一企业有问题如出资困难的时候，就可以通过相关专业的策略帮助该公司避开风险。这个时候能体会到自己岗位的必要性并且引以为豪。

品行兼备，追寻事半功倍

当问及职场人的必备素质时，学长侃侃而谈："第一点是执行力。工作当中会碰到很多事情需要紧凑安排，这个时候，自己一定要区分好轻重缓急，但有些人遇到事多容易顾虑不当，拖沓严重。其实，从领导者角度而言，你会发现很多时候他们更希望得到事情的结果，要求责任人有很强的执行力，假如真的很有难度，短时间达不到预期，但也希望能够得到一个准确的答复，而非石沉大海。第二点就是责任心。虽然说在一个企业里我们都是负责某一个板块，但是一个人想要成长就需要有更多的责任心，不要'陷'进工作内容里面，要更多地去思考、去权衡。横向思考就是在工作往来之时需要完成的工作内容，不要把边界划得那么清晰，可以对当下的工作进行总结归纳，才能安排得当；纵向思考就是思考你的领导是怎样看待问题的，并且对客观事物有深层次了解，帮助你更好地去理解事物。"只有横纵向拉宽拉伸工作界限与方法，才可以提高办事的效率，真正能够做到事半功倍。

培养格局，保持求知若渴

谈到国家金融的大局势，学长所说通俗易懂："国家金融大环境变化是非常明显的。举例说明，国家经济发展用 GDP 衡量，而由数据可知，社会融资总量所产生的利息增量远远大于 GDP 增量。结合中美贸易往来的经验，实际上，国家自身发展是要有完整的产业链和工业体系的，国家大的方向就是要扶持实体经济，解决就业问题，互联网和金融这种高利润行业要衡量控制，缩减弹性空间，把释放出来的资金用来鼓励实体投入，只有这样才能提高我们的生产力。"

学长投资过民办高校，很清楚投资对丰富教学资源的重要性，可以提供解决人们对更高层次教育需求的渠道。谈到教育投资，说这一块的社会效益是比较显著的，但要注意资金须借给能给国家做出贡献的企业，而非不符合国家政策导向的企业。

学会抉择，定能乘风破浪

对于学弟学妹的择业，学长建议：热爱是第一要素。"只要是一个正直的人，在社会上能够把自己的事情做到最好，就可以非常好地融合到当今社会中，择业方面的核心建议就是要结合自己的兴趣爱好来提升个人，如果不能做到热爱自己的工作，即使能力再强，也一定做不到最好。"

谈到选择的重要性时，学长强调要"结合未来发展，判断哪些是好的行业，要自己进行选择"。懂得如何抉择，选择高效方法、有正确的奋斗方向是重中之重。

最后，学长为我们送上祝福："祝你们学业有成，将来能够选择自己热爱的事业，为社会贡献自己的力量！"

此次线上采访已经结束，很遗憾由于某些原因未能见到学长，但从他自信的发言中，可以体会到晏培羿学长的人格魅力以及学习储备方面的丰足，作为一名湖大人，他为我们树立了一个优秀的校友榜样！

笃行从心，奔赴热爱

陶玥宇　　范晓玉

访谈校友简介

刘姿含，2012 级金融专硕，毕业后入职中国建设银行云南省分行，现为云南民族大学澜湄学院教师。

与刘姿含学姐的首次联系是通过手机短信进行的，在后续关于采访内容与流程的进一步交流中，学姐积极的准备工作与平易近人的态度，让我们采访伊始的紧张感逐渐淡化，并对此次采访颇为期待。

初相遇：终身学习的习惯养成

刘姿含于 2012 年进入湖南大学金融与统计学院学习，2014 年 6 月毕业于金融硕士项目。当被问到为什么选择湖大时，她自豪地说："非常荣幸来湖大求学，湖南财经学院享有"金融黄埔"的美誉，而湖大金统学院继承和发扬了老财院的优良传统，有雄厚的金融行业积淀，在国际金融、信用管理和商业银行管理这三个研究方向上有很大的优势，这都促使了我选择湖大。"

湖大浓厚的学术氛围与静谧清幽的环境为每名湖大学子提供了良好的学习环境，刘姿含在湖大度过了短暂而宝贵的两年时光。当回忆起这段美好的时光时，刘姿含言语中透露着温柔和感动："我要感谢我的导师吴志明教授，他从两方面改变和塑造了我。一方面，导师的熏陶使我养成了阅读的习惯。另一方面，他也培养了我良好的学术品味和科研素养。"湖大不仅提高了刘姿含的学习与科研能力，最重要的是，还培养了刘姿含终身学习的习惯。在步入职场之后，刘姿含在短短几个月里从柜员岗调整到客户经理岗，并兼任团委书记等工作。刘姿含能够拥有这些锻炼机会得益于研究生阶段的文笔训练。她说，经常可以在半夜收到吴老师的读书笔记修改意见。吴老师对于人才培养的认真和学生写作能力的培养，使她在以后的工作中受益。刘姿含告诉我们："湖大不是终点，而是新的起点。不管是对于我，还是对于学弟学妹们，我们都应该保持终身学习的习惯。终身学习，可以让我们保持成长和进步。"现在的她，是一名教师，她更加认识到保持学习的重要性。现在，她仍会坚持读书与学习，将读书的感悟与她的学生分享，最乐于看到自己学生的成长和进步。

过渡期：从职业探索，到始终初心、奔赴热爱

人生当中面临着各种选择，面对巨大的转折时，也许会站在人生的分岔路口茫然四顾、不知所措——如何抉择，就变成了一个难题。这般情况下，初心便可化作指路的明灯，照亮前进的方向。刘姿含通过自身的探索告诉我们：当我们拥有勇气和毅力时，我们终将奔赴自己所热爱的事业。

2014年从湖大毕业后，刘姿含选择了去银行工作。她曾前往昆明市东川区开展扶贫工作，为乡村送去金融服务；曾写过文章、通讯稿，参与了宣传方案、制作视频等工作；曾服务于昆明市政府、云南机场集团等大型客户；曾参与沪昆高铁、云桂高铁的项目贷款，助推云南走出去。

在银行工作期间，刘姿含一直在思考金融如何服务实体经济，她曾感到迷茫和困惑，也从中获得了很多思考。这也是刘姿含从金融行业转变到金融教育的一个重要原因。对于从小怀揣着外交梦想、喜欢与来自不同文化的人交流的刘姿含来说，她觉得银行的国际业务工作可以帮她实现与不同国家的人交流的愿望。但是，当她真的有机会在建行从事国际业务的时候，才发现银行的业务与她期待的合作方式有较大差异。银行的工作要求她面对复杂多样的合同文本，也要求她能在短时间内熟悉常规流程，并向客户推介。但是她却更愿意花时间去了解金融产品背后的理论逻辑，而谨慎的思考会使业务延迟，她开始反思自己的选择。

这段金融工作经历为刘姿含从金融行业到金融教育的转型积累了宝贵的经验，当刘姿含发觉自己的选择与爱好有出入时，她正视了这种偏差，并重新思考了自己的职业规划。她告诉我们：在这个调整的过程当中，可能会面临很多的不确定性和来自各方面的压力。但是，既然自己已经做出选择，那就需要不断调整心态，积累力量，为未来蓄力。经济学上的效用理论教会我们更好地选择，去选择自己热爱的、愿意为之付出努力的事业，这样效用才能最大，也能感受到幸福和满足。她也和我们分享了她通过看中国哲学类书籍调整心态的经验。

进行时：不忘初心，破而后立，扎根澜湄

辞去银行的工作后，刘姿含于2017年来到了云南民族大学澜湄学院，成为一名大学教师。从银行从业人员到大学教师，看似跨度很大，但刘姿含认为，枝枝相覆盖，叶叶相交通，从金融行业到金融教育的转型并不冲突，更多的是要找到它们的契合点。每个人的经历都是自身的财富，因为这些经历可以提高自己的认知。之前工作中积累的知识和能力，也会成为未来新岗位、新工作的基石。关键在于，学会把过往经历与当下的工作进行融合。

此外，刘姿含还和我们聊到了她对破除教育内卷的看法。刘姿含认为：当你做选择的时候，想清楚自己所热爱的事情，选择一个自己擅长的方向，然后在这个方向上聚焦

和深耕，不要过多地关注别人给你带来的压力，要忠于自己的内心。如果选择了便不要后悔，然后在自己选择的路上专注和深入，提升自己在这一方面的认知，这是打造职场竞争力的一种重要的方法。在人工智能时代，愈发要有自己区别于机器人的优势。

在聊到现在工作时的故事时，刘姿含向我们展示了一张照片。这张照片对刘姿含而言是有特殊含义的，照片中除了中国学生，大部分是来自老挝、越南、泰国的留学生，还有几位来自非洲的学生。刘姿含任职的澜湄学院是顺应国家"一带一路"倡议，在澜湄合作框架下成立的。刘姿含说："我差不多给留学生们上了一半的专业课，所以我和他们的感情也比较深厚。这张照片不仅见证了我们四年的师生情谊，也从侧面反映了澜湄合作的积极进展。"

当我们问及做过的最有成就感的事情时，刘姿含也毫不犹豫地选择了为留学生上课这件事："我们每个人在外国人面前都代表着自己国家的形象，外交工作不只是外交官的事。在外国人面前，我们每个人都是'民间外交官'和'文化交流使者'，给留学生讲好中国故事，让他们了解中国文化、了解真实的中国，是我做过的特别有意义的事情。"她提到曾经在大学阶段参加过一个"文化交流大使"的培训，这为她向留学生展示中国的传统文化打下了良好的基础。她在授课过程中会给留学生布置一些留学生国家的调研和案例，这样能让他们学以致用。同时，她也承担着留学生金融中文老师的角色。正如她所提到的：用中文讲好中国的金融故事。不管是曾经在建设银行的"牵线搭桥"，参与沪昆高铁等项目贷款，还是当下助力"教育国际化"的"牵线搭桥"，刘姿含学姐一直在实践和探索着。

论期望：培养高层次金融人才，构建校企实验室

作为一名大学老师，刘姿含结合自己在工作中的实践和探索，对学院高层次应用金融人才的培养提出了几点思考。刘姿含认为，金融硕士的人才培养可以集中于"金融产品设计人才"和"金融管理人才"两个方向，结合学院在国际金融、金融监管、信用管理、商业银行管理等优势方向，建立专业群。对于本科非金融专业的同学，可在研究生阶段注重金融能力的提升；对于其他专业报考的同学，可搭建"金融+会计""金融+科技""金融+英语""金融+新闻"等交叉学科培养的平台；对于没有工作经验的同学，可增加研究生阶段的实习经历，也可由教授和行业专家一起开发课程。金融硕士项目也可招收一些在职人员，纳入金融管理人才培养。

刘姿含非常希望能看到母校与金融行业合作，共建校企联合实验室，让学院的教授和行业的专家一起制定人才培养方案，让学生在读研期间前往合作企业实习，参与行业的产品设计。这样既能推动产教学研用一体化，也能使培养的学生更具竞争力。

展望未来，刘姿含期待着教育界能与产业界合作，更好地进行教学改革和创新，让学生不仅能学到来自课本的有字之书，也有来自社会实践中的无字之书，通过实践学习反哺课堂学习。唯其如此，未来的人才培养与国家的产业发展才能更好地相互促进、协同发展。

冰雪通透，慧心妙舌

张京晶

访谈校友简介

王雪，2012 级金融专硕，毕业后入职兴业银行广州分行，现供职于国泰君安证券北京分公司机构业务部，担任高级业务经理。

从 2011 年开始招收第一批金融、保险以及应用统计专硕，湖南大学金融与统计学院培养的研究生已然适应了社会对高质量人才的要求，在经济、金融等各行业大放异彩。与 2014 届金融专硕的王雪学姐的相遇，正是始于这次学院研究生教育十周年优秀校友寻访活动。

与王雪学姐的初识源自短信的沟通，当我表明来意后，她满口答应。在喜悦与感激的同时，我也在心里默默地感叹："这真是一位热情、友善的学姐。"因各种原因，我们没能如期在北京相遇，访谈活动只能改为线上进行。不过，这丝毫没有降低我对此次活动的期待，学姐的开朗与健谈也迅速弱化了屏幕与屏幕的距离，访谈在轻松愉悦的氛围中顺利开始。

两次转型，找寻最合适的道路

"我本科是学新闻学的，当时我觉得以后如果当记者，成为一个财经记者也不错。本科阶段的通识教育，让我对经济、金融有一定的了解，因此我选择了跨保金融与统计学院的金融专硕。"这是王雪学姐选择金统院的初衷。在求学的过程中，学姐了解了金统院的光辉历史，知晓了国内金融行业的诸多知名校友和前辈，更重要的是，金统院众多优秀教师的教导，使她逐渐对金融业产生了浓厚的兴趣。为了补足自己"半路出家"而导致的短板，学姐选择抓紧时间学专业，空闲时间都在图书馆度过，在温习课业的同时考取了多个从业资格证，为未来的职业生涯做准备。

毕业后，学姐遵从内心，选择了感兴趣的银行业入职。勤恳踏实，专业过硬，加之学姐本科新闻专业的知识背景，以及当学生干部的经历，她很快便得到了领导以及机构客户的褒奖与赏识。同时，学姐敏锐地意识到当时资本市场的机遇，离开银行这一相对安逸的环境，或许会获得更多的成长空间。于是，学姐再一次跟随自己内心的选择，跳槽去往证券业，正式开启了北漂生活。

第二次转型并非一帆风顺。"在银行时，我主要是支持与辅助的角色，我们每个人就像一个螺丝钉，各司其职，团队协作。但是，当我转行到证券行业，我要做自己的业务，要去拓展客户，每个季度都要考核 KPI，这一过程是十分艰难的。"当我询问学姐是如何面对这一挑战时，她不答反问："你知道什么是能力吗？能力就是你做事靠谱！把领导交代的每一件事都保质保量地完成。"是的，在工作中，机遇与经验一样，都是在一次次任务的完成中积累起来的，作为员工，学姐的靠谱使得她被领导发现与重视；作为对接人，学姐的靠谱也为她赢得了信任与赏识，从而带来新业务的落地与业绩的提升。因此，她顺利地度过了困难的转型期，新的工作、新的生活，在北京悄然展开。

遵纪守法，捍卫金融人的底线

"直到现在，我还记得戴晓凤老师的一句话，大致意思是，干金融，你首先必须遵纪守法。"随着工作年龄的增长，学姐深刻地领会到了这句话的真正内涵。

遵纪守法是金融从业者的底线。金融从业者有很多的机会接触到钱，接触到与利益相关的东西。一旦逾越底线，就会受到监管的惩罚、法律的制裁。"像我们基金、证券从业者是严禁有自己的股票账户的，也不允许操作其他人的账户，比如直系亲属、伴侣等等。"在新闻中，我们常会看到有人持有老鼠仓，或者因内部消息而套利的金融案件，这都是违规违法的。随着监管力度的加强，以及从业者知识水平和素质的提高，金融市场必定会有序发展。

永葆热忱，实事求是，敢为人先

2021 年恰逢建党百年，王雪学姐作为党员同志，积极地参与一系列庆祝活动。当问及学姐对国家发展的贡献及感悟时，她说道："这一百年内，无论是在科技发展、基础建设方面，还是在对外开放方面，我们国家都发生了天翻地覆的变化。这些年，政策不断改善，国家允许外资机构直接在国内募资，这是要依托证券公司的，而我正好对接了几家这样的机构。在日常生活中好好工作，我认为自己也参与了、助力了国家的发展。"

湖大的校训是"实事求是，敢为人先"，学校教给我们的正是要勇敢地进取，勇敢地拼搏，勇敢地承担责任。"我们踏实工作，坚守准则，在国家的发展进程中，也算是做到了敢为人先，至少不拖后腿。"学姐如是说。

在采访的最后，学姐谈及了她对学弟学妹的期许和建议："金融从业者无论何时都要不断学习、不断进步。希望你们在课业之余能不断充实自己，提前准备，不打无准备的仗。"我们必定不辜负学姐的期待，保持好奇心与专注力，坚持学习进步，对行业、对国家、对未来永葆热忱！

明晰方向，踏实向前

李俊宏

访谈校友简介

游翔兰，2012级金融专硕，毕业后入职招商银行，现为湖南银保监局政策银行处三级主任科员。

与游翔兰学姐的初次联系是通过短信，后续沟通则借由微信。游学姐随和亲切的态度令人印象深刻，与她的沟通轻松有效，访谈日期和地点等事项都十分顺利地对接完毕，这让我联络之初的紧张感很快消散。然而，突如其来的疫情让原定的实地采访被迫改为网络会议。变数众多，但我们采访的热情依然高涨。

忆校园：师友对话，融洽而良有获

回忆起大学时光，游学姐第一个想起的是她的导师肖曼君老师。游翔兰亲切地称呼肖老师为"肖妈妈"，在她口中，这是一位因材施教、十分温柔的良师。"肖妈妈"总会与学生们分享她自己的经历，对不同的学生采用不同的方式引导，帮助他们走到适合自己的方向上。不仅是学业和事业，就连生活上的问题，肖老师也会为学生出谋划策，是学生们的益友。提起她的导师，游翔兰语气里满是温柔和感激。能遇见这样的导师，她觉得太幸运了。

作为湖大学子，游翔兰认为，湖南大学的标签是很大的优势。能考入湖大，说明本身的能力已经达到了较高的水准。有许多优秀校友作为榜样，有一辈辈优秀的湖大人塑造的素质高、能力强、适应快的"湖大形象"，湖大学子在业界获得了认可，这是湖大人的骄傲和宝贵资源。她希望能多回母校看看，有更多的校友活动来回味她心中独特的湖大记忆。

谈工作：改变与选择，为家国贡献

湖南大学优秀金融学子的银行认可度，以及银行业的从业传统，让广大金融专业毕业生进入银行工作看起来似乎是理所当然的选择。硕士毕业之后，游翔兰的第一份工作在招商银行寻得。

在银行工作的过程中，游学姐觉得这份工作并非自己最终想要的。她选择离开，并把重心放在公务员考试上，努力寻求另一个更满意的岗位。后来，游翔兰考公成功，并进入了湖南银保监局，取得了现在的工作。

谈及职场品质，游翔兰的观点是：职场人最重要的品质是持续学习。与在校学习不同的是，工作中的学习更多在于能力和素质的提升，尤其对于金融行业，相关规则变动较多且频繁，从业者必须持续学习，才能应对变化和竞争。

关于自己的岗位和工作，游翔兰表示，在督促政策性金融机构全力支持制造业高质量发展、助力疫情后企业复工复产、积极推动"三高四新"战略落地等方面，对此感触颇深。游翔兰所在单位——银保监局，职责是防范金融风险，维护金融稳定，她的工作对象主要是银行和保险机构。在这个过程中，游翔兰感受到了强烈的家国荣誉感，这让她在工作中参与感十足。

论心得：探清所求，多交流，多经历

在采访中，游翔兰提得最多的词就是"想清楚"。人生很长，想清楚自己想要的是什么是最重要的。

游翔兰认为，当下职场新人存在的共性问题是实习经历较少、社会经验不足。经验不足可能导致其无法很好地进行自我调整，出现心理压力过大等问题。对此，游学姐指出，最好的办法就是想清楚，多经历，多消化。游翔兰以自己为例，从初入银行，到后来选择考公进入银保监局，就是想清楚了自己想要的是什么。在近年国内经济下行的大环境下，金融从业人员面临的工作压力变得更大，个人更应该想清楚自己所追求的是什么。

金融行业分类众多，选择也多，游学姐告诉我们，可以多多探索后选择最适合自己的。对于实习经历较少的我们，她的建议是多去感受和经历，多参加实习。茫然是必经的，感受后才能拨开迷雾，做出选择。游翔兰对学校和学院也提出了建议：增设就业指导类课程，帮助毕业生更顺利地就业。

温润如玉，柔和而坚定

黄 康

访谈校友简介

崔玉冰，2012 级保险专硕，毕业后入职北京阳光保险集团股份有限公司，现为资深经理。

深爱母校，热爱专业

与崔玉冰学姐打开话题的是关于对于母校湖南大学的印象。开放式的校园、秀丽的校园风景给她留下了深刻的印象。湖南大学是国内开设保险专业时间较久的学校，同时具有"金融黄埔"的美称，这是学姐硕士阶段选择湖南大学的原因。

在校期间，崔学姐担任了班级的党支部书记。研一时除了学习专业课程，学姐还接触到了保险精算，并考取了北美精算相关证书。研二期间，师姐前往北京阳光保险公司实习一年，并在实习期结束后留任。

谈及专业领域，崔学姐脸上带着微笑，讲述了她这些年在自己热爱的保险行业摸爬滚打的经验。入职之初，硕士期间的保险课程知识帮助她更深地理解产品、更好地把握法律法规、更快地理解条款等等。入职时正值互联网保险刚刚兴起，随后不久便出台了互联网保险的监管办法，这意味着所有保险产品都需要进行规范。当时没有任何经验可供参考，在这个整改过程中，崔学姐的专业知识帮助她的小组得到了公司领导的认可，并且成了公司其他小组的参考对象。

坚持长期主义

崔学姐把坚持长期主义作为自己的职场信条。在遇到困难时，她习惯用一句格言来激励自己："当你觉得特别难的时候，可能是这一次的收获特别大。"

入职之初，崔学姐只是协助领导做一些比较简单的工作，在有了一定积累后便独立负责某款产品，从产品的提出到上线全过程。在最难的一段时间里，崔学姐曾一个人负责需要同时上线的三款产品，从产品的需求提出到测试。那段时间，崔学姐感觉到了很大的压力，但一直用信念激励自己。

现在回头看那段时光，工作压力让崔学姐快速成长，对于产品的各个流程都已十分熟悉。学姐建议学弟学妹们：遇到困难时不要放弃，坚持下去就会得到收获。

达诚"申"信，风华"正"茂

朱煜晗　等

访谈校友简介

申正，2013级金融专硕，毕业后入职招商银行深圳分行，现任上海光大证券投资银行总部项目经理。

2021年是湖南大学金融与统计学院专业硕士研究生培养十周年，在这样一个特殊的时刻，我们有幸参加了学院组织的校友寻访活动，并在这次活动中与申正学长进行了一次温馨而又深刻的对话。

申学长在湖南大学度过了整整六年的学习时光，对母校有着许多难忘的回忆和深刻的感情。

意气风发，识于麓山下

师恩难忘，申学长和我们分享了他和导师张学陶老师相识相知的过程。结缘于活力四射的羽毛球球场，流连于风趣幽默的专业课堂里。

申学长在湖大的学习生活收获满满，撰写论文锻炼了自己的逻辑思维能力，持续阅读不断认识自我，进行清晰的职业规划，湖大名片成为就业时的良好背书。

脚踏实地，行于生活中

申学长和我们分享他的工作经历，告诉我们要对自己有清晰的职业规划，通过阅读、实践、交流等方式认识更深层次的自己，知道自己志在何处。通过职业规划，学长明确了自己的最终目标是进入投行工作，毕业后，学长开始根据自己的规划逐步向目标迈进。第一份工作是招商银行深圳分行理财经理，隶属于市场营销。学长告诉我们，之所以选择这份工作，一是因为当时的投行就业机会少，行业发展不景气；二是因为这份工作既可锻炼自己的社交能力，又能考验自己的抗压能力。500位理财经理要每个月进行业绩排名，竞争残酷，而学长在这样的极限压力下出色完成任务，并且获得"十佳员工"称号。当我们问到学长如何面对巨大压力时，学长坚定地表示："要明白压力就是动力，并且压力和收获是成正比的。我工作服务的是贵宾客户，直接面对公司法人，有机会接触到各行各业优秀的人，在和他们的交谈中，自己能学到很多经验，能提升自己的认知，能丰富自己的人脉。"

与此同时，学长工作期间还利用休息时间坚持学习CPA课程。在成为一名注册会计师后，选择进入立信会计师事务所工作。学长说："先做营销再做财会，营销岗位需要更多想法，财会岗位需要认真严谨的工作态度。而先做财会再做营销，相当于工作思维由严谨到发散，难度较大且职业选择局限性也较大。"在会计师事务所工作时，学长利用工作巩固了自己的会计和财务知识，学以致用，还通过不断钻研学习了诸多的法律知识，大大提升了自己的综合能力。基于出色的业务能力，学长成为会计师事务所现场负责人，并且负责两个IPO上市的项目，同时在工作中接触到很多券商，为自己下一步的计划做了充分的准备。

前两份工作积累下的扎实的法律、财务、会计知识，让申学长成功地进入光大证券投资银行总部，开启了第三份工作。投资银行的工作节奏非常快，要求具备很强的抗压能力，不但要熟练掌握自己负责的业务，还要具备快速学习新知识的能力。平时要学会多和公司的前辈沟通交流，帮助自己更快地成长。学长还分享了一个工作小建议："虽然投行经常加班，但是我们应该转变思维，将重点放在从这项工作中自己能学到什么，而不是只想快速完成工作。"

回顾这三份工作时，学长表示："每一份工作都有价值，正是因为在每一份工作中保持谦虚的学习态度，并不断挑战自我，跳出舒适圈去发掘自己的潜力，才有机会迅速提高自己的价值。"

知行合一，学于点滴间

谈及国家金融行业的发展，学长告诉我们，国家实施注册制取得了很大的成功，改革在不断地促进金融服务于实体经济，令他感受深刻。我们的生活也发生了翻天覆地的变化，无纸化交易、5G技术、线上办公都给生活带来了诸多便捷。学长告诉我们，作为湖大人，要坚持自己的正确的价值观，从点点滴滴做起，参与祖国改革发展进程，参加公益活动，奉献自己的青春年华。

采访的最后，学长为学弟学妹们送上了祝福和寄语：希望学弟学妹们在人生旅途中做到知行合一，目标明确，成为行动上的巨人，尽情享受学校的美好时光，心想事成；在校期间，要多去实习，体验金融行业不同的工作内容，熟悉业务，利用CPA等核心证书增强自己的核心竞争力。

与学长的交流时光过得很快，我们在这次活动中收获颇丰，希望未来我们能够不负学长所期，乘风破浪，砥砺前行，不负青春，不负韶华！

几多沉浮，未忘感恩

李宇轩　汤云鹏

访谈校友简介

唐俊，2013 级金融专硕，毕业后入职东莞证券股份有限公司，现供职于三湘银行金融市场部。

为了充分配合学校的疫情防控工作，我们采取线上视频会议的方式对唐俊学长进行采访。唐俊学长做了全面且充分的准备工作，十分配合我们的采访，我们对唐俊学长的求学经历和职业发展逐渐有了清晰的认识。

几经周折，不忘初心

唐俊从大学到工作，求学求职路上一直十分坎坷。本科是在吉林大学读的，专业与金融无关，工作三四年后跨专业考湖南大学金融与统计学院的专硕。有志者事竟成，边工作边跨专业考取研究生，这是唐俊做过让自己最欣慰也最有成就感的一件事。

硕士毕业之后，唐俊找到的第一份工作是在东莞证券总部做经纪业务管理；一年多后，唐俊转到了债券研究与投资。

跨专业考研也好，转职也罢，决心和毅力是支持唐俊一直走下去的关键。也许不考研也能度过那段不顺利的时光，也许不转行也能走到一个不错的岗位，但生活总要有挑战才能精彩。何况努力不断，时光和生活也就未负人期许。

刻骨铭心，怀旧恩情

唐俊读研期间的导师是肖曼君老师。"肖老师就像自己家里的长辈一样，氛围还挺好的。""每过半个月，我们就会有一个'读书会'，导师都会来。"唐俊对这位导师的感激之情溢于言表。

唐俊认为，湖大毕业的校友之间关系非常好，虽然他这一行里校友少一些，但是大家相互之间沟通交流会更加多一点。

唐俊在湖大收获很多，对湖南大学充满了感激。

披荆斩棘，勇攀高峰

邹婉琳

访谈校友简介

杨伟化，2013 级金融专硕，毕业后入职湖南湘投国际投资有限公司投资部，现供职于天职国际事务所并购融资部。

初次与杨伟化的见面是在腾讯会议中，尽管正值杨伟化在甘肃出差途中。我真切感受到了杨伟化对母校的牵挂。提及湖南大学的发展，杨伟化亲切地道出了他对母校的关注："虽然我在湖南大学就读仅两年时间，但是毕业以后对母校一直高度关注。学校这几年发展很快，进步很大，可喜可贺。"

不负韶华，不负所望

荀子有言："假舆马者，非利足也，而致千里；假舟楫者，非能水也，而绝江河。君子生非异也，善假于物也。"

初入大学，部分人感受到的是迷失与茫然，仿佛失去了应试的约束，心一下就空了。但是，对杨伟化而言，"大一大二的时候过得像高三一样"。正是这样的勤奋和努力，经常泡图书馆，积极主动地丰富自己的课外生活，投身到丰富多彩的社会活动中，锻炼自我，提升自我。杨伟化有明确而坚定的目标，坚持不懈的奋斗，将自己的大学生活过成了一段色彩斑斓的成长旅程。天道酬勤，杨伟化获得了不少项目的奖学金，得到了学院保送研究生的名额，更以高分考入湖南大学金融与统计学院攻读金融专业硕士学位研究生。

把握每一次锻炼自己的机会

大学除了给予我们充足的资源去汲取理论层面的知识，构建知识体系，还是我们与社会之间的桥梁。杨伟化说："大学生活一定要多姿多彩，同学们多参加社会活动，可以丰富社会阅历，这对拓展以后的就业能力会有所帮助。"

或许我们积极地参与、专注地投入，却很难取得满意的成绩。杨伟化说："在我看来，结果虽然重要，但是过程更重要。在这个过程中，我们会去思考，去想办法解决问题。比如，组织一个活动，需要我们去思考如何做好每一步，这个思考的过程其实就是一个进步的过程、一个自我提升的过程。或许你没有拿到奖，但你在这个过程中成长了。在这个过程中，比如说你拿了第二名，那你可以去思考为什么别人可以拿第一名，人家比你强在哪里。通过思考不断地向更优秀的人学习，这也是一个进步的过程。假如你根本没有参加这个活动，就相当于你直接失去了这次学习、提升的机会。"

二十岁的年纪，正是拼得起也输得起的时候。注重每一次尝试，注重脚踏实地走的每一步，无论最终到达何处，都是一段能够锻炼自己、提升自己的旅程。不积跬步，无以至千里；不积小流，无以成江海。任何能轻易得到的东西，都很可能轻易失去。一蹴而就的成功不可轻信，厚积薄发的努力不会沉默。

何去何从

对于金融行业的就业现状，杨伟化这样描述："金融业本身就是一个竞争很激烈的行业，你必须要很努力、很优秀，才可能脱颖而出。"青春正当奋斗拼搏之时，把握当下的每一刻，努力地汲取养分，积极地在现实中历练自己。

对于个人的职业规划，杨伟化鼓励我们学会及时调整与改变。年轻气盛，具有敢于改变的胆气，也具有进行改变的能力，"乘风破浪会有时，直挂云帆济沧海"。既仰望星空又脚踏实地，成功总是眷恋有准备的人，勇于挑战自我、突破自我，在风浪中定能成就一个更优秀的自己。

虚怀若谷的普通人

贺玲艳

访谈校友简介

李俊译，2013 级金融专硕，毕业后入职中国银保监会湖南监管局永州银监分局，现为湖南省银保监局人事部四级主任科员。

以终为始，纵一波三折亦往矣

2009 年，高考第一志愿为湖南大学金融学的李俊译，由于几分之差，被调剂至其他专业。"虽然没录取到理想的专业，但是既来之，则安之，提高学习能力，以后才会有更多的选择机会。"故即使课业繁重、课程难度大，但李俊译的成绩一直保持在年级前十。

李俊译认定，未来自己会向金融领域发展，于是在大三下学年就积极备战考研，全身心学习金融知识，专业课教材看了三遍以上，暑期也留校备考。到了大四上学期，李俊译正埋头于听课刷题之际，学校跨专业保研的政策下达了。李俊译立马抓住这个机会，跟紧学校保研时间进度准备材料。不曾想，某一天登录学院官网时，才发现保研面试已结束，原来学院进度安排相对学校提前了。李俊译第一时间向学院领导和学校教务处反映情况，最终如愿以偿。"有时候转机是靠自己争取的，你永远不要低估坚持的力量。"李俊译很感谢当时近乎倔强的自己。

因为来之非易，所以倍加珍惜。李俊译读研期间潜心学习，扎实肯干，度过了充实的研究生时光。问及研究生阶段和本科的区别以及读研的心得体会，李俊译说："本科阶段的学习在于知识积累，在于学得广；研究生阶段的学习自主权会更大，注重学得精。要说最大的体悟，就是一定要做好职业生涯规划，管理好自己的时间；要有明确的专攻方向，对以后想从事的工作有一个大致的思考。这个阶段不仅要学好专业知识，更要注重实践，要有意识地去实习、参与项目。"从本科到研究生，变的是专业，不变的是李俊译对知识的敬畏和踏实肯干的态度。

厚积薄发，屡次第一亦平常

毕业后，李俊译踏上了求职之旅。长沙地区、珠三角地区的银行机构，李俊译都会去报名，参加了几十场面试，最终拿到了七八家银行的 Offer。"家里希望我考公务员，我就试着报了永州银监"，不曾想以第一名录取了。权衡再三，李俊译选择去永州银保监上班。后来，通过内部遴选以第一名的成绩调到湖南省银保监局任职。

问及"两个第一"的秘诀和原因，李俊译淡淡一笑，"其实这些都不值一提，我觉得策略和机遇帮了很大的忙吧"。

问及工作打算，李俊译推了推有些下滑的眼镜框说："只有把本职工作做好，才能把监管的作用渗透到全省的银行保险机构，更好地服务于全省的经济社会发展。在此基础上，我会把握机会到监管部门轮岗，更好地发挥所学所专。"

李俊译对自己的评价是："一个很普通的人，温暖，简单，敏感，隐忍。""我属于内敛踏实型，性格比较温和，积极向上，无论是对现状的看法，还是对未来的考量，都是向好的，也会朝着美好去努力。正是因为有乐观的预期，很多时候我都能克服困难，坚持下去，化不可能为可能。"

听罢，我不禁想，学长虽然将成就归因于机遇，但是不难看出，谦逊务实才是他的成功法宝。

职海洋洋，明确目标不迷茫

李俊译不止一次提到求职要有明确的目标，不能人云亦云、随大流。"有一份热爱，有一份坚守，那就可以做成任何事。"而细化到金融专业的择业建议，李俊译指出，毕业后，如果想去银行、保险公司、证券公司，或考公务员去事业单位，就必须对这些机构有全面的认识和了解。

天道酬勤，不负韶华

邹　琼

访谈校友简介

余佳琳，2013 级金融专硕，毕业后入职中国银行保险监督管理委员会岳阳监管分局，现任四级主任科员。

回忆往昔，求学心切

谈及报考研究生的原因，余佳琳学姐说："作为一个土生土长的湖南人，考虑地域和学校实力后，就毅然选择了千年学府湖南大学。"回忆湖大时，学姐和我们谈起了宝贵的两年湖大求学经历。"印象最深刻的是寒暑假红楼里的自习时光，和同门兄弟姐妹随意聊人生谈理想的日子。"说到这些，学姐眼里闪着光，言辞中满是怀念。

求职路上，磨炼勇气

谈到毕业后第一份工作时，余佳琳学姐轻松一笑："当时只是因为室友的带动临时决定报名国考，相关书籍和资料都是蹭她们的，但最后大家一起努力，寝室 6 人有 5 人通过了考试。"虽然学姐说得云淡风轻，但是，对于竞争难度很大的国考来说，她和室友在背后一定付出了很多努力，最终才得到了理想的结果。

谈到研究生期间在银行的实习经历，学姐说："现在看来，这些逐渐积累的工作经验，对我后来应聘金融机构是不可或缺的。"学姐也告诉我们，作为湖大学子，我们的学历和学习能力在各大企业都是受欢迎的。"有这些加分项，再加上我们自身一以贯之的努力，成功的概率必然会增加。"作为职场人，学姐和我们分享了优秀打工人所必备的素质：良好的心态、过硬的专业技能、出色的学习能力以及良好的沟通能力。

当提到职场中有没有遇到什么困难时，学姐笑着说起一些难忘的经历。"近两年，我调整了一次岗位，刚到岗时，既要全面熟悉工作，又要应对大型任务，解决办法就是全心投入，把能用的时间都用上，所有事情都打好提前量，满身鸡血，所有问题就都不成问题。"

谈及家庭，余佳琳学姐脸上洋溢着幸福。"工作与家庭兼顾，有较为困难的阶段。家里小朋友半岁多、一岁左右的时候，我总感觉没时间陪他，但后来我逐渐成了优秀的时间管理者。""布局、统筹、取舍和权衡"，是学姐对平衡工作和家庭的经验总结。

谆谆寄语，一以贯之

余佳琳学姐表示：十分感谢在湖南大学的这段求学经历，以及求学过程中老师和同学对自己的帮助。"尤其是我的恩师易传和老师，在研究生期间，易老师一直是我重要的引路人，能拜师门下，荣幸之至。"同时，也感谢有寻访校友这样的活动来加强自己与母校的联系，能够尽自己所能反馈母校，倍感荣幸。最后，余佳琳学姐真诚寄语湖大的学弟学妹："'一以贯之的努力，不得懈怠的人生！'与学弟学妹共勉，祝愿母校日益辉煌！祝福学弟学妹前路坦途，未来可期！"

游目骋怀，心有远意

吴世锦

访谈校友简介

李骋远，2013 级保险专硕，毕业后入职百瑞信托有限责任公司，现为基础设施业务部信托经理。

建设家乡，投身中原

河南作为中原地区的心脏，各方面的资源禀赋都很好。然而，在中国经济版图中，河南的人均 GDP 排名并不高，"人口流出大省"的标签，也反映了河南的经济发展状况。求职抉择时，李骋远曾在深圳和郑州之间徘徊，最终选择了投身中原，"我出生在河南，能够在学有所成后建设家乡，是我的光荣"。

谈及工作，李骋远入职的公司所从事的清洁能源业务促进了国家清洁能源政策的实施，间接帮助了河南环保型社会的建设和能源结构的调整。李骋远在公司技术实施业务部参与众多城市基础设施建设，也为河南城市建设贡献了自己的力量。

低头做事，抬头看路

李骋远在总结自己的工作时说："平时工作挺忙的，但是回首这些经历，虽然有些手忙脚乱甚至是惊心动魄，却也挺有意思的。我们业务人员会经常到全国各地见不同的客户，无形中就拓展了生命的宽度，这种感觉真的很棒。"

从职场小白到优秀员工，这其中的努力与坚持只有李骋远自己清楚。李骋远坦言，刚入职百瑞信托的那段时间，凡事都要学习，压力很大。从项目立项、收集资料、报会审批到签订合同、募集资金、放款等等，整个流程要做什么、怎么做，每个环节都要与各部门沟通协调。

为了尽快适应工作环境，努力让自己更有"百瑞范儿"，李骋远逐渐形成了自己的一套工作方法。比如，他要求自己在与各部门沟通时，能见面坚决不打电话，哪怕一句话的事也要面对面和对方沟通——这是因为自己还是新面孔，而业务部门又需要经常和各部门打交道，为了尽快融入百瑞信托并能够顺利开展工作，必须先在大家面前"混个脸熟"。

李骋远还在日常工作中形成了建立工作台账的习惯。几年下来，厚厚的几大本工作台账详实地记录了他的每项待办和已办事务，对于办结的事项，他也会在台账里记录下这项工作的要点和心得，并做到每天一小结，一周一大结，定期复盘。"这样可以让没做过的事能够在做的时候从容镇定，做过的事再做时可以游刃有余。"说到这个工作习惯时，李骋远有点得意地打了一下响指。

披荆斩棘，寄语后浪

毕业工作多年，李骋远学长经历了许多，他有不少建议想与学弟学妹们分享。

在研究生阶段走好自己的路很重要，在大学这样一个包容开放的平台提升能力，的确是不错的选择，对于对学术有浓厚兴趣且立志于读博士的同学来说，学业是排在首位的。李骋远说："在刚踏入研究生阶段时，一定要做好规划，明确自己下一步要做什么，是继续深造还是毕业后选择就业，方向确定后，努力才更有成效。"

作为湖大学子，不管生活还是工作，都应该牢记湖大"实事求是，敢为人先"的校训。面临从学校到职场的过渡，李骋远说："不管我们对家人朋友，还是对同事客户，都要诚实；在面对困难时，要有底气，敢于做一些挑战自己的事情。"

披荆斩棘，不惧前行

罗媚月

访谈校友简介

刘华，2014 级金融学硕，毕业后入职广州证券有限责任公司，现就职于上海申万宏源证券有限公司。

千年学府，这里走出了无数优秀学子，这里同样承载了校友炽热期许，让我们一同走进刘华学长和湖大的故事。

日积月累，学以致用

2014 年，刘华考上了湖南大学金融与统计学院的硕士研究生。在报考之前，刘华并没有刻意地去了解学硕与专硕之间的区别，考虑到学硕的学费要比专硕低，同时他也想多拥有一年的校园生活，就选择了学硕。2014—2017 年读研期间，刘华在完成紧张的课程学习的同时，积极地参与实习，"我感觉自己硬生生地把学硕读成了专硕"，刘华学长打趣道。

在读研期间，对刘华影响最大的老师是导师戴晓凤。戴老师是一位治学严谨的老师，注重培养学生的独立思考能力。让刘华印象最深的是研究生阶段参加戴老师的研讨会，在研讨会上大家需要轮流阅读英文文献，这对英语不是很好的刘华来说是比较大的挑战。他回忆自己阅读第一篇英文文献时，差不多花了半个月的时间查资料，才明白那四五十页文献说了些什么。在这个过程中，戴老师的悉心教导和自己的坚韧探索，刘华阅读文献的能力得到了很大的提升。这为刘华以后在工作中阅读各种合同文件打下了坚实的基础。刘华在接受采访时说道："我非常感谢这段读研时光，戴老师带着我们阅读英文文献的经历，更是记忆犹新。"

在湖南大学金融与统计学院读研的这三年，刘华有了更为广阔的视野，同时，湖大也为他提供了一个更好的平台。湖大金统院的大多数学子毕业后会选择进入银行、信托和券商等金融机构工作，业务来往中常常可以见到湖大校友，很多时候工作效率高并能事半功倍。

和衷共济，锐意进取

2017 年毕业后，刘华正式进入了职场。刘华的工作主要是负责债券业务，面向的客户大多是政府控股的城投公司，在项目上经常会遇到各种各样的困难，既包括了技术层面的也包括了协调层面的。让他印象最为深刻的是刚入职的时候，作为一名没有太多经验的新人被团队领导派去负责某省一个城投公司的发债业务，彼时该公司尚未发行过任何债券。从财务数据的角度看，该公司的资产负债表现状况不佳，整体实力较弱，无法直接发行债券。这对入职不久的刘华而言是一个艰难的挑战。为了能够顺利地完成任务，刘华请教了许多同行前辈如何整合资产，但是很多时候别人只会把一些概括性的东西和方案告诉他，具体的操作细节还需要自己去琢磨。于是，刘华在网上查找各种案例，琢磨出了如何对公司进行资产整合。经历了种种困难，历经数月才完成了该公司的资产整合，最终顺利地将项目报到了上交所。在面对困难时，锐意进取的精神能够帮助一个人从困难中突出重围，而刘华学长的这种可贵品质也值得我们学习。

吸引人才，长足发展

在刘华看来，一个优秀的职场人最重要的是人品，一个人如果人品不合格，是很难在一个团队中立足的，人品往往决定了一个职场人的上限。具备独立思考的能力也是非常重要的，在金融行业，每天都会接触各种各样的信息，如果只是被动地去接受别人处理过的信息，不对信息进行独立判断，将很难获得一个稳定的超额收益。一个优秀的职场人应当具备良好的沟通能力，在金融行业的很多岗位，每天都会跟各种各样的人沟通，需要整合各方的资源，才能够推动项目的顺利完成。以上的几点是刘华的职场心得。

对于学院的长足发展，刘华有自己的看法。一个学院是否能够获得长足发展，关键看能否吸引到优质的人才，人才包括教师方面和学生方面。有了优秀的教师就能吸引越来越多的优秀学生，从而形成一个良性循环，当学生走出湖大校园时，在人才市场才会越来越有竞争力。他也相信，湖大以后的发展肯定会越来越好，湖大学子也会在各个行业发光发热！

不忘初心，不让须眉

唐赐鹏

访谈校友简介

郑嘉韬，2014 级金融专硕，毕业后攻读纽约市立大学经济学硕士，后入职湖南省商务厅，现为湖南外贸职业技术学院教师。

2022 年寒假期间，团队成员响应学院号召，开展对优秀校友、湖南外贸职业学院教师郑嘉韬学姐的寻访工作。从岳麓山下、咸嘉湖畔令人铭记的研究生岁月，到留学海外、加入商务厅和后来的教书育人——郑嘉韬学姐娓娓道来。

读万卷书，行万里路

研究生岁月转瞬而过，这是郑嘉韬学姐一生中最宝贵的财富。微风和煦的咸嘉湖畔满是青草茵茵，岳麓山下苍翠婆娑的古木与红楼相映成趣，这就是金融与统计学院所在地。在导师吴志明教授的带领下，郑嘉韬学姐与同学们一起，每周准时相聚，开展研讨会，研读学术论文，互相分享研究心得与体会。在研讨会上，郑嘉韬学姐和其他学长学姐还会在老师的言传身教下，进行读书分享和交流。定期的学术研讨铸就了坚实的金融基础和优异的金融素养，随时阅读和持续学习的习惯也保留至今。即使离开学校多年，郑嘉韬学姐仍然会把空闲时间腾出来，阅读一本纸质书籍，看一部经典影片，并且把心得写成笔记。

除了坚持"读万卷书"，敢闯敢拼的郑嘉韬学姐还选择了"行万里路"。从金融与统计学院毕业后，郑嘉韬学姐选择去美国留学，来到了纽约市立大学攻读经济学专业硕士。北美留学经历开拓了郑嘉韬学姐的视野，也为她入职湖南省商务厅做了最好的铺垫。

"一带一路"，桃李树人

留学归来的郑嘉韬学姐选择报考公务员，成为湖南省商务厅外事公职人员中的一员。在外人看来，这可能是郑嘉韬学姐选择安稳岁月最好的注脚，但是，对于她来说，这却是学以致用、继续拼搏的另一段岁月。在湖南省商务厅，以服务国家"一带一路"倡议为主，郑嘉韬学姐从事的是援非工作。2018 年 4 月，郑嘉韬接到上级下达的任务，开展中国在塞拉利昂的第一个海外技术培训项目，三年的时间，她完成了陶瓷项目、缝纫与刺绣项目等的培训，相关经历被媒体记录报道，同时收录在湖南大学官网人物专栏。

2020 年，郑嘉韬学姐离开商务厅，来到湖南外贸职业技术学院，成了一名教书育人的老师。初次站上讲台的郑嘉韬学姐，在陌生而又熟悉的教室里稍显紧张，高度的责任心和拼搏精神让她精心对待每一堂课、每一个学生。"国际金融""公司理财"等课程都是学姐研究生阶段认真学习过的，金融知识与技能从未离开过她。郑嘉韬学姐接过恩施吴志明老师的火炬，春风化雨，桃李树人。

永记初心，勇往直前

被问到如何参与并贡献到国家的改革发展历程中，郑嘉韬学姐满怀骄傲地微笑着向我们回忆了参与"一带一路"倡议和教书育人的两段职业经历。她勉励即将离开象牙塔的学弟学妹们，应该铭记湖大人的初心，实事求是，敢为人先，学好自己的专业知识，锻炼好自己的专业本领，专业能力永远是获得认可的基础，将自身的发展融入时代的发展中，为祖国的改革发展做出自己的贡献。

关于对学校和学院的发展建议，郑嘉韬学姐主要从校企对接谈了自己的看法。她认为，专硕的同学应该多出去看一看、走一走，知道现在企业需要的是什么人才，而学校和学院也应该更多地和优秀的金融企业合作，共同培养人才，让学生走出去，将优秀的校外导师请进来。此外，现代金融发展日新月异，学院开展的课程也应该更多地关注金融科技等，这是时代赋予我们的使命，去培养时代所需的金融专硕人才。

保持初心，坚定前行

李斯琦

访谈校友简介

戴伟，2014 级金融专硕，毕业后入职中国银行股份有限公司江苏省分行，现为该行客户经理。

师恩难忘

"十分感谢我的导师，湖南大学金融与统计学院的刘轶老师，他对我专业能力的塑造帮助非常大。在我读研期间，他推荐我去国家开发银行参加一个新型城乡化建设项目，在那段工作中，我接触到了各种高层次的学习榜样，这对我后续的职业生涯的触动也非常大。在整个项目的完成过程中，刘轶老师对我悉心指导，让我从一个门外汉逐渐成长为一个具备一定从事金融职业能力的学习者，这对我帮助非常大。"谈起读研的时光，戴伟学长情深意长。

不忘初心

对即将步入职场的学弟学妹们，戴伟学长提出了一些建议："第一，不管你在哪个岗位，都要沉下心来，不要浮躁，认真地从最基础的知识去积累，当积累到一定程度以后，处理相应问题就会游刃有余。从在校读书到实际工作，是一个学习的过程。第二，要注重理论和实践的结合，光埋头学是没有用的，还要扎实干，认真总结。第三，做一个有心人，多向别人学习，多看别人的优点。"学长强调，一个优秀的职场人，一定是谦逊和不骄不躁的。

前进不止

戴伟学长最后说："不论在什么岗位上，也不能丢掉学习，不仅要把自己工作做好，也要多去学习专业方面的最新知识，了解最新的研究成果。研究生阶段是非常宝贵的学习时间，把握住这个阶段是非常重要的，多去提升自己，多看书，多积累，有实习的机会一定要把握住。"

道阻且长，行则将至

刘琴琳

访谈校友简介

邓禹荒，2014级保险专硕，毕业后入职国家开发银行湖南省分行，现任该行客户经理。

抓重点，抓关键

邓禹荒学长认为，在学好专业知识的同时，学弟学妹们要在大学期间提高综合能力，这些对于未来工作很有帮助。邓禹荒学长还给同学们提出了三点建议：第一，多参加社团活动，培养自己的团队能力和组织能力，发挥自己的才华，将事情做好。第二，扩展知识面，多看课外书，多学习其他专业的相关知识，为以后多学科交叉的职业生涯打好基础。第三，学好专业知识。在他看来，专业知识是将来安身立命之本，学好专业知识就是做好自己，做好自己才能面向世界。

摆正位置，放平心态

毕业后，邓禹荒学长一直在国家开发银行工作，积累了丰富的工作经验。在邓禹荒学长看来，我们现在所做的工作分为两个方面：一个方面是实干型的工作。这种工作需要的知识面比较广，并且考验一个人的综合素质、办事能力。另一个方面是专业性比较强的工作。如果是专业性要求很高的岗位，考证能提供很好的帮助；如果是专业性要求并不高的岗位，考证可能就没有那么重要。

在问到关于湖大毕业生与其他学校毕业生的优势与劣势时，学长认为这个问题可以从两个方面来看：首先，要把自己放在正确的位置上，文凭给我们带来的光环是有限的；其次，不要妄自菲薄，自我看轻。只要自己始终如一地在前进，我们依然能够找到属于自己的路。我们湖大的校友主要是将校训贯穿于平时的工作之中，在工作之中实事求是，敢为人先。

道阻且长，行而不缀

邓禹荒学长认为，一定要在大学的时候形成一个正确的三观，这是形成正确的三观的重要时期。在这个时期，应该明白人生是一场马拉松。一时的成功并没有那么重要，一定要在长时期里不断磨砺自己、提升自己，获取一个稳定增长的过程。这个长期稳定的增长过程必定与人生观、价值观和世界观紧密关联。

披荆斩棘，坚毅前行

刘诗怡

访谈校友简介

石博思，2014 级应用统计专硕，毕业后入职华融湘江银行，现为消费金融部产品经理。

披荆斩棘，从心出发

在访谈中，石博思学长告知我们，湖南大学对他来说是一个很特别的存在。高考时，他曾与湖南大学擦肩而过。大三那年，为了弥补当年的遗憾，他坚定地选择到湖南大学继续深造，重续自己与湖南大学的"缘分"。"我是考研考到湖大的。有人说一个人知识的巅峰时期是在高考的时候，但对于我来说是在考研期间。当时就是一心读书，一天十个多小时泡在图书馆。"石博思学长微笑着向我们简单讲述当年自己考研的努力。

踏实向学，锐意进取

2014 年秋，石博思考入湖南大学金融与统计学院，并在这里度过了自己人生至关重要的两年时光。当被问及在湖大的收获时，石博思学长脸上立马挂上了"忆往昔峥嵘岁月"的淡淡笑容，"我在湖大最大的感受，是自己的眼界变得更加开阔了。湖大的学术氛围浓厚，在这里，我认识了许多优秀的人才，这激励着我踏实学习，更加努力、不断进步。我觉得湖大带给了我更多的自信，教会我不断探索，实事求是地去做事。"

2016 年夏，石博思学长在华融湘江银行走上了职业生涯。他的工作职责主要包括两方面：一方面是搜集合作方对于产品的需求，另一方面是基于团队的数据分析得出产品的优缺点，然后将所得内容编辑成一个取值文档，供公司的开发部门做数据开发。他认为，在项目实施中最大的挑战应该是对数据的分析。从数据中挖掘出想要的信息，直面客户并获知其服务需求，便是做互联网产品经理最核心的职能。进入互联网行业后的工作内容无疑对统计学专业出身的他提出了较高的要求与挑战，但是他凭着那股子不服输的韧劲和踏实向学的精神，充分挖掘统计知识在数据的提取和分析上的作用，活跃创新，锐意进取，不局限于传统思维，在职场绽放出自己的光彩！

温湖大情，愿湖大盛

坐落在湘江之畔的湖大校园，仍是石博思学长内心最向往的圣地；红砖里的古韵与厚重，令人徜徉其中。在金融与统计学院专业硕士研究生培养十周年之际，石博思学长祝福母校前程似锦，人才辈出。

不惑于心，不乱于行

欧阳欣颖

访谈校友简介

陈湘宏，2015 级金融专硕，毕业后入职申万宏源证券有限公司投行部，现供职于中信证券股份有限公司投行部。

得知陈湘宏学长在长沙工作，我们便与学长约好在学校图书馆的研讨空间见面。身着白色 T 恤的陈学长谦逊温和，本来略显局促的我们，不知不觉被学长带入了他的讲述中。

不惧未来，不惑于心

"大学应该是一个不断尝试、不断摸索的过程，在这个过程中，学弟学妹们会在各个领域去接触不同的人、参加不同的活动，在某一时刻就可能找到最适合的路和方向。"陈湘宏学长如是说。学长告诉我们，刚进入大学的时候，大家基本上都没有太多关于职业的思考和想法。需要多参加一些活动，多了解一些知识，经常跟老师、学长、学姐去沟通。我们可以在学习过程中去尝试，思考未来的路。陈学长从大一开始就在探索，大二的时候，主修市场营销的他决定辅修金融，后来发觉自己对金融更感兴趣，于是决定到金融读研。因为有了要读研的目标，学习动力就更足了，毕业时专业成绩拿到了第一，并成功地保研进了本校金融专业。

在选择就读金融专业之后，陈学长就开始去了解金融专业的大致就业范围，例如银行、期货、证券、保险等金融机构。紧接着，学长便开始在银行、保险等行业实习。在大学与社会之间如何衔接这个问题上，学长选择了通过早期多实习、让自己在各种工作中找到自己喜欢的方向的途径。2017 年，他在国泰君安找到了第一份与证券相关的实习工作，随后又去了申万宏源做另一份与证券投行相关的实习工作，并于 2018 年正式留用转正。后来，学长来到了中信证券，工作至今。

不惧未来，不惑于心，目标明确，信心坚定。或许正是因为如此，学长才能够打破一个困扰许多大学生、名叫"迷茫"的黑暗牢笼，在自己的人生道路上走得清晰而又平稳，自然而又顺畅。

认真勤恳，不乱于行

工作后的陈湘宏学长认真勤恳，努力提升自我，坚守岗位，不乱于行。他说自己的工作大纲比较简单但内容充实。进入证券公司做投资银行业务的陈湘宏，主要负责帮企业上市做首次公开募股（IPO），做上市公司的再融资、并购重组等相关的工作。

当问及哪些个人素质在工作发展中的影响尤为重要时，陈学长告诉我们，尽管对于不同的行业、不同的职位而言，所需的个人素质是不同的，但依旧有其相共通的地方。对于刚毕业的大学生来说，需要迅速适应工作的能力。学校主要为大家打下理论基础、提高思维能力，而工作需要的是解决一些实实在在的、具体的现实问题。这就需要大家学会边工作边学习，迅速积累与工作相关的专业知识，继而去高效地解决问题。这种高效的学习适应能力与专业地解决问题的能力，便是陈学长所看重的个人素质。

陈湘宏学长一直践行自己的观点，知行合一，不乱于行。工作期间，陈学长继续努力提升自己的金融专业素质。对于当时的他而言，选择工作最重要的标准是是否适合自己。他不喜欢频繁地换工作，认为刚毕业时短时期内对行业认知不会十分清晰，可能要用两三年的时间才能明白自己的未来走向。陈学长认为，在工作中首先要注重学习，这是专业能力不断提升、专业知识不断积累的过程。一旦失去了这个过程，就会失去高效地、专业地解决问题的能力。直到现在，他也会以目标为导向，积极备考与自己工作、职业相关的证书，如注册会计师（CPA）等等。

实事求是，敢为人先

"您觉得湖大人走入社会后，应该以什么样的精神面貌或者态度去面对问题呢？""湖南大学的校训'实事求是，敢为人先'，这几个字背后，其实蕴意很深。"陈湘宏学长满脸笑意地看着我们。

陈学长告诉我们，实事求是指我们不仅要认识到事物的本质和所处的阶段，更重要的是，我们要学会接纳自己，认识自己所处的状态和所具备的水平。当我们进入社会工作的时候，碰到形形色色的人，我们会发现很多的人都非常的优秀。因此，我们要学会通过比较、通过学习的过程来认清自己所处的阶段，然后再针对实际的目标逐步提升自己，这就是实事求是。而敢为人先，在陈学长看来尤为重要，要求我们认清什么是对的，什么是有意义的，然后才敢于做出跟别人不一样的选择。

除要求我们谨遵校训"实事求是，敢为人先"之外，陈学长还告诉我们要早早为自己做好规划和准备。"湖大人将来会走入各行各业，想要从政的，在学好自己专业课程基础上要提前学习行测、申论等知识；想要从商的，就多实习，在工作中探寻自己想从事的工作或岗位，并积累经验；想做学术研究的，平时要注意多看文献，提升学术素养。"陈学长满怀希望地说。作为晚辈，我们也希望追寻陈湘宏学长这样优秀的湖大人的脚步，不负前辈厚望，在不断摸索、不断尝试中成长，寻找属于自我的人生目标，成长为有能力、有理想、实事求是、敢为人先的湖大新青年！

初心不忘，坐看云起

陈妍瑜

访谈校友简介

崔雷霆，2015 级金融专硕，毕业后入职中国信达资产管理股份有限公司，现任职中国信达资产管理股份有限公司上海市分公司业务三处副经理。

采访团队通过腾讯会议与崔雷霆学长进行了长达 40 分钟的交流，学长的求学追忆、学习感悟、经验分享、谆谆嘱托都给我们团队成员留下了深刻的印象，启发我们思考。从崔学长身上，我们看到了金融行业最普遍、最努力的职业身影，也感受到了专属于湖大人、专属于金统院人的自强奋进、着眼未来、永不止步。

择路之始：从工科转金融，与湖大初相遇

说起与湖大的相遇，崔学长用"命中注定"四个字来形容。彼时正值大三的他开始思考未来的方向：是继续读工科，在科研的海洋里遨游，还是换一种方式去探寻更多的可能性。他做出了一个重要决定：学财经，读金融！选择湖大作为考研目标院校，源于他作为湖南人骨子里对湖南大学的强烈认同感和归属感，而且湖大金统院更是被誉为"金融黄埔"，这更令他心驰神往。在经过近 10 个月辛苦的考研奋斗后，崔学长如愿跨专业"上岸"，收到了湖南大学金融与统计学院的录取通知书。

筑路之基：从零开始，牢筑根基

"忆往昔峥嵘岁月"，崔学长回忆起来脸上满是笑容，声音也变得轻快了许多。崔学长说，湖大美丽的校园环境给他留下的印象最为深刻：岳麓山脚，红砖青瓦，水教，樱花，成荫的绿树……这都是记忆中美好的掠影。如果说校园的一草一木是他专硕两年奋斗的见证，那么从早到晚地学习则是他奋斗的本源。崔学长从工科转向金融，面对几乎陌生的专业课，他付出了比一般同学更加辛勤的努力。早出晚归，笔耕不辍，从零开始，像海绵一样一点一点地去吸收知识。他从宏观、微观中学习经济数值，掌握经济动态；从中央银行学中透过政策关注国计民生；从金融工程中掌握期货定价原理；从计量

经济学中领悟金融计量的奥秘。学习之余，崔学长把大部分时间贡献给了学院学生工作。从体育部学生干部到研究生会副主席，两年时光，无数段活动经历，都在学习之外极大锻炼了他的综合能力，使得他的研究生生活更加充实而有趣。

谈起在湖大两年最大的收获，崔学长的感悟更加深刻而具体。崔学长认为，虽然在学校的时间很短，但他还是学到了很多对以后的职业生涯非常有用的知识，遇到了很多优秀的老师，他们不仅传道授业解惑，也在做人做事方面树立了极好的榜样。除此之外，崔学长还在湖大结识了很多优秀的同学，他们现在也在各种机构从事自己热爱的工作。虽然毕业之后同学们分散在全国各地，但是从金统院出来的学生汇聚成了一个大家庭，困难时互相帮助，这也是他在湖大收获的宝贵财富。正是因为在湖大多方面的锻炼，让崔学长攒足了信心走出校园，迈入社会，成为奔涌的"后浪"。

就业之行：扎根金融"前线"，化知识为实践

和大多数金融专硕毕业的同学一样，崔学长坚定地选择了投身金融行业。讲述起找工作的经历，崔学长直言"紧张又有趣"。出于对发展前景、个人兴趣、职业规划的考虑，崔学长最终选择了信达上海分公司，这一去就是四年。介绍起工作，崔学长的眼神瞬间更明亮了，滔滔不绝地向我们介绍起来。据崔学长介绍，信达的业务主要分为两大块：一类是传统业务，另一类是市场化业务。信达内部其实和许多金融机构一样可以分为前中后台，前台主要是出去跑业务、见客户等，中台主要是法律部门、财务部门，后台主要是做审核和风控。他所处的业务三处属于前台工作。崔学长的工作具体而言主要是先做前期的拜访、找项目、商业谈判，然后再做立项、尽职调查、写方案等等。这份工作让他找到了专属于自己的满足感，结交各地朋友，完成不同项目，走过许多地方。

面对学弟学妹们对于职场的迷茫，崔学长有一番自己的感悟：首先，不管是实习，还是正式工作，一定要把心态放平。其次，如果在工作中遇到不懂的问题，一定要多问身边的同事，谦虚好问，态度端正，慢慢提升自己。再次，不管是和同事合作，还是完成领导布置的任务，也不管这些事情是复杂还是简单，都要始终做一个靠谱的人。

攀长之心：步伐稳定，向上奔走

说到未来的职业目标，崔学长十分谦虚地表示他的路还很长，会踏实地做好每一件事，实践于行，无愧于心。但有三个短期目标，他希望尽他所能早日实现：在考证上早日实现"大满贯"，缩小自己与他人的差距，逐步提高综合竞争力；在职业发展上，早日成为一名能独当一面的项目经理；在生活规划上，朝着真正能留在上海而努力奋斗。崔学长不将眼光局限于信达，他正在追逐职场更多的可能性，也有可能往自己感兴趣的其他领域去发展，比如券商、银行等等。努力提升自己，才会有多一些的选择。

期望之言：寄予后来人

崔学长从自身经历谈到了对学弟学妹们的建议，他希望学弟学妹们提高对自己的要求，尽早提升自己的综合实力。崔学长最后总结：要好好生活，好好学习，一定要让自己变成一个更好的人。

在湖大两年金融专硕的学习和生活，是崔学长一生中重要的转折点，也是他学生时代璀璨的记忆。谈起对学院专硕培养的体会，崔校友用"感激、感谢、感恩"来表达。从适应社会竞争和职业发展角度而言，崔学长建议学院能够在实习方面给学生提供更多的机会。实习过程，能够让学生了解到真正的职场生活、工作状态是什么样，知道自己在工作上还有哪些需要去完善的地方。如果学院能够提供给学生真正能学到东西的实习机会，是大有益处的，能够对专硕毕业之后的工作有更多的帮助。

惟楚有才，于斯为盛。湖南大学金融与统计学院培养了一届又一届的优秀学子，我们很荣幸与 2015 级优秀校友崔雷霆学长有了此次的交流。在采访学长的过程中，我们被他积极乐观的心态、温暖明媚的笑容、发自肺腑的真诚建议深深打动。同时，崔学长分享给我们的学习和工作经验也让我们获益匪浅。感谢湖南大学，感谢金融与统计学院给予我们这次宝贵机会，我们必定从崔学长的经历中深刻感悟、认真领会，扣好研究生生活的每一粒扣子，不负湖大，不负青春！

散发自己的光和热

谭雨晴

访谈校友简介

唐添怡，2015 级金融专硕，毕业后入职中国银行广州分行，现为个人数字金融部产品经理。

唐添怡 2015 年考入湖南大学金融与统计学院攻读硕士学位，在校期间任研究生会新媒体中心副部长。毕业后入职中国银行广州白云支行。

不给自己设限

"但行好事，莫问前程"，这是唐添怡的人生宗旨。不管自己的身份是学生还是职员，唐添怡都不对自己设限。

唐添怡说，在湖南大学求学期间有很多难忘的事情。"第一次去参加同门的学术研讨会，第一次在红楼准备项目资料，第一次和教务处的老师一起去河北省做研究生的招生宣讲，第一次参与研究生招新工作，第一次全班一起在元旦晚会上表演节目。包括现在的公众号'读研在金统'，这个公众号是我们上一届的学长学姐建立的，我们是第二批运营这个公众号的同学，在当时算是很早接触到新媒体的工作。许许多多的第一次，现在回想起来，都历历在目，就跟放电影一样。"唐添怡觉得，校园时光是一段非常难得的时光，与一群有梦想的小伙伴一起为了自己所热爱的东西去学习、去工作，这是非常美好的事情。

谈起自己的导师吴志明教授，唐添怡记忆犹新："当时上课的场景还历历在目。我们导师是一个上课非常认真的人，他在课前的准备都是非常严谨的，我们去上导师课的时候，都会占一个位置比较好的座位。导师也给了我们很多学术交流的机会，包括带着我们去参加学术研讨会，我们同门的每一个人都有跟着导师去各地参加学术研讨会的经历。当时，我们还跟着老师做了比如长沙经开区的一些合作项目。和导师及同门一起学习的时光，回想起来是有趣且丰富的，无论何时回想起这段经历，都心存感激。"

毕业之后，唐添怡来到了中国银行广州分行。说到女生在大城市打拼，她有自己的看法。"女生在大城市打拼和男生在大城市打拼并没有很大的不同。这些都还是取决于你自己的人生态度和人生选择，就是你要清楚自己内心想要什么，不管是男生，还是女生，都是一样的。在大城市确实生活节奏比较快、压力比较大，但是可以很快提升自己的见识、开阔自己的眼界。在小城市生活上的幸福感可能会更高，你有熟悉的朋友、家人，整体的生活节奏相对较慢。因此，关于男生和女生在大城市打拼的问题，我觉得无关乎性别，而是取决于你的生活态度是怎样的，你想要一个怎样的生活。"四年的时间，唐添怡在大城市勤勤恳恳，并没有像其他年轻人一样跳槽另寻高就。唐添怡说："年轻人最大的特点就是好奇心足，很多人在刚工作的时候都喜欢频繁地去更换工作，我觉得这是无可厚非的，每个人都会有这种好奇心，想去探索不同的行业。但是，我觉得每个人自身的价值观会不一样。我觉得我们单位还是尽可能给每个年轻人提供了展示自己的平台，每个单位其实都是通过员工对自身单位的认可来保持员工的忠诚度。因此，我们在工作的时候，也是要不断地去寻找和单位的契合点，如果你觉得你的观念和企业观念不相匹配的话，我觉得换工作也无可厚非。"唐添怡就是这样不给自己设限、不给未来设限，勇敢地做出自己的选择，追求自己想要的生活。

破茧成蝶

唐添怡说："在工作的过程中，难免会遇到困难。当时觉得无法承受的困难，现在看来不过是工作中的小插曲，需要做的是从困难中提升自己。当每个困难都熬过去了，个人能力也会得到提升。""我们不可能一直从事一个岗位，在一个岗位工作一段时间后，就会换到新的岗位学习新的知识，提升新的业务能力，包括去不同的业务线。这个过程都挺艰难的，算是一种破茧成蝶的过程吧。其实每个岗位需要的能力是不一样的，对接的同事、对接的客户、对接的条线都会有不一样，可能当时会觉得很困难。然而回过头去看，当时想象得很难的东西现在看来都不难。""互联网+"的时代，银行业受到的冲击很大，银行无时无刻不在转型，这对员工的专业能力和适应能力要求更高。"那作为我们个人来说，要在时代的潮流中，不断去适应时代的变化、引领时代的变化。现在我们的一些转型，包括和一些互联网公司的合作，也是无时无刻不在发生的，这是我们现在面临的一些新的东西。单位经常会有相关的培训和交流活动，都是在促使我们去适应这些变化。处于市场前沿的我们，要更敏锐地去分析行情和发现机会。传统行业要跟上时代潮流，就要求我们活到老、学到老。"唐添怡觉得，不管在哪个岗位上，都要做好自己的工作，都能散发自己的光和热。"不是你去挑工作，而是每个工作都需要你"，并在不同的工作挑战中破茧成蝶。

心怀国家，志存高远

唐添怡告诉学弟学妹们："在学校里学习知识，将来要投身到国家建设、行业发展中去。要心怀家国，志存高远。"唐添怡说，在国家进步的过程中，每个人都应献出自己的一分力。"作为金融行业的参与者，这种金融报国的理念，我一直未改过。一方面，通过给实体经济降费，来减轻小微企业的成本。我们现在的普惠金融，就是让每个小微企业都能得到发展，而不用受制于流动性短缺，实实在在地给小微企业带来利好。另一方面，给一些企业和个人进行财务规划，帮助他们实现资产的均衡配置。"

不给自己设限、不给未来设限，在一个个挑战中破茧成蝶，在自己平凡的岗位上为"中国梦"的实现献出自己的一分力。这就是散发自己光和热的优秀校友——唐添怡。

"卷"不到的人

李海科

访谈校友简介
余灿伟，2015 级金融专硕，毕业后入职中国建筑第五工程局有限公司，任公司金融业务部业务经理，现为长沙南方职业学院教师。

2015 年，余灿伟以优异成绩考入湖南大学金融与统计学院金融专硕。读研三年，余灿伟坚持了三年的体育锻炼，与此同时，拿下了中国注册会计师证书，并在多家券商实习，积累了丰富的行业经验。2018 年 7 月，余灿伟入职中国建筑第五工程局有限公司，2019 年 4 月，他被破格提拔进入中建五局集团总部的金融业务部，担任创新融资岗位的业务经理。2020 年 8 月辞职之后，余灿伟学习自由潜水，考取滑雪教练证。2021 年 6 月，余灿伟入职长沙南方职业学院担任教师。

有志者，事竟成

"有志者，事竟成，破釜沉舟，百二秦关终属楚；苦心人，天不负，卧薪尝胆，三千越甲可吞吴。"余灿伟用行动完美诠释了这句话的内涵。作为单亲家庭的孩子，余灿伟从小就是妈妈拉扯大的，他回忆说，从小自己想要什么，就必须想办法去创造条件。"记得小时候，我们班同学想学什么都可以去学，报各种兴趣班。当我想学什么时，妈妈告诉我的就是家里没有钱，不要想这个事情。那时候，我特别想去健身，但家里别说办健身卡，连买个哑铃都不可能。怎么办呢？我就把自己的书包装满书，然后用来当哑铃。这给了我一个很好的启发，自己想要什么东西，就去想办法。"

考研的时候，余灿伟的同学报各种培训班，买各种书籍资料，但是余灿伟没有条件做到这些，作为一个"零充值玩家"，余灿伟只能去网上搜集资料。当时，他做得最多的一件事情，就是跑到湖南大学财院校区附近的打印店，花几块钱买期末的复习资料。余灿伟只用了几块钱，就拿到了针对性特别强的复习资料。他是当年湖南涉外经济学院唯一考上湖南大学金融专业的学生。考中国注册会计师的时候，余灿伟心无旁骛，专心致志。"那个时候也有公司问我要不要直接过去上班，我觉得不要。当时，我认定了考注会这个事情，我要考注会，就必须做足准备，不想其他的。我做事情会把自己置于一种绝境，没有选择，更不要说什么退路。很多人做事情，大多喜欢先试一下，如果没有成功，还有什么其他的选择，我不会这样子做。"谈到这些经历，余灿伟坚定的眼神再次浮现。

把时间花在想要的生活上

"我从小就喜欢体育运动，想成为那种功夫高手。"在体育运动方面，余灿伟很有心得，"我觉得运动真的改变了自己的人生"。余灿伟一直忠于自己的内心，一直在做自己想做的事情，从初中开始，即使家里无法给他提供相应的条件，他还是自己去网上找资料，跟一些高手学习，整整练了十年，而且方法一直很正确。他也打过一些业余性的比赛，取得了一定的成就，通过这种格斗类的运动给自己打下了很好的基础。"妻子说我读研三年就是搞了三年体育锻炼。"余灿伟开玩笑地说。即使是繁忙的学习生活，余灿伟也没有停止体育锻炼。"从开始搞体育运动的那一天开始，我就没有停下来过，我从来就没有休息过，除非受伤让我卧床，不然的话，我几乎是每天一个小时到两个小时的训练内容，长的话可能达七八个小时。"2020 年 8 月，基于对运动的热爱，加上自己不喜欢受约束，余灿伟辞掉了工作，全身心地投入自己热爱的体育运动上面。

辞职之后，余灿伟学习自由潜水，考取滑雪教练证，入股滑雪馆，做少儿体能项目。余灿伟目前已经在体育行业起步，打算继续将时间和精力投入体育行业当中。谈及他所热爱的极限运动，余灿伟两眼放光，他说："做极限运动时，人会集中在某种状态，感觉到了另外一个次元，到了另外一个维度，对周边一切的感知是非常模糊的，能感知到的只有自己的意识。"余灿伟在极限运动中的状态，就像很多艺术家在创作时的状态一样。余灿伟表示，极限运动很危险，一旦失误就会造成非常大的伤害。但是，当克服了恐惧、服了压力之后，把动作做到极致，并且极致地表达了自我，就会非常有成就感，每完成一个挑战，都会带来特别良好的状态。

余灿伟至今仍然非常感激他的研究生导师——肖曼君老师的肯定和鼓励，他说："刚入学的时候，肖老师看我的简历上写了很多与运动相关的经历，觉得热爱运动的人一般都比较有毅力，于是便接收了我。不同于一味地重视学习和工作能力，我的导师对我的初步欣赏是因为我热爱运动这一面，这很大程度上给予了我正向的激励和鼓舞，让我在坚持自我的这条道路上踏出了第一步。"

足够的自信，不一样的定位

2018 年 5 月临近毕业，余灿伟面试了五家公司，这五家公司都给他提供了工作机会。他说，这主要源于自己丰富的履历和实习经验，更重要的还是自己的面试能力。面试的时候，余灿伟对自己的定位跟别人是完全不同的。"我聊的都是公司的发展，都是聊我进来之后能够给公司带来多大的利润，或者能够给公司带来多大的提升和价值。"也就是对自己恰当的定位和自信，余灿伟才能在短时间内找到合适的工作岗位。

说到在学校里要感恩的人，余灿伟表示，2018 年从北京回来的时候是自己的低谷期，导师肖曼君老师跟他聊了很多，老师用自己的经验和智慧，让他看到了生活的多重可能性，也就是那个时候，余灿伟内心浪漫主义的种子真正发芽了。

在访谈过程中，余灿伟多次提到自己非常幸运。这看似幸运的背后，其实是一种必然的结果。余灿伟是一个"卷"不到的人。首先，从小的经历让他具备了强大的意志，他对自己足够狠，不给自己留退路。另外，如果说投入一万个小时能够让你精通一个技能，那么余灿伟可以为了所热爱的体育运动坚持十年，已经成为他作为一个金融上班族独特的生活方式。其次，他具有足够的勇气，他知道自己想要什么，对自己有足够的认知。余灿伟有着湖南大学金融硕士文凭，加一张注册会计师证，再加上行业的经验积累，别人可能会觉得他不做金融行业很可惜，但是即使前期投入了很多成本，他还是抛弃了之前的一切，辞了职，重新开始，在自己热爱的体育行业注入自己的心血。最后，体育运动不仅给余灿伟带来了健康的身体，让他可以有足够的资本去体验不同的人生，可以毫不犹豫地实现自己的想法。另外，由于做极限运动，余灿伟习惯了克服恐惧，同自己的压力相处，他看待社会上的人与事已经与其他人不同。他因为运动活出了自我，找到了自我，也因为运动，成就了自我。而这些，都不是其他人可以随便复制的。在生活和工作中，他是主动的、有目的的，并且是毫无畏惧的。正是因为余灿伟有自己的核心竞争力，有自己独特的独立人格，所以他是一个"卷"不到的人，他还是他，用他最精彩、最热爱的方式继续向前冲。

万物相系，事事相联，健康的身体，强大的意志力，独特的自我定位，无法复制的核心竞争力，余灿伟这个"卷"不到的人，无论在哪个行业，都可以发光发亮。

把时间花在想要的生活上，活出"内卷"社会中不一样的自己，这就是我们的优秀校友——余灿伟。

笑脸盈盈，柳絮才高

胡子璇　赵　豪

访谈校友简介

谢聪，2015 级保险专硕，毕业后入职中国平安人寿保险股份有限公司总部，现供职于中国平安人寿股份有限公司深圳分公司建设营业部，担任保险代理人。

"笑容满满，明眸皓齿"是我们对学姐的第一印象，学姐轻松活泼的语调、条理清晰的思维，很快就让氛围活跃了起来。在整个访谈过程中，学姐双眼满是对母校的爱意。用她的话来讲："从毕业到现在，湖南大学的毕业出身似乎让我身披霞光！"

志同道合，回忆校园时光

从岳麓山到大礼堂，从初识湖南大学到依依惜别，学姐的校园生活充满了美好的回忆与色彩。"姜世杰老师对于保险学专业的独特视角，为我打开了新的世界。"这是谢聪学姐对授业导师的深刻回忆。在学院各位老师的悉心指导下，学姐不仅仅在这里专业、系统地学习了知识，更培养了广阔、丰富的专业视野。

入职平安，展现自我魅力

毕业之后，谢聪学姐凭借自身优秀的实习履历和面试表现顺利进入世界五百强企业——中国平安保险集团，登上了深圳最高楼——平安大厦，在这里，开启了自己全新的成长之旅。"这里的工作节奏很快，同事与伙伴都非常优秀，在这里，我学到了很多，成长也很多"，学姐说道，"紧张快速的职场氛围和自由轻松的校园生活截然不同，这要求我们快速适应并融入其中，只有不断学习进步，才能追逐时代的脚步。"

勇敢转型，找准人生定位

在常人看来，从平安总部离职转而去做产品销售的选择令人难以置信，但在学姐看来，这却是遵从自己内心的最好结果。学姐认为：这是一份被误解的体面的工作，是一份充分自由又需要高度自律的工作，是一个表面不稳定但却极具长期稳定性的工作，同时也是一个每月归零而实际又高度依赖积累的工作。"我希望做的是为未来中高端净值人群量身定制风险管理方案，利用自媒体平台宣传推广，利用互联网技术精准施策，用自己的专业更好地服务于客户。"任何岗位都需要我们沉下心、不恃才傲物、不屈己待人，也需要我们竭诚相待、不骄不躁、守卫责任初心。

荣誉之家，收获"华为勋章"

谈及"华为勋章"，学姐满眼笑意，"这都是我先生的功劳"。作为一名华为家属，学姐比别人承担了更多的责任，同样也忍受着更多的孤独。"他总是在国外派驻工作，我们多数时候只能线上见面。"在国外疫情肆虐的时刻，学姐的爱人依然在国外坚守岗位一线，而这一枚勋章上也共同印制了他们两人的姓名，这既是一份荣誉，更是两人相知坚守的见证。

国家富强，提升民族自信

由于爱人工作地点的不确定性，学姐曾旅居多个国家。"国外巨大的贫富差距和落后的基础设施，让我深有感触。"祖国的快速发展，应对突发性公共事件的处理态度，以及人民生活幸福指数的不断提升，恰恰应了那一句："生在中国，长在中国，我是中国人，我骄傲！"

在采访接近尾声之时，学姐为母校和学弟妹们送上了衷心的祝福："惟楚有材，于斯为盛，各位学弟学妹们一定要抓住现在这么好的学习环境，努力学习，不断求索！祝学弟学妹们长成自己期待的那个样子，拥有美好灿烂的人生，同时祝福母校越来越好！"很荣幸可以成为湖南大学的一员，眼里有希望，心中有梦想，脚下有力量！在这个被爱包围的千年学府、百年名校，我准备好啦！努力进取不负"实事求是，敢为人先"的校训，抱诚守真，恪守"博学、睿思、勤勉、致知"的校风！

身处基层，努力奉献

刘芮含

访谈校友简介

常晓芳，2015级保险专硕，毕业后被选拔为湖南省2018届定向选调生，曾任湘潭市雨湖区鹤岭镇人民政府副镇长，现任湘潭市纪委市监委四级主任科员。

认真负责，不忘初心

毕业之后，常晓芳选择留在家乡湘潭工作。最初，在基层工作的常晓芳在别人眼里只是一个刚出校园的小女孩，对她而言最困难的同样也是从校园到社会的身份转换。

当时是在基层乡镇政府工作。俗话说"上面千条线，下面一根针"，上面各个部门的任务压下来，很多时候让人手忙脚乱。在基层的工作是非常实际的，更多时候是直接跟老百姓打交道。常晓芳说："习主席说'多读无字之书'，我觉得基层跟群众打交道就像在读无字之书一样，从中能够学到很多东西。"她还说，在学校学的理论内容很多时候无法直接用上，但是在湖南大学学到的治学态度，以及实事求是、敢为人先的精神一直在影响她。此外，工作态度是最重要的，对工作要有敬畏之心，否则会失去干劲，不会把工作当成自己的事业去经营。

提到具体面对困难该如何解决，她举了一个很具体的例子。常晓芳在做乡镇纪委副书记的时候，碰到有群众上访，称村干部扣了自己的钱，村干部否认。口说无凭，作为纪检工作者不能偏袒，她选择的处理办法是去财政所查账。针对群众反映的问题，自己列好要回答的问题去查账，找到实打实的证据才能让群众信服，关于项目所涉及的款项，她和同事一本一本地查了好几天账。这种务实的工作态度，正是湖南大学实事求是精神的体现。

合理定位，有的放矢

谈到找工作成绩，常晓芳谦虚地说自己只有三年工作经验，算不上是个优秀的职场人，但提出的观点却非常用心。学弟学妹们要对自己有合理的剖析和定位，要明确大城市或者小城市哪个更适合自己，要明确自己真正需要的是什么。

有的放矢，准备充分。在给自己一个合理的定位之后，需要对自己的目标有所筛选。看看想参与的或者报考的单位以前的公告，提前做好准备。

心系校园，缘分不断

回忆起大学生活，常晓芳说，从小在长沙长大，对家乡有很深的情感，同时，湖南大学也一直是她梦想中的学校，所以考研的时候没有多想就把湖大当成了第一选择。她说："印象最深的老师是我的专业导师杨卫平老师，杨老师常常在专业学习方面为我指点迷津。毕业之后，我和老师也常常联系，老师和我之间既是师生，也是朋友。印象最深的同学是我的同班同学李旷奇，也是我先生。我们一起规划考研，一起考上湖南大学，一起在湖大度过三年，现在一起有了幸福的家庭和可爱的宝宝。目前，他仍在湖大攻读博士，我们和湖大的缘分还在继续。"

常晓芳希望学校能够多组织专业知识竞赛，提高学生对专业知识的热情；在择业阶段，组织更多的就业经验分享会，开设一些就业指导课程，为学生的择业提供充分的支持和帮助。正如优秀的校友所说，在校园就要认真提高自己的学习能力和个人素质，出校园则要在充分认识自己之后认真对待工作，这样才能有所收获。

自知自得，觅人生之司南

谷 露

访谈校友简介

方旭，2015 级应用统计专硕，毕业之后入职顺丰科技有限公司，现为中和农信项目有限管理公司高级数据分析师。

修炼自身，学术与实习并重

在校学习时，方旭将社会实践和课题研究并重。他一方面积极参加课外的社会实习，了解行业的现状；另一方面跟着导师勤勤恳恳地做课题研究，培养自己的学术思维和严谨的态度。学术研究带给他的积淀，让他更加专注沉稳，在之后的工作中，这份沉稳和耐心帮助他迎接来自纷杂工作的每一个挑战。他醉心于学术研究并取得一定的成果，与此同时也尝试走出校园，去探寻更广阔的世界，去寻找属于自己的更多的可能性。

了解自身，明确自身发展规划

方旭认为，我们个人不能只满足于自己现在所取得的成就，需要用发展的眼光去看待问题。我们需要知道自己在未来的 5 年内或者说未来的 10 年内应该做些什么。在寻找工作的过程中，方旭很好地践行了这一点。他尝试寻找多种工作，虽然自己是统计专业出身，但是他并没有将自己局限在这一领域，而是在金融、互联网和统计等工作领域都投递了简历。因为通过在不同的公司实习后进行比较，他发现即使自己去了金融机构，也是做一些数据分析方面的事情。并且，当时的互联网公司的数据体量以及研究深度都比当时的金融公司要多。自己更倾向于从事数据分析这方面的工作，且在那时顺丰科技的业务体量成指数上升，选择这样的公司对自己的个人成长有很大的助益。最后，他结合自身实际和行业未来发展前景，从心出发，选择了顺丰科技。幸运的是，工作之后发现自己的选择是正确的，并从中收获了很多。

关注自身，跟随内心去取舍

谈及自己从深圳回到长沙，从顺丰科技转到中和农信，方旭分享了自己的整个心路历程。虽然自己身边的同事和领导一再挽留自己，但是考虑到自己未来的发展，为了更好地平衡自己的生活和工作，他选择了回到长沙重新开始。选择任何事情都会伴随着沉没成本，跟随自己的内心，去选择自己最想要的，这样才不会给自己留遗憾。

学长寄语，与学弟学妹们共勉

方旭鼓励学弟学妹们走出去，勇于试错。去跟一线城市的企业、同仁们交流，去了解更前沿的金融和科技水平。尝试走出去，才能了解时代的发展水平，才能更好地了解和弥补自身不足，从而更好地成长。在学校求学时，要脚踏实地把自己的专业知识学好，专业知识的基础储备决定了我们将来会走多远；在选择工作的时候，一定要明确自己未来到底想干什么，要时刻问自己是否已经对以后想做的事情有足够的认知。多实习、多体会，去感受真正的工作环境。

在采访的最后，方旭再次表达了对于母校的感谢，认为寻访校友是一件非常有意义的事情，希望这样的活动能够继续开展下去。惟楚有才，于斯为盛，愿湖大越来越好！

不卑不亢，益谦亏盈

石晓岚　宋昭雯

访谈校友简介

封卫，2016 级金融专硕，毕业后入职江苏盱眙经济开发区管委会，现为国家税务总局广州市天河区税务局四级主办。

湖大记忆，不断挑战自我极限

封卫学长的求学经历，可以用"学无止境"来概括，本科就读于东北林业大学化工专业，毕业后，学长选择跨学科来到湖南大学继续求学。对金融行业的不断深入了解，使得学长迎来了求学路上的第一个转折点，学长说，金融行业的魅力深深吸引着他。

谈及对母校的回忆，封卫学长说："印象最深刻的，当然是岳麓山和岳麓书院。"学长提到了自己竞选金融与统计学院研究生会主席的故事。学长性格内向沉稳，安静踏实，为了挑战自我，在研一时就参加了研究生会主席竞选。学长说："虽然最终落选了，但是我在全院同学面前发表了一篇演讲，这是我之前不敢尝试的，挑战了自我，得到了锻炼，所以我很开心。""学院的各位老师也都给予了我很多的帮助，许朝辉老师、喻旭兰老师等优秀导师严谨认真的工作态度都令人敬佩，更是我们学习的榜样。"

目标明确，勇于尝试积极变通

求职是每一名学子的毕业主题，在就业、择业问题上，封卫学长也给予了我们很多建议。学长提道："研究生期间要尽快确定自己的求职目标，并努力向着目标前进。"关于如何确定目标，学长认为：最好的方法就是多去实习、不断体验，体会不同的工作内容和工作环境，在了解自身性格的基础上，明白自己想要的究竟是什么。为了更好地体验金融行业的工作，暑假期间，学长选择在招商证券投行部实习，提及这段经历，学长调侃道："每晚 11 点下班和我一起挤地铁的，也就是程序员和投行人了。"正是这段经历，使得学长明确了自己的目标，并先后参加了中国人民银行以及政府人才引进考试，最终以人才引进的方式顺利进入江苏省盱眙经济开发区管委会。之后，学长积极备战国考，并顺利进入广州市天河区税务局。学长的求职经历告诉我们：有时现实可能不尽如人意，但学会积极把握、灵活变通，却会使得人生迎来新的转折。

学会归零，谦虚为本努力学习

谈及湖南大学，大家首先想到的就是名校光环，学生自身学习能力也一定是优秀的，这些优势都会在求职过程中为我们带来鼓励与帮助。然而，在光环下，也给一些同学带来了些许傲气，很多毕业生会认为自己起点很高，求职时的要求也会虚高，例如不愿去小公司、对待遇不满、入职后眼高手低只想做大事好事、不愿做细节工作等。学长认为："学校带给我们的只是表面的光环，真正走上工作岗位，更重要的是个人实力和内在品质。无论在学校多么优秀，工作后都要学会把自己归零；不论是在求职中，还是入职后，我们都要学会放下姿态、谦虚求教。"

在采访的最后，封卫学长向母校以及学弟妹们送上了衷心的祝福，表达了对于校友寻访活动的支持与期望。我们对于未来的湖南大学也充满了期待，在未来，我们定会不断努力，以学长为标杆，不负母校光彩！

从化学到保险，不变的是努力

冯　钰

访谈校友简介

王海力，2016级保险专硕，毕业后入职湖南省万科房地产公司，现就职于太平人寿湖南分公司银行保险业务部。

"很荣幸能够来到湖南大学攻读硕士学位，这让我拓宽了眼界。在这一平台上，我看到了更广阔的风景，也结识了很多志同道合、能够交心一辈子的好朋友，以及能够和张虹老师有一段师生情，这是我一生的财富。"从王海力学姐的言语中，我们能体会到她对湖南大学的热爱和作为湖大人的骄傲与自信，她深爱着这里的一切，同时将湖大故事说与身边人听，让大家对这所"千年学府，百年名校"有了更多的了解。

有这样一种保险……

本科阶段，王海力学姐在广西大学学的是化学专业，专业是跨考到湖南大学金融与统计学院保险专硕的。学姐说："当时，学校非常鼓励学生修双学位，于是我选择了金融专业作为我的第二学位。在大三的时候接触到保险学这一门课程，老师幽默风趣的上课风格让我对这一门课程产生了浓厚的兴趣。"王学姐就是这样与保险结缘的，但真正激励她来保险专业读研另有原因。"作为化学专业的学生，经常要在实验室做实验，做实验就难免会有一些小事故。有新闻报道，高校学生和老师在实验室也会有比较严重的事故发生。中国理工科的学生很多，我当时就想，有没有这样一种保险能够保障理工科学生和老师的生命和财产安全。"学姐因为自己是一名化学专业的学生，所以深深了解这一专业的学生在实验中难免会有小事故的发生，就是这样的想法，让王学姐坚定了学习保险专业的目标。最终，功夫不负有心人，学姐在2016年顺利考入了湖南大学保险专业。"作为非本专业的学生，专业知识没有本专业的学生扎实，所以我只有付出比他们更多的努力来弥补这些。"保险专业其实有很多学生都是跨考生，希望他们能够像学姐一样，将自己原本的专业和保险专业结合起来，促进中国保险业的蓬勃发展。

复合型人才最重要的是工作能力

王海力学姐本科学习理工科类的化学，研究生学习经济类的保险，正是不少企业欢迎的复合型人才。当我们问学姐复合型人才有什么样的优势时，学姐如是回答道："复合背景的学生在求职的时候的确是比其他的学生更吃香一些，比如证券公司，他们就很喜欢有理工科背景的学生。如果是学过多个科目的学生，面试官在面试的时候会比较感兴趣，会多问一些问题。"学姐话锋一转，"但是，在真正走到工作岗位之后，其实每个人都是在同一个起跑线上的，你能否得到领导的重视，更重要的还是看你的工作能力。"

在职场中要不断学习

学姐从 2018 年毕业到现在，是从万科房地产公司偏狼性文化的工作，到了太平人寿这样一家央企，想必有不同的体验，于是我们询问学姐在职场中有什么样的性格和能力是比较好的。"不管是在哪一家公司，我觉得做人都要随和一点，不能太锋芒毕露，同时也要保持自信，因为我们代表的不仅仅是自己，还有公司。"学姐说："在职场中要不断地学习，职场是瞬息万变的，时代也是时刻在进步的，只有不断学习，才能让自己能够不断适应工作岗位和所处的时代。同时，还要有很好的抗压能力，因为工作中总会有压力很大的时候，自己要学会去化解。"成年人的生活总是不容易的，但是就像学姐所说的，我们要不断学习、不断进步，才能在激烈的竞争中脱颖而出，过程中少不了压力的伴随，学会抗压也是我们人生的必修课之一。

湖南大学是一个很好的平台

王海力学姐在湖南大学度过了虽短暂却宝贵的两年，每个来到湖大的学生，都会有自己的收获，学姐也不例外。"来到湖大让我拓宽了眼界，通过湖大这一平台，我能够看到更加广阔的世界。在湖大，我遇到了很多志同道合的朋友，在很多事情上，我们不谋而合，成了能够交心一辈子的人。"学姐说话的语气充满着感激和自信。同时，学姐对我们这些即将踏入湖大校园的学生表示了肯定。她说，能够考入湖大的学生都是很优秀的，但仍要继续努力，湖大不是终点，而是新的起点。

惟楚有才，于斯为盛。湖南大学培养了一届又一届优秀的学生，王海力学姐就是其中的一位。她从化学专业到保险专业，从房地产公司到央企保险公司，几年的时间，时代在不断发展进步，身边的人也换了一批又一批。但是，对于学姐而言，不变的是她一直在努力，一直在学习，永远怀着一颗炽热的心，在实现更美好生活的道路上前进着。学姐对湖大的描述，也让我们更加憧憬在湖大未来两年的学习和生活。在这里，我们学习知识，扩宽视野，广交朋友，不断提升自己，以成为未来湖大金融与统计学院优秀的校友之一。

愿成为乡村振兴的"排头兵"

陈妍瑜

访谈校友简介

黄超，2017级金融专硕，毕业后就职于江西省上饶市横峰县委办公室，现为横峰县溪畈村第一书记。

成为基层公务员，扎根故乡县城，奔赴脱贫攻坚和乡村振兴第一线，到国家和人民最需要的地方去，这是金融与统计学院校友黄超在2019年夏天交给自己、交给湖南大学的毕业答卷。

不能忘怀的湖大时光

"我第一次来湖南大学的时候，就觉得这所学校依山傍水、风景秀丽，进入校园之后，恢宏大气，古色古香，有那种老建筑的气派感。校园里面学子穿梭，充满了青春活力。"黄超娓娓道来与湖南大学的第一次相遇，仿佛就在昨日。当时还在攻读心理学本科辅修金融学的他，因老师介绍结识了他后来的导师胡荣才老师，正是通过与胡老师一见如故的交谈，坚定了他心中对湖大的执着。"我当时就打定主意，我要考去湖南大学，读金融。"三年金融硕士生涯，黄超不仅在学习上孜孜以求，更在学生工作上默默奉献。他担任了三年班长职务，处理了班级大大小小的事务，从消息通知、运动会安排，到迎新晚会布置等等，班长这一角色给黄超带来了各式各样的体验，他忙于其中，也乐在其中。

"社会经历很能锻炼一个人，也会影响其人生选择。"这是黄超谈到自己为何在各类金融机构实习后，决然选择省考成为一名基层公务员的总结。2018年暑假，湖南大学提供了一个机会，在金统院选拔了一批人去四川省南充市做国家脱贫攻坚普查，黄超有幸被学院选中，跟着团队一起去了四川。在深入做普查的时候，他被当地的政府工作人员与当地贫困户之间的感情深深打动。工作人员对贫困户的家庭情况了解得清清楚楚，贫困户把这些帮扶干部当家里人对待。了解脱贫攻坚政策的伟大，了解中国共产党的伟大，了解中国人民的伟大，黄超心里就种下了一生要为人民服务的种子。从那一刻起，他找到了自己的人生追求与价值实现路径，"我要深入基层，到祖国需要我的地方去"。

做乡村振兴的"排头兵"

江西省上饶市横峰县是典型的丘陵山区农业县,"七山半水二分田,半分道路与庄园"。这里也是黄超的家乡。在 2019 年,黄超省考"上岸"回到家乡,就职上饶市横峰县委办公室,担任溪畈村第一书记。回到家乡后,黄超立刻投身于脱贫攻坚工作。自驻村开展脱贫攻坚工作以来,黄超便以村为家,一年 365 天始终陪伴于群众身边,自始至终扎根扶贫一线,与贫困群众朝夕相处,问情况、找方法、解难题、补短板,成了群众最贴心的"小棉袄"。黄超谈到脱贫攻坚有许多感慨,在一年多脱贫攻坚的帮扶中,他深深感悟到,扶贫只能让贫困户们生存下来,勤劳才能创造财富。讲到此处,黄超回忆起帮助贫困户刘伯脱贫的故事。刘伯是横峰县的一位贫困户,一家四口,体弱多病,生活困苦,自横峰县脱贫攻坚以来,刘伯成了建档立卡贫困户,国家的扶持让他对生活重新充满了期待与希望。政府不仅进行创业补贴,还开办培训课教授生产技能,刘伯也受益其中,在政府各界帮持下,他开办了自己的养蜂园,并利用抖音、快手等社交媒体推销自己的蜂蜜,现家庭人均收入突破了十万元。2020 年,是脱贫攻坚的决胜之年,是全面建成小康社会的收官之年。2021 年 6 月,横峰县扶贫办公室被中共江西省委江西省人民政府授予"江西省脱贫攻坚先进集体"称号。在这场光荣的脱贫攻坚战中,黄超也为横峰县脱贫攻坚贡献了他所有力量。

如何做好巩固拓展脱贫攻坚成果,同乡村振兴有效衔接,是黄超近期的工作重心。谈起如何用专业知识融入乡村振兴工作,黄超有自己的看法。"我之前担任脱贫攻坚第一书记,现在是乡村振兴第一书记。乡村振兴的前提是产业振兴,产业振兴就需要我发挥金融的专业知识。"如何进行融资?如何将社会资本引进到乡村产业中?产业规模怎么扩大?效益怎么提升?黄超坚定地认为,在湖南大学所学的专业知识帮助了他更好地适应乡村振兴工作。他认为,公务员的调查研究是非常重要的,材料的撰写需要很好的调研能力和分析能力,而金融专业的学习教会了他这些,并能在工作中很好地运用。

前途似海,来日方长

早在本科阶段就已经提交入党申请书并成为中共党员的黄超,具有坚定的政治意识和政治立场。在他看来,基层公务员工作并不是对他的磨炼,而是他尽情挥洒汗水、奉献青春的大舞台。黄超谈到选择了公务员这份事业,就选择了情怀,选择了奉献,选择了沉淀。情怀在于家国情怀,公务员作为建设祖国的大部队,也是主力军,如果没有坚定的共产主义信仰,没有对体制的信仰,没有对国家的热爱,那肯定没办法"干大事、入主流"。现在的公务员队伍,处在建设第二个百年目标的奋斗期,任务繁重,要撸起袖子加油干,要有情怀支撑,坚信功成不必在我,功成必定有我。奉献在于对自我价值的清晰认识,要保持一颗平常心。公务员作为国家的建设者,为人民服务是宗旨,国家富强、人民幸福是目标,不攀比、不伸手、讲政治、明纪律才能走得远、走得稳。沉淀在于要耐得住吃苦,忍得了寂寞。如果一毕业就进入体制,前期肯定都会做一些琐碎的小事，这些事情能很好地锻炼自我；要学会沉淀，在日常工作中积累总结。

真心嘱托，寄语未来

从时光的洪流中，黄超回望自己在湖南大学肆意生长的两年，生出许多感悟来。他希望学弟学妹们珍惜在湖南大学的分分秒秒，嘱托同学们要记住自己的学生身份，不断加强对专业知识的积累，将书本上学到的知识内化于心、外化于行。他建议同学们多参加社会实践，这可以更好地帮助自己形成正确的世界观、人生观和价值观。黄超认为，兴趣是最好的老师，找一份工作，如果只是为了工作而工作，是不值得的，只有把自己的兴趣跟工作结合起来，才不会觉得累。黄超在成为一名扶贫干部之后，每天基本上都在田间地头，走家串户。在乡村振兴的队伍中，还有好几个与黄超相识的学长学姐，他们的生活状态就是乐此不疲，因为他们做着自己感兴趣的事、高兴做的事，把青春挥洒在田间地头，把论文写在祖国大地。

说起对学院的感情，黄超心中久久不能平静。金融与统计学院像他人生的第二个家，这两年中，他在学院的关怀下成长，在同学们的互帮互助中成熟，在导师的悉心教导下成才。展望未来，黄超真诚祝愿学院的发展更上一层楼，希望学院能多将关注点放在学生个人兴趣的培养上，以趣促学，以趣带学。

湖南大学金融与统计学院培养了一届又一届的优秀学子，我们也很荣幸与优秀学长黄超有了此次访谈。黄超学长饱含深情的回忆、有条不紊地回答，真心真情，殷殷嘱托，让我们感受颇深。我们可感受到一位忧思乡村建设、真心为人民服务的人民干部形象，生动而立体。感谢黄超毫无保留地分享他在湖南大学的悠悠岁月，分享他基层公务员的宝贵经历和工作经验。吾辈将以此激励自我，不负青春，不负祖国！

慢慢来，比较快

彭碧婷

访谈校友简介

夏卉卉，2017 级金融专硕，毕业后入职中国人民银行温州中心支行，现就职于调查统计科。

回忆过往时光，初心不改，仍是湖大人

夏师姐在考研成功"上岸"后，并没有完全放松自己，她依旧保持着那份专心，全身心投入准备司法考试。师姐说，虽然三个月的备考时间很短，但是这期间她始终坚定自己的目标，沉下来想事情、做事情，最终顺利通过了考试。在分享这段经历时，师姐的眼神里仿佛闪着光，想必这段时光赋予她的不仅是成就感和欣慰，也是日后奋力拼搏的小火苗。

夏师姐选择的是那充沛丰富的读研生活，在认真完成学业和课业的基础上，通过实习和考证来充实自己，同时，师姐也不忘与朋友相约游玩来缓解自己的压力，享受学与玩相结合的欢乐。师姐在湖南大学与一群志同道合的朋友相识相知，遇见了优秀的导师，得到了他们的指点和帮助。

历经职场风雨，拨开云雾，成为更好的自己

初入职场时，夏师姐面临的最大困难是角色转换。在学校学到的书本知识，锻炼了我们对经济金融的敏感度和思考能力，但如何在实践中将其转换成工作成果，则需要靠自己去努力学习，努力去提升自我以跟上别人的步伐。

当谈及工作后的收获时，夏师姐认为，就职于中国人民银行调查统计科，让她不仅在写分析材料和文笔上有进步和提升，也在对经济金融的敏锐度上有所提高。对于一个优秀的职场人而言，专业能力和业务能力这类硬实力固然重要，需不断去学习、去提高。但因为在职场需要处理很多关系，所以提高自己的软实力也非常重要。

夏师姐不断地提升自我，不仅是在工作能力和业务能力等硬实力方面的精进，还包

括了社交能力、人际沟通等软实力的进步，两年的坚持使得她现在能够游刃有余地承接工作岗位的要求。

展望星辰大海，梦的归途，是诗和远方

夏师姐提到，金融行业现在属于很内卷的行业，如何提高自身的竞争力，需要考虑多方面的因素。夏师姐在兼顾课业的同时积累了多份实习经历，她认为，读研的时候要多去外面去锻炼，体验了金融圈才能知道自己想要什么，但也要专心下来学习和考证，因为专硕只有两年，在找工作之前需要拿到一些更有力的筹码。夏师姐建议，读研期间要建立目标，做好规划，一步一步地完成，思索自己将来的发展，但也不要急功近利。路漫漫其修远兮，有时慢慢来，比较快。

谈采访感悟，彼岸灯火，是梦的征途

湖南大学，一个梦一般的起点，在这里的生活或精彩，或平淡，或紧张，或彷徨。我们难免急于求成，追求那不存在的完美，认为人生就像游戏，试图找到那条通关的捷径。可人生更像一杯茶，而茶，是要品的。当我们的生活慢了下来，或许会发现更多的可能。所有追梦人的终点，都是彼岸灯火，可这都是昙花一现罢了。正如师姐所说：有时慢慢来，比较快。因此，当我们放缓脚步，品味人生百态，或许路边的繁星会比灯火更加绚烂。

行至此时，仍是湖大心

陈 媛

访谈校友简介

胡博仲，2017 级保险专硕，毕业后入职太平洋寿险上海分公司，现就职于太平洋寿险上海分公司反洗钱管理岗兼中级风险管理岗。

拥有"湖大心"的追梦人

"六年的湖大校园时光，是我人生中最美好、最难忘的时光。"一提到湖大，胡博仲学长的脸上浮现出灿烂的笑容。提到当初为什么选择湖南大学，他激动地说："高考填志愿时，当时，想进湖大是受我父亲的影响，之前他去过岳麓书院，在那里能感受到深厚的湖湘文化内涵。当时湖南大学是我冲一冲的第一志愿，很幸运被湖大录取，当时只高出录取线 1 分。"看来，湖南大学不仅是胡博仲学长一个人的心愿，也是一家人的心愿。

正值秋天，进入湖南大学校园，枫叶正红，美得让人心动，不仅在于它的景色，更是因为只要来过的人都熏陶着丰富的文化底蕴。

拥有"情怀"的保险人

在本科阶段刚开始接触日语时，胡博仲学长发现自己对日语专业不太感兴趣，决定转到自己喜欢的专业。"当时了解到保险行业是为数不多的朝阳行业，前景好，且精算师在中国比较稀缺，当然最重要的是对保险十分感兴趣。"那时，一颗"一定要读保险"的种子在心里萌发。

以此为目标的胡博仲学长以优异的成绩，大二成功转到保险专业。终于如他所愿，读到了自己喜欢的专业，也因为热爱，他顺利通过了两门精算师的考试。胡博仲学长不仅拥有很强的学习能力，还有着很好的领导能力和组织能力。提到湖南大学的难忘经历，胡博仲学长："在校学生会期间，我做了很多对学生有利的事情：每年毕业季的跳蚤市场、激情四射的校辩赛、不时之需的诚信伞……一项项活动既力所能及，帮助了大家，也丰富了自己的校园生活。"

拥有"感恩心"的湖大人

通过四年的本科学习，胡博仲学长不仅积累了知识，也深深地爱上了湖南大学。他深情地谈道："我与湖南大学的老师，乃至一草一木都有着深厚的感情，湖南大学良好的校园氛围和学术氛围让我想扎根于此。"本科毕业后，胡博仲学长坚定着继续在湖南大学深造的信念。在这种强烈信念的支撑下，通过自身的努力，胡博仲学长如愿以偿在湖南大学继续攻读保险专业。

提到在读研的两年时间里最想感谢的人是谁，胡博仲学长果断地说："那肯定是我的导师陈迪红教授，陈老师是一位很和蔼的老师，而且他做事特别认真负责。陈老师在指导我的本科论文和研究生论文时，看得非常仔细，连标点符号和段落的瑕疵都会帮我指出来。除此之外，陈老师也非常关心我们的生活和学习情况，能够在我们迷惑时指明方向，我特别敬重他。"他继续说道："我和保险专业的其他老师关系也都比较好，他们对我的教导与关怀，我时刻铭记在心。"从这些话语里，能感受到胡博仲学长对导师和任课老师的感恩之情。也正是在老师们的教导下，他在保险专业的道路上越走越快。百年湖大，名师荟萃，他们严谨的治学态度令人敬佩，能够遇到让自己受益终生的导师是如此的幸运和难得。

湖大精神铭心记，百练淬火渐成钢

毕业以后，还会想念朝夕相处的同学和老师，还会想念母校春夏秋冬的动人景色，还会想念麓山南路川流不息的人群。结束了在湖南大学六年的求学时光，胡博仲学长带着"博学、睿思、勤勉、致知"的湖大精神走进了社会。毕业季的到来，同学们各奔东西，胡博仲毅然选择了保险行业，选择到大家向往的"金融中心"——上海发展。上海是众多金融学子梦想的地方，各大金融机构都会在上海设立总部，银行和证券公司、保险机构数不胜数。

执着于保险行业的胡博仲学长，将第一份简历投给了太平洋寿险上海分公司。对于想要从事的岗位，他说："他比较想去后台，从事风控方面的工作。"很幸运，他被录取了。采访于此，让笔者十分羡慕的是，胡博仲学长的人生真的非常顺利，这与他超强的综合实力是分不开的。

胡博仲学长认为，从湖南大学的课堂，自己学到了很多知识，直到现在这些知识伴随着工作。他蛮有收获地说道："我现在所在的反洗钱管理岗兼中级风险管理岗，能够运用到很多与保险相关的知识。课堂里学习过的保险学、保险公司风险管理、保险法、保险财务管理、寿险精算等课程对我现在所从事的工作都起到了非常大的理论支撑作用。我现在所在的岗位和专业是比较对口的，所以在学校学到的知识能够在工作中充分展示。金统院对保险专业的设置是越来越合理的，把保险和精算区分开来，越来越贴合国家对人才的需求。"

寄语"青年"，语后来者

在求职的路上，胡博仲学长有一些经验想分享给大家。在职场面试过程中，最重要的是以下三点：一是学历；二是面试时所展示的思维发散程度；三是成绩、证书、实习等等。胡博仲学长认为，自己能够顺利找到工作，有以下三点优势：首先，他的本硕都是在湖南大学读的；其次，在校期间成绩不错，在研究生时获得过省级优秀毕业生称号，以及连续两年获得一等奖学金；最后，面试前的充足准备，预想到会被问到哪些问题，注重自己的谈吐和气场。胡博仲学长认为，在面试这方面，平时应该多积累。例如，湖南大学有小班课，上台路演时，可以锻炼自己的演讲能力；也有各种答辩，应该从中多体会回答的技巧。

胡博仲学长对学弟学妹们有着很高的期望，希望大家珍惜在校园里宝贵的时光，要充分利用好时间，知道自己想要什么就要努力去争取。有所成绩时，不骄傲；遇到挫折时，不气馁。牢记"实事求是，敢为人先"的校训。社会的需求是多样化的，要提高自己的综合实力，做一个全面发展的优秀学子。

时光如水，匆匆一瞥，多少岁月轻描淡写。六年的湖大生活是这飞速流逝的时光中一个精彩的停顿，一个值得永远回味的定格。感谢胡博仲学长将最美好的六年与我们分享，在我们的生命中留下那么多美好的回忆。在与胡博仲学长的交流过程中，能真切地感受到他活跃的思维、不服输的优秀品质，他是我们学习的楷模。

心之所向，素履以往

杨　敏

访谈校友简介

李昶攸，2017级保险专硕，毕业后入职中国太平洋财产保险股份有限公司湖南分公司，现任公司法人客户市场发展部核保。

仲夏七月，校友寻访小队的成员们怀着紧张而期待的心情，前往李昶攸师兄所在的公司。到达目的地已是傍晚时分，师兄早已在门口等待，他微笑着问我们吃过没有，并为我们递上了清热解暑的饮料，顿时散去了大家心中的燥热与忐忑。

练就坚忍个性，闯荡多彩人生

回忆起在湖南大学的时光，李昶攸认为，这是最充实、最快乐、最忙碌的三年，也是最值得回忆的三年。还记得初次与湖南大学相遇，校园非常静谧，学术氛围浓厚，三月份盛开着灿烂樱花的校园小路上，是背着书包匆匆赶往教室、图书馆的湖大学子。也正是如此，他鞭策自己不断向前，对自己暗暗许下承诺，要坚持到底。

在学习上，他勤奋刻苦，攻克难题。在导师张宁老师的指导下，李昶攸一步一个脚印，不断巩固自己的专业素养以及知识积累，并得到了老师的肯定。除此之外，李昶攸对自己的未来也有着清晰的规划，本科毕业后，一边工作一边考研。正如查士德菲尔爵士所言："目标的坚定是性格中最必要的力量源泉之一，也是成功的利器之一。没有它，天才也会在矛盾无定的迷途中徒劳无功。"目标也不是虚无缥缈的，应该一一落在实处，李昶攸正是心存目标，最初就坚定了考研的意向，并不断向着目标前进，最后被湖南大学录取，并在毕业后顺利进入中国太平洋财产保险股份有限公司。

在生活上，他敢于尝试，敢于闯荡。在校期间，李昶攸等人因为一次偶然的机会，便决定尝试做轻食、沙拉等。刚开始，他们四处奔波，进行一系列的前期准备工作，先构思整体规划，接着设计 logo，做宣传工作……一周之后，便开始正式营业，盈利也非常可观。为期两个多月的运营，让他享受了成功的喜悦。而也正是这段特殊而又精彩的尝试，教会了他很多道理，得到了很好的成长。坚持选择，努力探索，做自己想做的，就会有成果。

青衿之志，履践致远

合抱之木，生于微末；九层之台，起于垒土；千里之行，始于足下。每个初出茅庐的年轻学子，都是从基础的工作做起的，李昶攸也不例外。他回忆过往的经历，细数着那些令他最为受益的点滴，并以过来人的身份为大家提供着宝贵的经验。

因为一边工作一边考研，李昶攸经历过比一般毕业生要多的公司，比如说私募、融资租赁，甚至有在工地上的工作体验。在采访中，李昶攸说道："第一份工作印象非常深刻，第一份工作是在私募，不算是一个很大的私募，但是很有潜力。他们对花钱的概念和我们平常对消费的概念既相似又不同。比如有一个一百亿规模的基金，在市场进行一些收购，公司就需要先进行一些记账和财务上的分析，运用商业逻辑，分析风险高低，了解详细情况，判断其是不是成熟的投资者。"李昶攸提到要想成为一个优秀的职场人，一是沟通能力强，二是抗压能力强，三是思考能力强。沟通能力在日常生活中可以锻炼，抗压能力也可以在日积月累中得到增强，而思考能力则需要通过不断学习来获得，不断学习是思考水平进步的必要条件。会思考，而不是空思考，漫无目的地做事只会导致事倍功半。李昶攸每做完一件事，总会思考为什么要这么做，如果不这么做会怎样，自己想要达到一个什么目的，怎么样才能做好。通过对一系列问题的思考来触类旁通，积累经验。在李昶攸的人生信条里，勤于思考占据着重要地位。

脚踏实地，仰望星空

在采访中，李昶攸表示，虽然实际工作与学科理论差别很大，但是思维逻辑是相似的。"比如，在做论文时，建模的模型和思路跟公司里建模的一些思路是类似的。我们需要判断某类业务是不是好，要进行数据分析，再进行业务的回溯，来判断同类型的风险，这和建模的思路比较相似。因为我学的是保险，然后又进入保险公司，所以对一些基本概念接触比较多一些，上手也快一些。"业精于勤，谁都不是刚开始就能上好一堂课的，纵然是天赋卓绝，也需要一遍一遍地练习才能日趋完美。当然，只有练习自然也是不够的，盲目练习只会事倍功半，唯有学会思考才能事半功倍。"勤""思"二字相辅相成，只有行动起来，脚踏实地，才能让思考落到实处；只有不断思考，才能让行动提升价值。

面对当前严峻的就业形势，我们在校大学生经常会对未来感到迷惘。就像李昶攸所说的，学习是学生的天职。对于我们来说，最重要的就是活在当下，掌握好本领，要相信有本领总能发挥作用，有知识自然会有展示的舞台。不要担心才能得不到发挥，而应在意自己是否达到了应有的水准！

追梦路上的青葱岁月

陈　媛

访谈校友简介

刘伟标，2017 级保险专硕，毕业后入职广州市花都区花城街道办事处，现供职于党建工作办公室。

结缘湖大，心怀感恩

"我本科就读于广东外语外贸大学的保险专业，通过优异的成绩保研到湖南大学，跨越千里来到湖湘文化中心——长沙。"谈起是怎样和湖南大学结缘的，刘伟标学长脸上洋溢着幸福的笑容。侃侃而谈自己两年求学经历中的收获："在湖大求学的两年里，我结识了很多优秀的老师和同学，自己的知识储备、眼界等各方面都有所提升。学校、学院组织了很多活动，丰富了我的课外生活。"

刘伟标学长回忆着自己的校园时光，提到了他最难忘的人："我最难忘和感谢的人是李焕奇师兄。当初写论文开题报告时，完全没有思绪，找到了李师兄，他非常乐意与我一同探讨，经常在办公室讨论到晚上 12 点，给我提供了很多思路。无论是生活、学习还是工作上，都给了我很大的帮助。"从这里我们可以看出，在我们漫长的人生道路上，会遇到很多的"贵人"，一直怀着感恩的心的人才会越走越远。

勇敢追梦，砥砺前行

对于刘伟标学长攻读保险专业长达六年，最终为什么会放弃从事保险行业，进入体制内，我们心里充满了疑惑。他将这几年的转变向我们一一表述："我研一暑假的时候在深圳的财险公司的精算部实习，我最大的感受是，精算工作是一个需要多方面能力的工作，特别是计算机能力、软件能力，而且这个工作特别看重经验。"说到此，刘学长也建议学精算的同学，在读研的时候一定要多考证，最好是通过四门 SOA，在求职中才会更有竞争力。当然，对于软件的学习也一定要重视，可以多学习 Excel 的 VBA、SAAS 等。

在毕业之后，刘伟标学长签的第一家公司是平安保险的广州分公司，实习一个月后，发现并不符合自己的预期。刘学长决定选择一份更适合自己且自己喜欢的工作，于是开始关注体制内的岗位。刘学长说："当时刚好广州有'优才计划'的机会，招一批事业编分配到各个机关单位。我借此机会报名了，备考只剩下两个星期，就复习了一下申论，看了一些面试视频，最终成功录取。"从刘学长身上可以看到现在年轻人新潮的职业观，他们对于"生活-工作平衡"的需求比以往的职场人士更加强烈。

告别湖大，发表建言

访谈接近尾声，刘伟标学长对湖南大学提出了一些建议："湖南大学有着深厚的文化底蕴和扎实的学科基础，在很多方面都已经做得很好了。但是在课程的时效性和实用性上可能还有提升的空间，多开设一些实际的商业案例分析课程，让同学们更多地通过讨论、合作等方式去学习，这样所锻炼出来的思考能力和组织协调能力，在求职面试的过程中将会给学生带来极大的帮助，这也是学生在未来工作中必须具备的能力。"

在研究生择业方面，刘伟标学长认为，学校、导师、师兄师姐们都起到了重要的作用，学院和学校也可以动用校友的力量，给在校生发一些内推的工作机会。刘学长也认为，求职道路上最重要的在于自身，同学们应积极争取机会，锻炼自己的综合能力。

在对刘伟标学长的采访中，我们从他的身上学到了坚持不懈、勇敢追梦的优秀品质。我们相信，在优秀校友们的引领下，湖南大学的每一位学子都会走得更远！

积极进取，脚踏实地

顾颖萱

访谈校友简介

张丰，2017 级保险专硕，毕业后入职湖北省孝感市财政局，现在财政局从事地方政府债务管理工作。

湖大情缘，难以忘怀

当问起求学期间印象深刻的事情时，张丰学姐笑着回答道："在湖大读研的两年时间太珍贵，点点滴滴都难以忘怀。"学姐说，能到湖南大学求学是机缘巧合，也是机遇。恰逢湖南大学保险专硕扩招，机缘巧合之下，张丰学姐得以被录取到风险管理与保险精算专业。学姐格外珍惜在湖南大学求学的经历，对学校的一草一木都分外怀念。远离市区的清净学习环境、带空调的教室、新设的食堂和开放到 12 点的图书馆……对母校一点一滴的记忆，在访谈推进时逐渐深厚起来。当提及老师们时，学姐都给出了极高的评价："优秀的老师们，比如我的导师刘娜老师，还有学识渊博的陈迪红教授、对专业领域有独到了解的张琳教授、爱护学生的刘革老师和邓庆彪老师等等"小班教学、小组讨论的授课形式也受到学姐的青睐。学姐言语间透露着对学生年代的怀念，"那两年，湖南大学改变了我很多"。

是的，一个开阔的平台、一群优秀的师生可以改变一个人，可以催使一个人成长。"实事求是，敢为人先"的校训时刻激励着学姐。毕业以后，她秉持着积极进取的态度、脚踏实地的原则，回到湖北省考取定向选调生并成功"上岸"，迎来了更为丰富、广阔的人生。从最初下基层扶贫，到奋战在抗疫第一线，再到回原工作岗位做地方政府债务管理，湖南大学的精神一直留存在她心中。

不要畏难，迎难而上

"要有担当，不能推诿责任；不要畏难，要迎难而上，挑战自己，挑战工作。"问及对湖大学子的职业发展有何建议，学姐这样回答道：选调生"上岸"初去基层时，学姐

238

不是没有遇见过困难：贫困户艰苦的生活条件一时半会难以改善、村民的心理问题难以发现和疏解、与村民们沟通时存在信息差……但是，张丰学姐并未向这些困难低头，而是选择逐一化解：难以一时改善的，就申请政策照顾，时不时给予物资慰问；难以疏解的心理问题，就多方面了解、沟通，让孤寡老人重新找到希望；城市和农村自然存在的信息差，就多走访，多做事，甚至在疫情最凶险时为确诊患者的家属送物资……

人民有保障，社会有希望

毕业两年多，学姐最难以忘怀的经历就是下基层扶贫。刚到大悟县时，尽管基础设施如水、电、网络经过数年建设都已比较完备，贫困户拮据的生活条件仍然给学姐不小的触动。女儿远嫁的孤寡老人、父母外出务工的留守儿童、残疾的妇女……这些贫困户，领着微薄的农村养老金，只能干一些诸如采摘野菊花的辛苦又不乏危险的生计。初下基层时遇见这样的景象，张丰学姐在心中震动之余，也并没有被困难吓倒——从走访村户，到为贫困户申请低保、补助金和医保，再到心理疏导，甚至为贫困户里的高考生辅导功课、排忧解难……在她和工作队同志们的共同努力下，大悟县脱贫取得了卓越的成效，危房没有了，人民的生活水平提高了。

"我的思想产生了翻天覆地的变化"，学姐如此形容扶贫带给自己的变化。从大学的象牙塔走到基层，走到村民的家中，倾听他们的困难，行动上的改变让刚考上选调生的学姐看到更为广阔的世界。看到党和国家的政策"打通最后一公里"，人民生活有了切实改善，这一切都给学姐带来了深深的触动。作为新一代青年，作为亲身参与扶贫的党员干部，张丰学姐受到的触动极大地鞭策她做好手头的工作。基层人民有保障，这正是如她一样的基层党员干部积极走访的辛苦结晶。

踏实做事，敢于挑战

在采访的最后，张丰学姐表达了对湖南大学专硕培养十周年的美好祝愿，并且对学弟学妹们寄语，湖大人应该铭记"实事求是，敢为人先"的校训，踏实做事，敢于挑战。学姐说，国家富强了，人民生活方便了、改善了，但有机遇，也有挑战——互联网时代，社会发展迅速、竞争激烈，时代的步伐瞬息万变。在时代的洪流中，湖大人不应被纷繁芜杂的信息洪流淹没，而是要努力攀登，保持自己的清醒态度。如此一往无前，方能秉持希望的炬火，向社会进步的前路奋进。

只顾兼程，不问前程

成思怡　胡彦乔　高雅琴

访谈校友简介

戴蕊芩，2017 级保险专硕，读研前入选长沙市选调生，现就职于湖南省长沙市政务服务中心。

与湖大的不解情缘

2016 年本科毕业后，戴蕊芩考取了长沙市选调生，进入基层工作。2017 年，戴蕊芩基于工作之后对于自我提升的需求，考取了湖南大学非全日制的研究生，再次进入金融与统计学院保险学专业，开始了为期三年的学习，并于 2020 年硕士毕业。

戴蕊芩在这依山傍水的校园里学习了七年之久，每天早晨去图书馆的路上都可以看到不远处烟雾缭绕的岳麓山尖，每天晚上结束了一天的忙碌后可以在西湖公园里慢慢踱步，享受片刻静谧。由于在湖南大学生活学习已经成为生活中最平常的事情，当聊起在校园中记忆深刻的事情时，她说道："太多了，遇见了许多德才兼备的老师，认识了很多志同道合的朋友，每一天都非常开心。在湖大学习的几年里，我积累了许多学习经验，养成了受益终身的学习习惯。"

"实事求是，敢为人先"，湖南大学的校训正是包括戴蕊芩在内的众多学子对湖南大学精神最深刻的记忆，这一精神指引着我们在学习和生活中不畏艰苦、砥砺前行。戴蕊芩说："每一个阶段都需要努力，不管是本科还是研究生，都是我们应当自律学习、积极向上的阶段。"

于平凡中攀登，于细微处较真

问起戴蕊芩的求职与工作经历，这位优秀的校友语气温和，带着笑意，一直保持着谦虚的风格。聊到毕业时的求职想法，她表示："求职时更多是考虑到了职业发展、个人情况等方面，在朋友的建议下考取了湖南省委选调生。"通过多方面了解，她也认为这是适合自己的选择。"我的许多同学结合兴趣爱好或性格原因，选择去了银行、保险这类金融机构，也是很不错的。"

毕业后，戴蕊芩进入长沙乡镇工作，在基层工作的四年里，她积累了基层工作经验，在国家发展的历史进程中成为了一颗深入群众的"螺丝钉"，在岗位上兢兢业业，对基层工作也有了自己的感悟和体会。

时刻保持对自我提升的要求，贯彻于戴蕊芩毕业后的工作中。工作一年，她就考取了研究生，开始了边读书边工作的自我提升过程。2020年，通过遴选，戴蕊芩回到了市区工作。聊起近年的就业压力和越来越多毕业生选择报考选调生，戴蕊芩表示："选调生政策现在很好，报考的人数也很多，我看到这几年竞争越来越大，也是因为越来越多的毕业生觉得选调生对于个人发展是不错的选择。"

然而，选调生虽然是一条相对稳定的职业道路，挑战却一点也不比其他领域的工作小。"刚开始去乡镇，对什么都不熟悉。但是，我一直认为，不管面对什么工作，走上工作岗位后，责任心很重要。不管对于某一项工作有没有兴趣，喜不喜欢做，都一定要负责。"不论工作的强度是大是小，戴蕊芩都会认真对待，在自己的能力范围内做到最好。于平凡中攀登，是她对自己的态度；于细微处较真，是她对工作的态度。"基层比较锻炼人，每一段经历都有意义，度过之后会发现越是辛苦越有帮助，这些道理真正经历过的人就会明白。"

保持谦卑，脚踏实地

作为湖大学子，在职场上会受到更多期待，但戴蕊芩认为，更高期待也是更大压力，需要学习的东西还有很多："第一是别人对你有期待，第二是自己对自己会有更高要求，第三是在工作中会慢慢发现别人的长处，从别人的工作经验和方法中取长补短，保持一个谦卑的态度，不断提升自我。"

戴蕊芩在乡镇工作时，正值脱贫攻坚时期，作为一名乡镇干部，她也成了这项重要工作的参与者。根据工作经历，戴蕊芩介绍道："由于每户贫困户的家庭情况都不一样，因此作为帮扶责任人就要根据不同家庭的情况，为其制定相应的脱贫方案，争取相应的政策。有的家庭没有劳动力，基本就要依靠政策兜底，来保障其基本的生活需求；有的家庭适合开展养殖产业，就会根据他们意愿为其准备一些生产的物资，等到可以出售了再为他们找到销售渠道，以此为他们增收；有的家庭有劳动力且满足务工的条件，就会采取转移就业等方法。总之，精准扶贫最重要的就是'精准'，要通过政策的实施，保障低生活需求的同时，激发其内生动力，让扶贫与'扶志''扶智'相结合，实现脱贫。"

戴蕊芩在工作中也碰到过一些困难，有过非常辛苦的时期，在那段时间，她感受到了明显的压力。但是，她认为，面对工作压力时，要有把压力转化为动力的能力，首先就是调节自己的心态，明确了"做到自己能力范围内最好"的目标，再付诸行动，通过向领导请教，自己不断熟悉工作，去解决工作中遇到的各种问题。除了心态上的转变，工作中思考问题的格局和深度以及行动也非常重要。"另外，还要给自己的发展制定一个成长的目标，我近期最想达成什么目标，具体要怎么去做。切记不能松懈，要脚踏实地。"

在采访的最后，戴蕊芩再次提起她对学弟学妹们的建议："不论身处人生的什么阶段，都应该保持自我提升。结果固然重要，但努力过程中的体会和收获，也很值得回味。"就像她自己多年来一直坚持的那样：只顾兼程，不问前程。

鲜衣怒马，归来仍少年

张沥予

访谈校友简介

黄敏之，2018级金融专硕，毕业后入职中国银行保险监督管理委员会湖南监管局，现任一级科员，从事金融风险监管相关工作。

不负韶华，勇敢追梦

与大部分人不同的是，黄敏之学长选择的是边工作边考研。个中酸楚，学长只字未提，他只是会心一笑："在年轻的时候，一定要勇敢去追逐自己的梦想，不要害怕失败而止步不前，各种经历都会成为自己青春最绚丽的色彩。"

功夫不负有心人，在2018年的秋季，黄敏之学长如愿进入了自己的理想院校——湖南大学金融与统计学院。在这所有着深厚底蕴的千年学府、百年名校之中，对于自己有着"高要求、高标准"的黄敏之努力学习专业知识，刻苦钻研。三年如一日地往返于衡阳与长沙，工作日工作，周末上学，即便如此，他也从未缺过一堂课，从未欠交一次作业，最终以优异的成绩顺利毕业。在湖南大学学习的专业知识与银行岗位的工作实践，理论与实践的完美结合，使黄敏之加深了对自己专业领域的见解与看法，也为接下来的银行监管工作之路打下了坚实基础。

人际交往，成功关键

良好的人际关系能够促进共同协作，以及促进人们之间的信息交流和信息共享，还可以从友好协作的人际关系中吸取力量，增强信心。最重要的是，一个人如果处在相互关心爱护、关系密切融洽的人际关系中，一定心情舒畅，有益于身体健康，使人保持轻松平稳，态度乐观。在问及如何在职场中维护良好的人际关系时，黄敏之学长说道："首先，要诚实可信。做人做事诚实可信，才能赢得别人的称赞，才能让别人看到你是一个值得信任的人，才能让别人对你产生好感，这样你们之间的关系才能维持得长久。其次，就是要多站在对方的立场想问题。人和人的相处，不能只是看到自己的利益和眼前的利益，想要自己能与别人达成共识，就需要多站在对方的角度去考虑问题。最后，还要尊重别人的想法。每个人都有自己的想法，我们不能把自己的想法强加于人，要尊重不同意见的人，这样你的路才能越走越宽。"

学长寄语，美好期望

在访谈的最后，黄敏之学长给予了我们许多建议和期许，同时也表达了对母校的美好祝愿。作为湖大学子，我们必须谨遵湖大的校训——实事求是，敢为人先。不管是在未来的学习中，还是在工作上，我们都要脚踏实地、一步一个脚印完成每一项任务，做一个诚实、有责任心、有担当的人，还要有敢于竞争、敢于创新的精神。

流年笑掷，未来可期

冯　钰

访谈校友简介

刘湘君，2018 级金融专硕，毕业后入职中国农业银行，现供职于中国人民银行衡阳中心支行。

"在湖南大学读书期间，我的专业能力和思维能力都得到了很大的提升，我很感谢母校。"刘湘君诚挚地说道。

学以致用，知行合一

纸上得来终觉浅，绝知此事要躬行。我们在学校寒窗苦读多年，终究是要踏入职场，让这么多年学习的知识在事业上得到进一步的升华。当我们问到刘湘君学姐在湖南大学所学的专业知识对她的事业的作用时，她点头说道："毫无疑问，我认为在湖南大学所学的专业知识对我在工作上的帮助是非常大的。我毕业后入职农业银行，所学的专业知识对我在农行的工作帮助很多，譬如在校所学习到的基金投资与管理知识，让我在向客户推荐相关产品时有了充实的理论基础来解答客户的疑问，个人理财课程让我在向客户介绍理财产品时有了扎实的理论基础。"

学无止境，积极进取

毕业后入职中国农业银行的刘湘君学姐，参加了 2021 年中国人民银行的考试，并顺利被录取，她积极进取的精神让人钦佩。学姐在分享自己工作上的经验和自己认为的职场人的必备素质的时候，反复跟我们说要保持学习状态，即使是在一个较安逸的工作环境中，也要学会积极进取，牢记学无止境。"在任何行业、任何岗位，我们都要保持积极学习的心态，不具备学习能力的人在哪里都是容易被淘汰的。三人行必有我师，我们可以向身边同事学习，也可以自己去寻找学习资源，取长补短。"刘湘君学姐诚恳地说道。

心系湖大，寄语未来

刘湘君学姐对学校未来建设提出了自己的建议，她认为，学院可以多与国内其他知名学校、学院开展交流与交换培养，进行资源共享。通过拓宽信息反馈渠道提高学院建设的民主性，譬如网络论坛、留言板等；同时，可以增加案例教学，专硕培养的是实践型人才，案例教学相比理论教学更能激发学生的自主性和能动性。

学姐还从学习和工作两个方面对学弟学妹们提出建议："在学习方面，我们应该课前预习做功课，课上认真听讲，课后及时巩固，多去图书馆，一定要保持良好的学习状态，在校园内是如此，走入职场也是如此。在工作方面，我们要多方面了解各个职业的特点，选择适合自己的职业作为努力的方向，一方面可以通过多参加实习去了解各个职业的特点，另一方面可以结合自己的性格特点来选择职业。一旦确定方向，就要提前做好职业规划，认真朝这个方向努力，完善自身。"

流年笑掷，未来可期。刘湘君学姐结束了自己在湖南大学求学的日子，同时开启了一段新的人生旅程，前途一片光明。

你若盛开，清风自来

张沥予

访谈校友简介

敖苠鑫，2018 级金融专硕，毕业后入职重庆市税务局第五稽查局，现为该局公务员。

珍惜当下，不负韶华

"湖南大学给我提供了一个很好的平台，让我能够结识一群志同道合的朋友，现在，他们在各自的领域里发光发热。除了我的导师，我还结识了不少优秀的老师，包括校外的导师，每个老师身上都有闪闪发光的点。还有我的师兄师姐，在求职时，我们经常交流，在他们的影响下，我也在不断进步，"当谈及朋友时，敖苠鑫学长眼里有光，脸上有笑，这本就是青春该有的模样。对于即将步入研究生生活的我们，必定会接触新的同学、新的老师，正如敖苠鑫学长所说，湖南大学给我们提供了一个很好的平台，在获取丰富资源的同时还能结识一群志同道合的朋友，所以我们期待明天，珍惜当下！

未雨绸缪，提前规划

在谈及职业规划时，敖学长说："考公的话，我从本科开始就有这种方向上的努力，在父母的支持下，我很坚定地走上了考公务员这条路。""从最初考公的想法在心中开始萌芽，到最后有所收获，漫漫长路，并不轻松，期间也有过放弃，无数次自我否定与怀疑，所幸一路坚持，一路向前。"讲到这里，学长也提醒学弟学妹们："在未来，无论大家是选择就业，还是选择继续深造，都一定要学会提前规划，脚踏实地，一步一步走下去，同时也要做好心理建设，要有攀登高峰的毅力，也要有接受失败的勇气，这样才能一往无前。"

敖苠鑫学长是一个很理智的人，他很清楚自己需要的是什么。当谈及选择时，无论是读研选择湖南大学，还是工作的相关选择，学长都有自己的一套衡量标准。择校时，综合考虑学校专业排名及离家远近问题；择业时，从自身出发，结合父母及自己的想法，在考公这条路上坚定不移地走了下去。

学长寄语，美好期望

在采访的最后，敖苠鑫学长提到了对学弟学妹们的建议："在学习上，如果以后想继续读博的话，一定要好好地看文献，坚持下去，一定收获满满。在择业方面，如果以后想要工作的话，做好职业规划是很重要的。"在此也愿即将步入研究生生活的我们，可以做好规划，找好方向，汲取学长分享的经验，一路披荆斩棘，乘风破浪，不负国家，不负湖大，不负自己！

春生夏长，秋收冬藏

王荪蓓

访谈校友简介

辛紫娟，2018 级保险专硕，读研期间入职中国农业发展银行岳阳县支行，现任支行信贷业务部副主管。

破釜沉舟，战则必胜

2018 年对于辛紫娟学姐来说是特别的一年，她曾发过一条朋友圈："这么多年的努力，今年是收获的一年。"附图是湖南大学研究生录取通知书、中国农业发展银行湖南省分行干部商调函。简单几张图片的背后，是无数个日夜的辛勤付出。

"身为湖南人，湖南大学算是本地学生的目标。"短短一句话，诠释了辛紫娟学姐为什么如此坚定地在考研时选择湖南大学。2017 年毕业选择考研，因为对专业的了解不够深入、准备不够充分，她与湖南大学失之交臂，也曾有其他学校抛出橄榄枝，身边考研失败的同学也纷纷去找工作或是选择调剂，但她还是毅然决然地选择"再战"。第二年，根据自身规划与条件调整方向，她选择了报考保险专业。迫于害怕可能面临的"再战"失败导致学业工作两手空的窘境，在备考研究生考试的同时，辛紫娟学姐还得准备农信社和农发行的校招考试。考研竞争压力愈发激烈，第二年往届毕业生的身份也使得工作选择面较少，肩上的担子陡然增大。人在磨难和失败中成长，她心怀对知识的渴望，执着坚持追梦，将压力转化为动力，没日没夜地勤学苦读。最终，她顺利地考上了梦想中的湖南大学，也获得了农发行岳阳县分行的工作。辛紫娟学姐反复说，2018 年是收获的一年，回忆起那段日子，学姐只是淡淡一笑，认为这是她做过的最有成就感、最让她欣慰的事情。当然，这背后的艰辛只有她自己知晓。

爱岗敬业，脚踏实地

异地求学的职场新人，辛紫娟学姐的职场生涯开始得并没有那么顺畅。她刚入职的时候担任的是信贷内勤岗位，这是个非常锻炼人的岗位，承担着支行和市分行沟通传达的职责，对接的上级部门和条线也很多，要掌握支行业务的方方面面，基本相当于信贷部门的副主管。初出茅庐的辛紫娟，不巧碰到带她的师傅调到了其他部门，相当于一切都要靠自己。面对难题，辛紫娟并没有退缩，碰到不会的问题，积极与他人交流沟通，拒绝闭门造车，在她的勤学好问下，过程虽曲折但工作也得以顺利展开。到了2019年，辛紫娟学姐又兼任客户经理和信贷内勤，工作量陡增。这是两个不同的岗位，客户经理的主要工作是放贷款，涉及很多环节，信贷内勤工作涉及很多报表。当时，她入职时间不长，有些应付不过来。但是，辛紫娟学姐明白，必须在有限的时间里分清轻重缓急，合理分配时间。好记性不如烂笔头，辛紫娟学姐准备了一个工作笔记本，把每天要做的事情写下来，繁杂的工作在规划下有了条理，她的工作能力也得到了领导的认可。

虽然身处国有企业，但是辛紫娟学姐明白，时代是发展的，未来充满不确定性，不愿学习就无法进步。要想在竞争中提高自己的核心竞争力，永远不要停止学习的脚步——辛紫娟学姐是这样做的。

在采访的最后，学姐也送上了她的祝福："保剑锋从磨砺出，梅花香自苦寒来。砥砺青春，不负韶华，祝学弟学妹们在湖南大学度过一段快乐而又充实的校园生活！"感谢学姐的美好祝愿，希望我们不负她的期望，牢牢抓住今天，踏踏实实向梦想进发。

岁月匆匆，应好好把握

邓 婷

访谈校友简介

李太林，2018 级保险专硕，毕业后入职中国农业发展银行合肥分行，现为客户业务部执行客户经理。

忆校园岁月

李太林本科就读于安徽大学，专业是管理学。在一次保险公司的实习中，他对保险产生了浓厚的兴趣。这次实习经历让李太林在考研时选择了跨考保险，经过自己的努力，如愿考入了湖南大学保险专业。回忆起在财院校区度过的时光，李太林说，在研究生会工作的那段时光是自己印象最深刻的，为了筹划各类活动，会有很辛苦的时候，虽然有些"苦"，但是也收获了不少"乐"，在这个过程中，他感受到了自己的成长和能力的提升。李太林随后向我们说起了这两年的学习时光对自己日后工作的影响："我在湖南大学学习的是保险专业，主要研究风险管理，课程内容包括保险公司财务分析、非寿险精算、寿险精算等。每个人的专业学习方向可能有所不同，我的专业方向比较偏向我导师的研究方向，即公司财务，因此对公司财务的学习较多。我现在在银行从事信贷相关的工作，每天都要面对很多公司的财务报表，在湖大学习的相关知识使我在工作中更顺利。"

说到校园时光，必然少不了那些令人印象深刻的老师。李太林说，他读研期间印象最深刻的除了自己的导师，还有教寿险精算的张琳教授。因为寿险精算这门课比较难，学得比较吃力，为了跟上这门课，自己经常与张琳老师接触，得到了张琳老师耐心的指导，最后这门课的成绩也比较理想。

谈就业经历

谈及就业找工作的问题，李少林给到的经验是试着投一些不同的行业。他最初择业时比较偏向保险公司，也顺利拿到了合肥平安产险的录用信，后来又陆续面试了一些银行，最终综合考虑地域、工作环境以及未来的发展空间等因素，选择了合肥的农业发展银行。找工作首要的是提升自己的竞争力，李少林建议，我们在校期间要尽可能多学习，同时注重培养自己的人际交往能力，方便在日后找工作的面试环节更好地展示自己，提升自己拿到录用信的概率。对于就业，李少林说："湖南大学的毕业生知识面很广、知识储备丰富、基础扎实，在找工作的时候，优势还是比较明显的。"

对于如何成为一位优秀的职场人，李太林给出了自己的看法："在校时就要多锻炼交际能力，便于以后的工作生活。除此之外，还要学会排解压力，抗压能力要足够强。工作后，不少事情的发展走向可能并不符合预期，可能需要同时做好几件事情，抗压能力是必须的。最后是时间管理能力，必须协调好时间，才能高效完成工作任务。"

做个人规划

机会偏爱有准备的人，对未来做好了规划的人得到的机会当然比那些没有准备的人多。那如何做好个人规划呢？李太林提出了一些宝贵的建议：在校期间，要学习好学校安排的课程，业余时间要去学习一些日后求职过程中所需要的技能。要主动去学习，为以后的工作学习打下良好的基础。在择业时，要找到自己的兴趣所在，明确自己的目标，这样才能有动力坚定地努力下去。要明确好自己的规划。例如，以工作为导向的同学，在读书期间可以多参加高质量的实习，而想要读博的同学，则可以多关注学术动态，动手写一写文章。

学长寄语

湖南大学是"百年名校，千年学府"，我们作为湖大人，要承担起时代赋予我们的使命和担当，积极地投身到社会建设中去。李太林的工作偏向于经济方面，但是在空余时间里，他会力所能及地参加一些社会公益活动，奉献自己的一份力量，为社会做更多的贡献。